イギリス教育の未来を拓く小学校

「限界なき学びの創造」プロジェクト

マンディ・スワン／アリソン・ピーコック／スーザン・ハート／
Mandy Swann　　Dame Alison Peacock　　Susan Hart
メリー・ジェーン・ドラモンド【著】
Mary Jane Drummond

新井浅浩／藤森裕治／藤森千尋【訳】

大修館書店

CREATING LEARNING WITHOUT LIMITS
by Mandy Swann, Dame Alison Peacock, Susan Hart and Mary Jane Drummond
Original English language edition copyright © 2012 Open International Publishing Limited.
All rights reserved.

Japanese language edition of CREATING LEARNING WITHOUT LIMITS
by Mandy Swann, Dame Alison Peacock, Susan Hart and Mary Jane Drummond
copyright © 2015 by Taishukan Publishing Co., Ltd. All rights reserved.

Japanese translation published by arrangement with Open University Press
through The English Agency (Japan) Ltd.

まえがき

　これは、我々が数年間にわたって研究を続けてきたハートフォードシャー県[1]のある初等学校の物語です。我々（研究チームと同校の校長）は、研究期間中に起きたこの学校の成長の核心部分が目指しているものについてより深く知るために、この調査を行いました。対象となったロックザム校は、イギリス国内にある他の学校と特に変わったところはありません。校舎はまさに典型的なものですし、子どもたちの特性もいたって普通です。教職員のもっている経験や資格も通常と変わらないものです。学校予算についてもとりたてて優遇されているものではありません。他の学校と同様に、地方当局[2]や教育省[3]や教育水準局[4]からの圧力や要請を受けています。

　けれどもロックザム校には、他にはない特色があります。学校全体の活動を方向付けるビジョンとそれによって生じる学校の成長の様式です。ロックザム校では、学習者、学び、カリキュラム、教授方法に関する考え方が全国共通に示された指針から通常導き出されるものとは基本的に異なっています。そしてリーダーシップの配分、権力、監視、説明責任についても大きく異なった手法をとっているのです。

著者に関して

　本文中にある「我々」とは何を指しているかを明らかにしておくことは重要でしょう。ロックザム校の校長であるアリソン・ピーコックは、本研究チームの一員であるとともに、同校の教職員の一人でもあるというように、2つの役割をもっています。この研究において内部者であると同時に外部者でもあるということは、アリソン校長にとって、ロックザム校の物語を書

---

[1]　ハートフォードシャーは地方の広域自治体（カウンティー）の一つである。カウンティーを「州」と訳す場合もあるが、ここでは「県」と訳す。
[2]〜[4]　付録の用語解説（p.254）を参照。

上げるという点に限らず、大きな問題がありました。アリソン校長は、この研究の発展や本書のアイデアの作成に大いに貢献しましたが、彼女自身についてや、同僚との活動について、自分自身の言葉で記述することは、不可能なことではないにしても居心地の悪いことだったようです。そこで、この文章を書くにあたっては、ロックザム校の教職員から学んでいる大学の研究チームという「外部」の視点で書くことが最良の妥協点であることを、我々（4人の共著者全員）は確認しました。したがって、本文における「我々」とは、ほとんどの場合、大学の研究チームを指します。文章を作成するにあたっては、アリソン校長との討議の中で、内容を確認したり修正したりという作業をしたのは無論のことです。

謝辞

　本書の作成にあたっては、惜しみなく時間を費やしてくださったロックザム校の教職員、児童、親、理事者に感謝申し上げます。（調査全体に協力してくださった）ソフィー・ギルバート、シェリル・メンス、サイモン・プットマン、ダレル・トッド、ジョー・ターナー、サラ・トゥーチン、マーティン・ヴァンデウォールや、第一次調査に協力してくださったジェニー・ブラムレイ、サマンサ・レベルには、特に謝辞を送りたいと思います。
　また、データ収集に協力してくれたノン・ウォーラルにも感謝いたします。
　本研究の調査費用を助成してくださったエスミー・フェアバーン財団とハートフォードシャー県地方当局や、研究のサポートを担ってくださったマーティン・ベイリーにも感謝の意を表したいと思います。
　我々は、（ケンブリッジ大学の）ドナルド・マッキンタイヤ教授から計り知れないくらい貴重な示唆や助言、指導を頂くという大変な栄誉に浴することが出来ました。同教授は、本研究の運営委員の一人として、この調査の構想、計画、および研究の問いの作成を手助けしてくださいました。マッキンタイヤ教授は、亡くなられた2007年までの間、我々が収集したデータの分析と解釈に大いに貢献してくださいました。

訳者まえがき

　本書は、今やイギリス[1]を代表する小学校（初等学校）といっても過言ではないハートフォードシャー県にある公立校ロックザム校について、ケンブリッジ大学教育学部の研究チームが2年にわたり研究し、その成果を出版した Creating Learning without Limits を翻訳したものである。原著まえがきにもあるように、ロックザム校はどこにでもある普通の学校であった。というよりも、2001年の段階では、政府機関である教育水準局による学校監査[2]で、特別検証[3]の必要ありと判定された問題校だったのである。イギリスでは、学校監査により、このような判定が下ると教育水準局の監督下におかれ、それでも改善がみられなければ校長、教員さらには学校理事会[4]そのものが入れ替えられてしまうのである。しかし、2003年にアリソン・ピーコック女史が校長として赴任し、2006年には、早くも学校監査の総合評価で「最優秀」とされ、2009年には、学校監査の評価項目すべてを「最優秀」と判定される学校になった。その後の躍進ぶりは本書にもあるとおりである。

　本書は、しかしながら、一つの学校の単なる成功物語ではない。子ども全員を大切にし、その教育可能性を信じるという共通した価値をもった教師たちが、そのために、これまでと違った教育方法やカリキュラムを取り入れていくことに奮闘し、苦労を重ねた実践の記録である。

　ケンブリッジ大学では、1999年以来、スーザン・ハートおよびドナルド・マッキンタイヤ教授を中心に子どもの能力を固定的にとらえることから脱却した教育の方法を探るというテーマで研究プロジェクトを実施した。それが、本書の「限界なき学びの創造」プロジェクトのもととなった「限界なき学び」プロジェクトである。同プロジェクトには、イギリス内の別々の場所

---
1) 本書では主にイングランドを指す。
2・4) 付録の用語解説（p.254）を参照。
3) イングランドでは、すべての初等中等学校は、教育水準局（OFSTED）により定期的に監査を受ける。その結果は4段階で評定されるが、特別検証は、最低の評価である。

の学校にいる9人の教師たちが加わった。それぞれの教師のものの見方・考え方は多様であったが、共通していたのは、子どもの学ぶ能力は固定的に決めつけられるものではなくて、常に変容する可能性があるという前提で授業実践をしていたことである。アリソン校長も、同プロジェクトに関わった教師の一人だった。その後、アリソンは、ロックザム校の校長になり、子どもの能力にレッテルを貼らないこの「限界なき学び」という哲学を学校全体で実践することになった。本書のもととなった「限界なき学びの創造」研究プロジェクトは、ロックザム校の教育実践を2年間にわたって調査し、「限界なき学び」の原理に基づいた実践を学校全体で実現させるためには、どのような要素が関係するかを解明したものである。

　我々3人の訳者がロックザム校を知ったのは偶然に等しい。2007年に筆者がシティズンシップ教育の実践の観察を目的に調査校を探していた時、イギリスのある資料で学校ラジオ放送の実践をしているロックザム校の名前が目に留まった。同校のホームページを調べてみると、サークルタイム（イギリスの初等学校で典型的に実践されているもので、全員が輪になって座り発言をしていくもの）の手法を全校集会に取り入れるなど興味深い実践がみられた。早速、メールで訪問を申し込むと、アリソン校長から二つ返事でOKの連絡が来た。イギリスの学校に調査に入った方にはお分かりいただけると思うが、これは普通のことではない。筆者もロックザム校との比較をしたくて同校の近隣の初等学校に訪問を申し入れたことがあるが、「犯罪記録証明書」（つまり幼児犯罪をしていないことを証明する）を出すように言われたことがある。今になって考えてみると、我々に対するこのような受け入れ自体に、アリソン校長やロックザム校が日頃から、すべてのものを子どもや自分たちの学びの機会として活かそうという姿勢が表われていたのだろう。

　2007年の初めての訪問以来、日本学術振興会科学研究費や公益財団法人教科書研究センターの研究費などの助成により、毎年1、2回渡英する機会に恵まれたが、その際ロックザム校を必ず訪問先に加えた。というのも、訪問するたびにロックザム校では新しい取り組みが加わっていて、我々はそれによって新たな発見をしたからであり、それは取りも直さずロックザム校が

絶え間ない成長と発展を続けている証左でもあった。まさに学校自体で限界なき学びを実践しているのである。アリソン校長の口癖は、「私たちは、今もまだ成長の途上にあるの」というものである。

その一方、ロックザム校のイギリス内での名声が高まっていくことも実感していた。ある年のイギリス調査の際、旧知のイギリス人の紹介で、別のイギリス人宅を訪問した時のことであった。その家の御夫人は小学校の副校長をしている方で、我々が滞英の目的を伝えると、実はとても興味深い初等学校があるといって、初等教育の専門雑誌をみせてくれた。その記事はまさにロックザム校を大きく紹介したものだったが、我々が翌日その学校に訪問する予定であると言ったら、とても驚かれた。この話には後日談があって、翌年のロックザム校の訪問の際には、その雑誌を見せてくれたイギリス人の方を我々日本人がお連れしたのである。

急速に学校が改善したロックザム校に、教育水準局や当時の労働党政権は注目し、政府の発行するパンフレット等にもしばしば紹介されるようになった。イギリスでは2010年の総選挙の結果、政権は保守党・自民党の連立政権へと交替したが、そこでも同校は、引き続き代表的な実践校としての地位を不動のものとしつつある。新政権下においては、カリキュラムの全国基準であるナショナル・カリキュラムを全面的に見直した。大きな眼目の一つはナショナル・カリキュラムの到達目標・学習プログラムの提示方法を、これまでのように学年とは連動しない8つの発達レベルで示すことから変更することである。目標・内容を学年と連動せずに発達のレベル毎に示すということは、同じ学年であっても子ども一人一人の学習の進度には差があることを認める、すなわち個人個人に対応するという点において、それが導入された当初は広く歓迎されたものであり、イギリスのナショナル・カリキュラム[5]の大きな特徴でもあった。そして子どもの学習評価の規準は、この8つのレベルを用いるというものであった。しかしながら、その後ナショナル・カリキュラムのあり方が定着し、教室で実践されていく過程で、同じ学年の中でも、「この子はレベル2（だから）」「この子はレベル3（だから）」というよ

---

5) 付録の用語解説（p.254）を参照。

うに、一人一人の能力を固定的にとらえる傾向がみられるようになり、その結果、多くの子どもたちについては、学力を十分伸ばすことができなかったという批判が起こった。現政権は、このレベル制度を廃止し「すべての子どもに対して高い期待をもつ」ナショナル・カリキュラムを目指しており、学習の評価もレベルを用いないことになった。そうしたアプローチの実践の推奨例として「限界なき学び」の哲学やロックザム校の実践が政府文書やウェブサイトで度々紹介されている。

　本書は2012年に出版されたが、我々翻訳者はすぐに一番の愛読者になったという自負がある。本書に出てくる多くの先生の授業や紹介されている取り組みを実際に見ていたからである。そして、これを翻訳し日本の読者に紹介したいと思った。日本とイギリスでは、文化的背景、教育制度に様々な違いがあることは言うまでもないが、そうした違いを踏まえた上でも、我々が本書から学ぶべきものがあると考えたからある。

　一つは、本書のタイトルにもある、子どもの学ぶ可能性が無限であるという「限界なき学び」の原理によって導かれる実践は、どのような状況に置かれようとも不可能ではないということである。イギリスの初等学校をみていると、ロックザム校で行われていた実践がイギリスにおいて容易に可能だったとはいえない。しかしながら、揺るぎない信念のもとに実践を重ねてきたことが校内を変え、他の多くの学校に影響を与え、ひいては国の政策に影響を与えるまでになったのである。このことは、イギリスに限らず、日本を含めた世界の学校の実践者に勇気を与えてくれるのではないだろうか。

　もう一つは、学校を再生するにあたってのリーダーの在り方である。勉強が苦手な子どもが常にマイナスの評価を受けることで自信をなくし学校や教室で生気を失ってしまうのと同様、学校評価で最低の評価を受けた学校や先生方は希望と意欲をなくした集団であったようだ。そんな学校を短期間で再生しただけでなく、イギリスで最も注目される学校にしたアリソン校長のリーダーシップの要諦を、本書は明らかにしている。公立・公営の学校でありながら、管理運営の権限の多くを学校の理事会に与えている、いわば自律的学校運営の形態をとるイギリスと我が国では校長の職務や権限に大きな違

いがある。それでもなお、本書に描かれているアリソン校長のリーダーシップのあり様は、国を超えて実践者に刺激を与えるものと信じている。

　また、ロックザム校の取り組みは、まさに学校ぐるみで市民を育てている事例ととらえることができる。昨今、能動的な市民の育成を目指すシティズンシップ教育が世界的に注目されてきているが、イギリスは、それを2002年にいち早く必修化したことで知られている（中等学校のみ、初等学校は準必修）。以後、ある学校ではカリキュラムを中心に、またある学校では学校行事や社会活動への参加を中心に各地で多様に展開されてきたが、それらを包括的に長期間研究したものの成果によれば、シティズンシップ教育においてはカリキュラムの充実や行事・活動への参加の推進に加え、子どもたちの効力感を高めることが重要であるとされた。本書にあるようにロックザム校においては、〈学習において選択の機会を与える〉〈子どもの声を聴く〉〈本物を通して学びを生き生きさせる〉〈学習の評価に子ども自身も関与する〉など、子どもたちが自分を表現する機会や自分のことを聴いてもらえる機会が教科学習内外にたくさん用意されているし、学習に限界はないことを子どもが実感するしくみがつくられている。これこそが、子どもの効力感を高めるものであり、学校ぐるみで市民を育てているといえる。シティズンシップ教育の視点を取り入れる必要性が議論されているわが国において、カリキュラムの充実や子どもたちの参加活動の機会の提供と同様、子どもの効力感を高めるための、こうした学校ぐるみの取り組みが議論されるべきであるが、本書は、そのための貴重な示唆を与えてくれるに違いない。

　本書の翻訳者3名は、毎年のようにロックザム校に入り調査を重ねてきた。3名は、授業研究、教育心理学、比較教育学と別々の専門をもっており、それぞれの視点を尊重しつつ、お互い学び合いながらの現地調査であった。本書の翻訳においても、お互いの分担部分を読み合わせながら、議論を重ねて作業を進めた。異なる専門分野をもつものが協働して研究に取り組むことは、教育研究の分野でも、それほど一般的ではないといえるだろう。このことが本書の翻訳に活かされたかどうかは、読まれた方のご判断に委ねたい。

アリソン校長から、2014年の1月に嬉しいメールが入った。教育実践の功績により女王陛下から大英帝国勲章第2位を受け「デイム」の称号を得たのである。今や、数々の政府の委員会や全国規模の大会、大学でのセミナー等にひっぱりだこであるアリソン校長は、副校長であったマーティン先生（本書においては第4学年の担任）に校長職を譲り、自らは統括校長として引き続きロックザム校を拠点として今なお実践の現場にいる。ところで最近、イギリスのある教育研究者が、イギリスの急進的な教育の伝統における現代のパイオニアの一人としてアリソン校長を取り上げようとしている動きをキャッチした。その意味で本書は後々に歴史的な文献となる予感と期待をもっている。

2015年5月

訳者を代表して
新井　浅浩

目　　次

まえがき …………………………………………………………………… 3
謝辞 ………………………………………………………………………… 5
訳者まえがき ……………………………………………………………… 6

第1章　成長への新たな指針 …………………………………………… 16
　　時代の流れに逆らう：研究の前提とするもの　16
　　もう一つの方法があること　20
　　次へのステップ：限界なき学びの創造　25
　　物語の展開　34

第2章　基礎を築く ……………………………………………………… 36
　　ありし日のロックザム校　36
　　サークル・グループ・ミーティング　39
　　ラーニング・レビュー・ミーティング　42
　　専門領域チーム　44
　　学校全体の継続的な専門職開発　46
　　学習を生き生きとさせる　48
　　結論　52

第3章　学びへの自由を広げる ………………………………………… 56
　　選択の機会を与える　57
　　子どもたちの声を聴く　64
　　共に学ぶこと　69
　　開かれたカリキュラムの経験　75
　　子どもたちに自分の学びを評価させる　82
　　学びへの自由を広げる　87

第4章 学びの人間関係を再考する ………………………………………… 90
　挑戦、調和そして「ナチュラル・バランス」　90
　共通の理解に向けて　95
　受容の構築とその伝達　99
　共感することの大切さ　109
　確固とした目的を維持する　120
　つながりを結ぶ　124

第5章 学びを第一に：学校全体で学びの文化を創造する ……… 130
　学校全体で学びの文化を構築する際のリーダーシップの役割　131
　安定した環境　148
　優れた学習者としての専門職共同体を創る　154
　すべての人が学校の学びの文化に関わる　161
　道徳的要請　164

第6章 集団的行動がもつ力 ………………………………………………… 166
　学ぶ力を変容する力　167
　学校改善に向けた特徴的なアプローチ　182
　現実的関連性、応用可能性、そして示唆　192
　待ち受ける未来：ここからどこへ向かうのか　206
　最後に　212

参考文献 ………………………………………………………………………………… 215
資料A：固定的な能力観はどのように学習を制限しているのか。
　　　　調査から得られた示唆 ……………………………………………… 226
資料B：研究の方法 ………………………………………………………………… 228
資料C：IQと「知能」に関する概念の再考 ………………………………… 232

日本語版付録 ··· 241
　訳者解説　242
　イギリスの学校制度を理解するための用語解説　254
　イングランドの学校系統図　256
　イングランドのナショナル・カリキュラムの構成　257
　訳者あとがき　258

索引 ··· 259

＊本文中の脚注はすべて訳者によるものである。掲載写真についても、訳者が2007〜2014年にかけて撮影し、すべて現地関係者から許諾を得たものである。また、日本語版刊行にあたって「日本語版付録」を付け加えた。

【図表一覧】
《図》
　1.1　実践的で、原理に基づいた教授学的なモデル　24
　3.1　共有された学習言語の役割　86
　5.1　学校全体に学びの文化を築く際に使用される方略領域　134
　6.1　限界なき学びの創造：学校の成長モデル　168
　6.2　学ぶ力に影響を与えている力　170
　6.3　学ぶ力の変容：学びへの自由の拡張をめぐる創造的な合意形成　177
　6.4　モニタリングと説明責任の出発点としての問いの使用　189
《表》
　1.1　事例研究に参加したロックザム校の教員　34
　2.1　専門領域チーム：教科を主導していくためのチーム・アプローチ　45
　3.1　第2学年の子どもたちと教師の共同による学習計画　65
　5.1　専門職の学びの力量を高める資質　155
　6.1　リーダーシップ方略を決定している原理　171
　6.2　力強い自律した学習者に特徴的な資質の構築　174
　6.3　ロックザム校における学校の成長のための4つの際立った特徴　190

イギリス教育の未来を拓く小学校

「限界なき学びの創造」プロジェクト

第1章
成長への新たな指針

■時代の流れに逆らう：研究の前提とするもの

　我々はこの研究を、ある揺るぎない確信をもって始めました。それは、人間の能力は予測不可能であること、子どもの未来を知ることはできないこと、教育には、すべての人の人生を向上させる力があること、です。この単純な真実に対して、反論しようとする人はほとんどいないかもしれません。にもかかわらず、この真実は、今の時代に流行している精神とは反するものとなっています。今の時代は、教師が子どもの学習を計画し組み立てる際の信頼できる手段として、予測を的確に行うことが望まれているのです。目標、レベル、目的、成果——これらすべて学習を概念化する方法は、いずれも、教師が子どもの可能性は予測可能であり、将来をかなり前から知ることができるという前提に立っているものです。そしてまた、教育者のもっている力では多くの子どもや若者の人生には限られた影響しか与えることができないということが前提となっています。さらには、直線的で測定可能で数値化が可能なものとして学習をとらえてしまうことは、学習者としての子どもを見る目を損なってしまうことになるのです。つまり、子どもというものは、いわゆる勉強という能力、それも簡単に決めることができるような固定化された内的能力によって、理解され、測定され、数値化されることができるものとみられてしまうのです。
　こうした決定論的な考え方は、ある特定の政治的な信条に限って見られるものではありません。さらに、ある一時期にだけ重大視された問題でもないのです。「能力」の本質に関して、また子どもを教えることにどうしたら上

手く取り組めるかということに関して、長年続いている根深い正統的な遺物なのです。この遺物は、以下の３つの事例にも見られるように、子どもについてや、学習や学校をどのように構造化し組織化するかということについての考え方を狭めてきましたし、今もそうなっています。そしてそれは政策立案者の間でも広く共有されたものなのです。

我々の研究プロジェクトがちょうど始まった 2005 年のことです。その時期に公表された政府の教育白書『すべての者にとってのより高い学力水準とより良き学校（*Higher Standards, Better School for All*）』では、能力の多様性についてのこれらの有害な信念に関連して、また、すべての子どもの進歩を最大限に伸ばすための政府（この場合は、労働党）の関与の可能性に関連して、以下のような言及がされています。「すべての子どもは、生まれつきの英才児であろうが、能力が高かろうが、つまずいていようが、ごく平均的であろうが、それぞれの能力の限界に達するように努めなければなりません」（DfES 2005, 1.28）

ここで少し立ち止まって、この一文を解釈してみましょう。この決まり文句は、前向きな姿勢でいようとしているけれども、基本的に決定論的であり運命論的ですらあります。それは、子どもは本質的にこれら４つのカテゴリーの一つに当てはまり、子どもをそのように見ることは正しくて適切だということを前提としています。そして、すべての子どもの知り得る、そして到達し得る能力には限界があり、つまずくことは失敗の兆候であり、「才能がある」と思われているものと比べて「ごく平均的」であることは、本質的に二流であると主張しています。

それから５年がたち、政権も交代しましたが、この決定論的な考え方は、大臣たちの意見表明にも引き続き浸透しています。例えば 2010 年には、教育大臣のマイケル・ゴーヴが国会議員団への演説で、次のように話したと報道されています。

> 恵まれた環境で育った知的能力の低い子どもは、貧しい環境で育った知的能力の高い子どもに、学校段階に達する前に既に追いついてしまいま

す。……ですから、実際には、豊かで鈍い子どもは、貧しくて賢い子どもよりも出来がよくなり、学校へいく段階に到達すると、年齢が進むにつれてその状況は悪化するのです。

(Clark 2010)

　機会の不平等に対処することに関心を向けることは確かに歓迎されるべきですが、もしその関心を生み出すもととなる概念的装置の中身を明らかにするならば、それは能力や可能性を大きく限定してしまっているような信念を作り上げているものであることが分かります。この考え方によれば、物事の自然の秩序として、単に「賢い」子どもと「鈍い」子どもが**存在している**ということになるだけではなく、大変早い段階から、それぞれの到達度の違いによって、どの子どもがどちらであるのかを決めることが可能になってしまいます。能力が高いとか低いとかは、固定された変わらないものとして扱われます。すなわち、「賢い」子どもは、能力の低い子どもよりも学習のための能力があるので、私たちは、前者に対して、より大きな期待をしなければならないし、そうすべきだ、ということになります。能力や可能性に対するこのような仮説は、学習に対する直線性と予測可能性という誤った確信を引き起こします。子どもたちは、自分たちに仮定された能力に従って進歩していくことが期待されていて、そうでない場合というのは、何か間違いが起こったと受け取られる傾向にあります。ですから、子どもの到達度に関しての早い段階での違いは、それが就学前段階であったとしても、その後を決めてしまう重要なものとして受け取られます。つまりその違いは、子ども一人に対する期待の程度を設定し、学習者としてのその後の学校生活全体の道のりを決めてしまう実践に影響を及ぼすのです。学習の直線性と予測可能性は、現在の「教育改革」の課題の最も中心となっています。政党間に共通して強調されている政策は、学校のそれぞれの段階における子どもが、以前の段階での達成度から予測されたそれぞれ別の達成目標に到達したかどうかです。この見方によると、学習とは、(明らかなグループ分けの中で) 子どもたちが、あらかじめ決められた結果に向かって、着実に、そして絶え間な

く、みんなと一緒に遅れないように一段一段登っていくはしごのようなものなのです。

　2005年の教育白書の刊行以来、学力水準の向上という名のもとに、子どもがはしごを登っていく進歩を測定するという傾向は、学校における教師や子どもたちの生活の様々な側面に大きく影響を与え始めました。数字で表された「レベル」は、いたるところで使われるようになり、個々の子どもについての記述や子ども間の違いも、今やレベルという用語を使って説明されることになりました。保護者会では、親たちは子どもの学習がいかに豊かで多面的なものなのかどうかを聞くことは全くできず、聞けるのは子どもたちのレベルについてなのです。親たちは、あなたの子どもは、「読解は十分3b」ですが「作文は2c」にしかなっていませんよ、などと言われてきょとんとしているのかもしれません。教師たちに奨励されているのは、子どもの学習の進み具合について計画し、予測し、報告し、特にレベルという観点で（子どもたちが「期待された」レベルに到達したのか、それとも到達しそこなったのか、あるいはそれを超えたのかどうかについて）、関心を示すことです。子どもたちの普段の成績に対してレベルを評定することと、さらには、次のレベルに上がるには何をしなければならないかを子どもたちと話し合うことが、実践として広く行われるようになりました。例えば、レベル3の子どもの成績をレベル4に上げることができるようにするための教材の付いた特別コースを標準評価課題（SATs[1]）の前に提供するなど、SATsにおける子どもの成績向上を目指したレベル向上特別グループがキーステージ2[2]の教師たちのために設けられました。現在のレベルが他の子どもたちと比べてかなり低いと思われる子どもは、通常「その子のレベル」に応じた課題が与えられて、時々教室の外に行き、教員助手[3]と一緒にその学習に取り組みます[4]。学習者、学習、進度、到達度に対するこのような非人間的な考え方は、児童・

---

1) 全国テスト。キーステージ2の修了時つまり初等学校の修了時に、児童は全国共通のテストを受けて、到達レベルの判定を受ける。
2) 3学年～6学年。
3) 付録の用語解説（p.254）を参照。
4) 個別指導用の教室を使う場合や廊下の片隅で行われる場合もある。

生徒が、協働的な学びの共同体において、それぞれが十分に活躍できる有能で多面的で創造的な人材であると強く肯定的に自分たちをとらえるという感覚を養うのではなく、常に自分を他者と比べるようにしてしまいます。そして、子どもたちや教師たちが学びの喜びと限界のない可能性を経験し味わうことを妨げるのです。この非人間的な考え方は、政策や政府からの矢継ぎ早の指示が学校に行き渡る中で、教師の実践だけでなく信念にも明らかに影響を及ぼすのです。

■もう一つの方法があること

けれども、長年の研究が明らかにしているように、学習や能力に関しての決定論的な見方には、大きな欠陥があります（Hart et al. 2004）。アレクサンダー（Alexander 2001, 2008）は、多くの国の初等教育に関しての広範な比較研究を通して、世界のどこの国であっても、教育分野の語彙の中の重要な用語は、学習における自然的影響よりも文化的影響を示唆し、また外的作用を示唆する傾向にあると指摘しました。子どもたちが人生のチャンスをつかめるように教育者としての力を発揮しようとするならば、教師は学習についても、あるいはまた到達度の違いに現れる多くの相互作用的影響についても、より複合的な理解をする必要があります。もし教師が学校改善の現行モデルの中心となっている学習の直線的モデルを捨てるとしたらどうなるのでしょうか。もし子どもたちが、いつも比較され、ランクづけされ、レッテルづけされる代わりに、子どもの学習能力のあらゆる豊かな多様性と複雑性を開花させ、発展させることができたらどうなるのでしょうか。もし、前もって決められ、予測されたレベルにのっとって学習の計画をする代わりに、子どもたちが深く関わる事を促し、主体的に関わっていることを十分実感させ、将来に影響を及ぼす力となる動機づけや勇気や信念を植えつけるような学習の経験や機会を提供する計画作りをするようになったらどうなるでしょうか。学校の成長が、固定化された能力や未来というような限定的な信念にとらわれない環境の中で、学校全体の共同体の一部分として、すべてのもの

が共に生き、活動し、学ぶようなより良い方法を生み出そうとすることに突き動かされるとしたらどうでしょうか。

　この本で我々が議論するのは、このようなもう一つの見方で学校の成長をとらえることが必要であり可能であるということです。我々は、一つの初等学校の事例についての研究結果を示しますが、その学校は、特別検証とされてから、たった数年で、目標や計画や予見や外部から与えられた教授学の設計図によるのではなく、（そして単に到達度ではなく）すべての者の学習能力に対する深い信念によって育てられた学習に焦点を当てることによって成功した活力のある学校となったのです（付け加えればこの学校は、教育水準局の学校監査でも「最優秀」という評価を受けました）。以下に見るように、このもう一つの方法とは、決して簡単な選択肢ではありません。それに関わるすべての人にとって、とても多くのことを要求するからです。もっとも重要な違いは、その要求が外部への説明責任からではなく、教職員が学習に対する確固たる原理や信念に基づいて自分自身で設定した課題から生まれたものであることです。この本の目的は、こうした劇的な変革がどのように遂げられたかを探究することです。また、一つの学校の体験から他の学校が自分自身のアプローチを作り上げる時にどんな教訓が得られるかを探究することです。

「限界なき学び」に関する最初の研究プロジェクト

　ロックザム校の成長を特徴づける原理のいくつかは、ケンブリッジ大学教育学部におけるこれまでの研究に起源があります。この先行研究は、多様な文脈の中で個々の教師が取り組んできた思考や実践を活用することで、能力別を基盤とした教授学に対するもう一つの方法について探求したものです。**限界なき学び**プロジェクト（Hart *et al.* 2004）は、学習に対して特別な見方をすることで動機づけられた教師たちから学び、彼らに意見を表明させるために計画されたものです。その見方とは、能力別を基盤とした実践が生み出す本来は定める必要のない限界というものから、学習を自由にすることです。IQや固定的な能力（包括的な証拠については資料A参照）というもの

についての誤った前提に立つことにより、能力によって子どもを分類したことや、その他の教育実践が、子どもや教師やカリキュラムに対して思いもよらないダメージを与えてきたことを、長い間にわたって調査研究は明らかにしてきました。にもかかわらず、いまだに、能力別を基盤とした教授学に代わり得るような信頼のおける体系化されたもう一つの方法は示されていないという認識のもとに、この研究は進められました。これらの誤った前提が学校において普及し続けているだけでなく、近年では学校で学力水準を向上させ、実践を改善するるために政府が資金を援助して進める戦略の一部となっていることは、深く憂慮するべきことであると、研究チームは結論づけています。人間の教育可能性についての楽観的な考えを確固としてもち続けている教師の実践を研究することで、証拠に裏づけられた進歩のためのもう一つのモデルや計画を提案することができると、彼らは信じています。

　最初の研究プロジェクトのチームに加わった9人の教師たちは、それぞれ5～16歳の子どもたちを教えており、別々のカリキュラム領域を専門としていました。彼らの実践は完全に個人個人で行われており、後に「変容可能性」と呼ぶことになる未来への適応性についても、それぞれが根本的に違った考え方に基づいて、根本的に違ったものの見方や、教室で起こったことについても違った理解の方法をもっていることを、研究チームは見出しました。この教師たちは、能力というものを物事の自然の秩序のように明らかな違いがあるものとして受け止めず、それに応じて教え方を個別化するのでもなく、子どもたちの未来を予測可能で、変えられないものとも考えませんでした。彼らは、変化の可能性は常にあるという前提で実践をしていました。それはつまり、現時点の教師と学習者の双方がしていることの結果として、物事は時には劇的に良い方へ変わることができるということです。

　学習に必要であり、手を出すことができない内的な力としての生得的能力という概念は、個人に属するものとして、個々の学習者の固定的な限界とされがちです。しかし、そういう考え方を、こうした教師たちはとっていませんし、価値あるものとみなしてもいません。学ぶ力は、個人の学習者と学級という社会的共同体の両方に関係するものであり、固定的で安定したもので

はなく、そこには有力なもう一つの概念があると研究チームは見出しています。この概念は、これらの教師たちの日々の実践により実証されていますが、子どもたちの能力は生得的であるという考えによってもたらされる無力感から教師たちを救うのです。さらに、学ぶ力を変容させる活動は、教師が単独で行うことに依存するのではなく、教師と学習者が**一緒に行うこと**——つまり共同主体ということ——に依存するものであることに気づいたのでした。彼らは未来の学習を変える自分自身（そして自分の生徒）の力を確信したことによって、変容するための様々な選択をする学ぶ力を形成したり抑制したりする作用——内外、そして個人や集団——に関する十分に蓄えられた知識を活用するようになりました。学級の意思決定は一部の子どもではなく、すべての子どもの興味・関心のもとでされなければならないという原理——その原理を研究チームでは「すべての人が大切にされる倫理」と呼んだのですが——によって活動し、その活動は、学習者としての生徒の力への基本的信頼の上に立つことで、プロジェクトの教師たちは子どもたちの基本的な教育可能性を十分に拓きました。

　この研究では、限界なき学びのために教えることは、決して単純な空想ではなく、現実的な可能性をもつものであるという説得力ある証拠を積み上げており、観察と分析をたどることができるようになっています。研究チームは、実践的で、原理に基づいた教授学的なモデルを作りました（図1.1参照）。このモデルの要素は、同じような価値観と取り組む気持ちをもち、こうした確信に沿って授業実践を行っている他の教師にとっても理解し得るものであることを、示しています。彼らはこの研究によって、より多くの教師が、この「変容可能性」というもう一つのモデルが実践的なもので、子どもたちの学習への関わりを現実化させる力になると確信することを、望んでいました。

　しかしながら、最初の研究に関わった9人の教師たちは、それぞれ国内の別の場所の別の学校に勤めていました。したがってその研究の焦点は、どうしても、それぞれの教師が個人的に、自分の教室の中でできるだろうと思われることに限られてしまっていました。さらに一方で、他の教師たちと同

```
          ┌──────────────┐   どのようにすればよいか。
中核となる考え → │ 学ぶ力の変容 │   特定の目的をもった実践を通
          └──────────────┘   して…
                 ↓
```

外部的条件が内部の精神の状態にいかに影響を及ぼすか、
またその双方が学ぶ力にいかに影響を与えるかについての
理解を求めること。

目的

- 限界を引き上げ、機会を広げる行動　**外的**
- 肯定的な心理状態を作り、強化する行動　**内的**

情意的領域	社会的領域	知的領域
以下を向上させる	以下を強化する	以下を高める
自信	受容	関与
安全	所属	管理
能力（コンピテンス）	貢献	関連性
献身	コミュニティ	意味
興奮	連帯	理由づけ

これらの目的はどのように達成されるのか。核となる教授学的原理を通して。

教授学的原理

共同主体	すべての人	信頼
教師と子どもは変革のために協力する。子どもは能動的な学習者であり、物事に意味を見出す人であると理解される。	決定はすべての人の関心に基づいて行われる。グループは、すべての人の学習のための力強いリソースである。	すべての子どもは、学ぶことができるし、学ぶことを望むし、援助的な条件が与えられれば、無限に可能性を拓くことができる。

これらの原理は、何をして、何をしないかについての
意思決定を導くために協働する。

↓

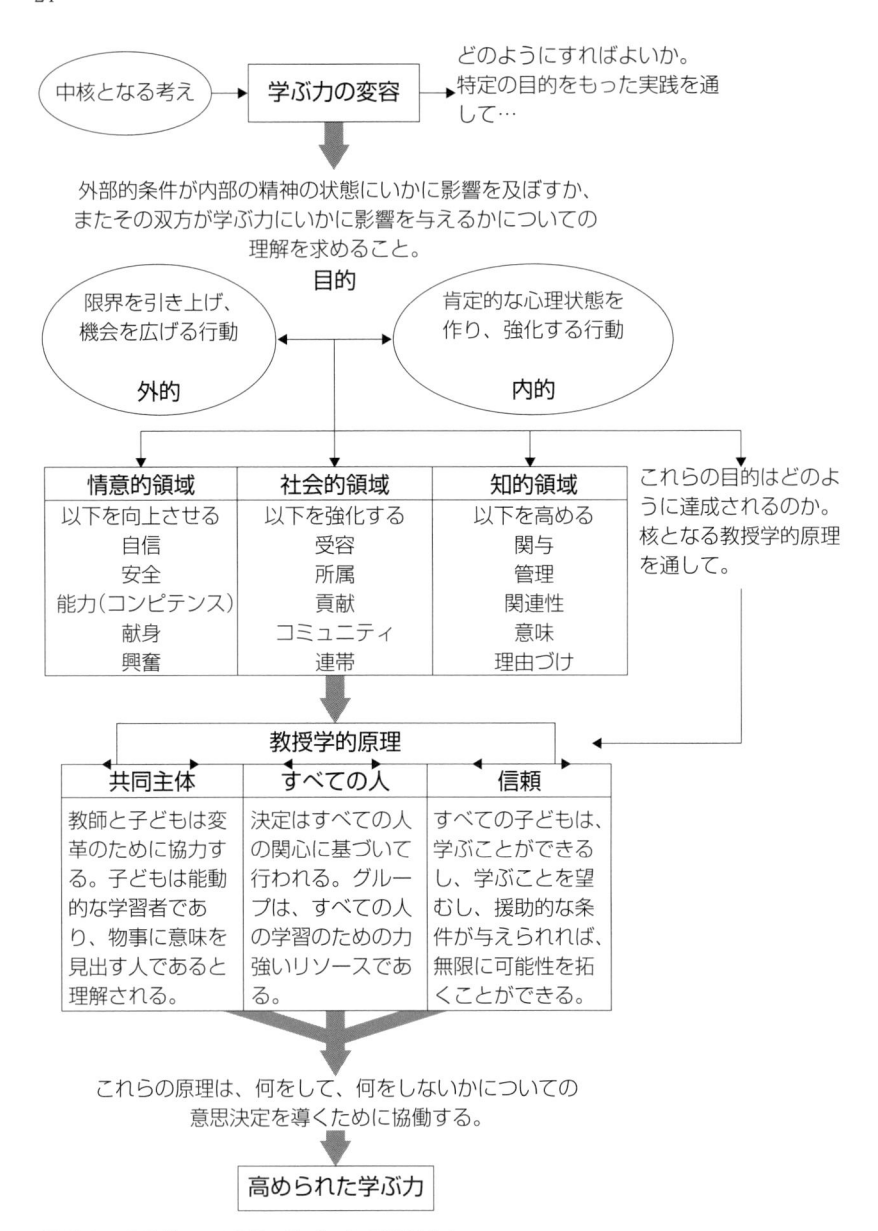

高められた学ぶ力

図1.1　実践的で、原理に基づいた教授学的なモデル
出典：Hart *et al.*（2004）.

様、同じ法的なカリキュラムの要請や外部からの要請、全国テストのプレッシャーなどにさらされていました。もし教師の集団や教科部門や全校の教師やあるいは学校全体の共同体が、共通のビジョンをもって協働していこうとするならば、学びの限界を引き上げ、子どもの学ぶ力を強化するためにできることは、もっとたくさんあることを、この9人の教師たちは皆、知っていました。その共通のビジョンとは、能力にレッテルを貼ったり、能力別に分けた実践によって生じる制約から解放された、学習のための環境を創造する活動を導くような原理や目的が共有されたものです。

■次へのステップ：限界なき学びの創造

　最初の研究プロジェクトに参加した教師の一人であるアリソン・ピーコック（Alison Peacock）が教育水準局の学校監査で「特別検証」（監査による失敗校とされた分類）を要求された初等学校の校長職を受け継いだ時、これらの研究がさらに広がる可能性を探る、またとない機会が訪れました。アリソン校長は、子どもの学ぶ力を強化し高めることに献身し、能力にレッテルを貼ることを避ける教授学習の実践を教職員が取り入れるよう導くことに取り組みました。そして、エスミー・フェアバーン財団とハートフォードシャー県地方当局の助成金により、同県のロックザム校の教員の活動に関する2年間の綿密な研究を行う**限界なき学びの創造**という新しい研究プロジェクトが開始されました。研究が開始されたときは、そのような環境が作られて維持されるためには、どのような要素が関係するかは明らかではありませんでした。しかし学校改善のための、このもう一つの方法が、誰にとってもより人間味があって、公正で、生活の質を高める実践開発

アリソン・ピーコック校長

につながっていけることを示せるような説得力のある証拠を、この研究を通じて次々に集めることができることを望んでいました。

　この本は、限界なき学びをどのように創造するかということについて、我々が学校という共同体から学んだ物語です。調査したのは、学校の個々の教師やその授業についてだけではありません。すべての人の学習する能力に関するゆるぎない根本的な信念を含んだ包括的で平等主義的な原理に基づく教育に関するビジョンを創造するために、学校のスタッフ全員が日々協働する際の、個々人や集団で続けられている学習についても調査しました。この学校について書くことによって、成績を上げることや学力水準の目標を達成することに対する圧力やそのような見方から導かれた学校改善を拒否することは可能であることを示そうと思います。我々が、ロックザム校を研究対象に選んだのは、それがユニークで完全だったからではなく、教職員の集団が、このもう一つのビジョンに向かって、身をささげ、能動的に活動するようになった学校であると知ったからです。というのも、ロックザム校の教師たちは、ビジョンの実現が可能であるということを示してくれているし、同校では、どのようにそれが可能であるのかということを、紛れもない唯一の方法としてではなく、成功した一つの例として、自分たちの言葉で表現してくれています。彼らの考え方や、関わり方や、実践を研究することで、我々はビジョンを現実化させるためには、喜びと成功だけでなくジレンマと奮闘が必要であるということを深く知ることができるのです。

「一番下のグループ」にいること

　アリソン・ピーコックは、2002年7月に、ハートフォードシャー県のポッターズ・バー[5]にあるロックザム校に、校長職の志願者として訪れました。ロックザム校は、保育部門をともなった各学年単級の学校でした。その時、彼女はこの学校には問題があることを知りました。この学校は、2001年5月の教育水準局の学校監査で、特別検証が必要であると判定されていたのです。一人の教師は、教育水準局の監査官が、ある学級を「教育不可能」と記

5） ロンドンの北30kmにある町。

述したことを今も覚えています。同校の標準評価課題（SATs）の結果は急激に下がり、低くなったままでした。勅任視学官[6]（HMI）の報告では、学校中に成績不振者が大量にいるとのことでした。2001年以来、特別検証になっているという体験により、学校には絶望と、もどかしさの雰囲気が漂っていました。2001年以降は、勅任視学官による要請を汲み取っ

ロックザム校

た形で、最高経営チームやその他のスタッフの考えにより、カリキュラムはさらに狭苦しいものになっていたことを、アリソン校長は覚えています。7歳と11歳の時にそれぞれ全国テストがあるので、授業時間のほとんどは、英語、算数、理科に使われていました。

　それから約2年がたった2002年の12月。学校監査の時に、勅任視学官は、進歩はほとんど見られないと判定しました。勅任視学官による観察は、その後も継続的に行われました。ほとんどの学級の行動はきつく統制され抑圧されていたにもかかわらず、アリソン校長が学校を訪問した時は、家具が投げつけられて、子どもが校舎から逃げ出すというようなひどい事件も起こっていました。多くの子どもたちにとっては、学習に取り組んだり努力をしたりという兆候はほとんどありませんでした。6年生の子どもが、勉強に興味を示す子どもに対して、「がり勉」といってあざけるという若者文化に浸っていることにアリソン校長は気づきました。多くの親は、子どもたちが退屈していて、何も挑戦しないことに不満をもっていました。さらにある親はいじめについて心配していました。しかしながら、アリソン校長は、このようなことを目撃したからといってめげることはなかったのです。反対に、彼女は、こうした状況**だからこそ**、この学校を選んだのでした。子どもの成

6）付録の用語解説（p.254）を参照。

績が「一番下のグループ」に入れられたことが、いろいろなところで指摘されているように、子どもたちの士気喪失や有能感の喪失につながる傾向にあるのと同様、教育水準局の学校監査で「特別検証」とされた経験が、学校の教職員を弱体化させることになったと彼女は考えたのです。彼女は、事態をひっくり返すことが可能であることを示そうということだけでなく、学校改善のためのもう一つの方法が、「非難と辱め」モデルによって失敗に終わった学校でも成功することを見せようという挑戦に動機づけられていました。アリソン校長はロックザム校を選んだ理由を思い起こしてこう言っています。「私がロックザム校を選んだのは、おそらくこの学校が一番下のグループにいたからだと思います。自分が何をしたかということは意識的には分かってはいませんでした。……おそらく物事に取り組むもう一つの方法があるということを証明したかったのだと思います」。そして彼女の自信が正しかったことは、後に十分証明されたのでした。2003年1月に彼女が着任して以来、勅任視学官による監査が3回、教育水準局による監査は4回行われました。行動の水準、取り組み、リーダーシップ、管理システム、外観、動機づけの水準、親の満足度、子どもからのフィードバックなどが急速に向上したことで、同校は、2003年10月に特別検証の対象からはずれました。また2004-2005年度には、キーステージ1とキーステージ2の間の子どもたちの成績の向上度という観点では、イングランドのトップ100校にも入りました。そして、2006年と2009年の教育水準局の監査では、「最優秀」という評価を受けたのです。

アリソン流のリーダーシップ

　「限界なき学び」の原理に基づいたサポートとリーダーシップとともに、劇的な変革をロックザム校にもたらすことができるというアリソン校長の自信は、ある面では、近隣の学校における副校長としての経験から来ていました。彼女は、ある確信のもと、クラス担任としての実践に取り組んでいました。その確信とは、個々の子どもたちはみんな一緒になって学習の旅に参加するという非常に魅力的な誘いを受けるべきであり、それが可能であるとい

うものです。彼女は、リスクを冒すことができるように安全で、自信が高まるような、また、すべてのものが学習の興奮に夢中になるような、学びの環境を作ることに努めました。すべての子どもは、自分自身やまわりのものを驚かせるような能力を育まれる機会が与えられたのでした。

アリソン校長が、**限界なき学び**の研究プロジェクトに参加したのは、その学校にいた時のことでした。そのプロジェクトをまとめた本の中で、事例研究として取り上げられたアリソン校長の考えと実践は、「変容可能性」という重要な概念の発展に貢献しました。そして、教えることの中心にある主な目的と原理に、能力についての決定論的な考え方はありませんでした。教授学についてのこのような考え方が研究チームによって詳しく説明される際、アリソン校長は、子どもの学習と同じように大人の学習へもそれらを取り入れるべきであることを主張しました。そして、同じような原理と目的が教員チームへの学習を支援する際にも適用されない限り、教室の教授学のモデルは、子どもたちに十分効果のあるものとはならないという信念を、しばしば主張しました。この目的と原理は、学校改善のもう一つの方法の基本をなすと、アリソン校長は訴えたのです。

本書の図1.1にもある『限界なき学び』に示された教授学のモデルにおいては、教師が内部と外部という2つの面で同時に機能するものとして概念化されています。そのことによって、肯定的な変革が起こることが可能になります。何が学習を制限しているのかが分かってくると、学習の環境と子どもの内面の双方において、教師は学習の機会を豊かにし高めるよう努めるのです。それは、子どもの心の状態に肯定的な影響を与える方法で行われます。すなわち学習者としての自分自身の信念、学習への態度、帰属感、学校での学びにおいて、感情的および知的に進んで打ち込む意欲などに影響を与えるのです。この重要な目的が教職員と働くときにも同じように置かれるべきだとアリソン校長は信じていました。着任した最初の日から、子どもだけでなく、教職員の心の状態をより肯定的なものにすることを目指してあらゆることを行いました。「校長として、教職員が今までと違ったかたちで学校のことに取り組むように、教職員の自信を育てる機会を少しでも探すということ

が自分の役割であると考えていました」と彼女は回想しています。この学校の共同体のそれぞれのメンバーは、自分を次の魅力的な課題がいつも目の前にあるような学習者であると信じることができなくてはならないのです。このような学校では、大人も子どもも、誰もが、「価値のないもの」とはされません。つまりその人の学習には上限は作られないようにして個人として大切にされるのです。その学校共同体のすべての人が、未来は今作られていることと、彼らの今ここでの行動のすべてがこれから先の新たな方向につながることとを信じなければなりません。

　アリソン校長は、**限界なき学び**のモデルである３つの主要な教授学的原理――共同主体（co-agency）、信頼（trust）、すべての人（everybody）――が、彼女のリーダーシップに対しても直接的で実践的で妥当性があると信じています。学級という文脈では、**共同主体**の原理は、教師と子どもが一緒に到達するべき変革の必要性に重点を置いています。その原理は子どもの学習への積極的な参加を促し、学習の管理能力を高めると信じることへと教師を誘うのです。またそれは、自分たちがものを考えたり学んだりするものとして自分自身の肯定感を高め、与えられた学習の機会に関与できる能力と意欲を高めます。アリソン校長は、同じ原理が、学校をどのようにリードするかを考える時の自分自身の意思決定を導いてくれるものであることを直感的に理解していました。彼女の意思決定と行動が、教職員を肯定的な気持ちにさせ、エネルギーを高め、自分たちの学びを管理可能にさせるべきなのです。この原理は、トップダウンの権力でも外的な命令でもなく、彼女が信じている聴くこと、対話すること、協働することを通したリーダーシップの姿を表現しています。

　学級においては、もしそこでの活動が子どもたちにとって相応しいもので、目的があって意義深ければ、そしてもし学級の風土が学びを支持するものであったならば、子どもたちは進んで学ぼうとするし、教師の誘いに情熱をもち献身的に関わるということを、**信頼**の原理は示唆しています。子どもがその誘いを拒否し、学習が妨げられるようであれば、この信頼という基本的な立場は、子どもの関わりを邪魔するものは何かを理解するために、教師

たちに自分たちの選択と実践をおのずと再吟味させることになります。この原理をリーダーシップの役割に適用すると、教職員には、何をするべきかをわざわざ言う必要はないとアリソン校長は信じています。十分に支持的な環境が学校全体の共同体の中に作られたならば、教職員は、自分自身が能動的にものを考え、学ぶ人として、あらかじめ決められた段階を踏むのではなく、彼らの実践を発展させる肯定的な段階を自ら踏むでしょう。広い意味で、「学校として我々はどこに向かおうとしているのか」という感覚をすべての人がもつことが重要であると彼女は感じています。そして、現実の実践は、アリソン校長や子どもたちや学校全体の共同体との連携のもとに、教師自身によって展開されているのです。

　3つ目は、学級における**すべての人**の原理が、特定の個人もしくは学習者のグループの関心というよりも、**すべての人**の関心のもとに行動する基本的責任と義務が教師にあることを強く主張します。また、その原理は、学習には個人的な次元だけでなく集団的な次元があることを認識させます。お互いを支え合い助け合うことを子どもたちに促すことで、教師は学びの共同体を作り上げる努力をしています。そこでは、すべての子どもが大切にされ、受け入れられ、尊重されるべきであり、すべての子どもが帰属感をもつべきであり、すべての子どもが、それぞれの仕方で貢献していることを認められるべきであり、すべての子どもが一緒に学び合うべきなのです。アリソン校長は、彼女のリーダーシップのもとに、すべての大人もまた帰属感をもつことができる全校共同体を創りたいと願っています。その共同体では、教師たちは、教育理論を学び、胸を躍らせ、自分たちを生涯学習者と見るようになります。

　アリソン校長は、学校を主導していく際の課題として、これらの洞察と確信と原理をロックザム校に持ち込みました。それらは、彼女が創り上げたいと思う学校像と、それを作る上で必要だと彼女が信じるリーダーシップのスタイルとの両方を具体化したものでした。教職員の学びが子どもたちの学習能力を変容させる上で鍵となることと、両方の学びは似たような条件が必要であるという仮説の上に彼女の手法は成り立っていました。しかしながら、

彼女にとっては同校が初めての校長であったので、学校における日常の慌ただしさの中でのリーダーシップ行動に、こうした考えや原理をどう反映させるかを見つけ出さなければなりませんでした。

限界なき学びの創造：新たな研究の問い
　学校全体が2年間の間に生き返り、共同作業を進めていく中で、アリソン校長のビジョンに導かれて学校の中で起こった成長を研究する計画が立てられました。特に、学校の成長のための、このもう一つの方法を創り上げていく中で、どのような方略や実践が効果的であったのかを明らかにしたかったのです。アリソン校長は、教師や子どもたちの学ぶ力を育成するための発達的で持続的な方法をどのように実践したのでしょうか。彼女は、目的や方法を学校全体にどのように伝えたのでしょうか。教職員たちは、どのように**限界なき学び**の基本的な考えや原理を理解し、実践したのでしょうか。彼らの授業実践はどう変わったのでしょうか。アリソン校長は、彼女自身の内に秘めた原理を維持することと、教職員に自分自身で考えさせ、自分がベストと思う実践に自由に取り組ませることとの間に明らかに起こる緊張関係に、どのように対処したのでしょうか。スタッフはどのような問題や課題に直面したのでしょうか。アリソン校長は、国の政策という大きな波に逆らって泳いで行くことに対して、自分の方法に対する勇気と信念をどのように維持し続けたのでしょうか。限界なき学びの創造をいかに進めるかということに関して、学校全体は何を学び、そして我々は彼らから何を学ぶことができるのでしょうか。

研究はどのように進められたか
　研究方法の詳細は、資料Bに示します。要約すると、データの収集には2年半をかけており、それらは3つの段階に分けることができます。第1段階では、学校で起こっていたことについて、また学校のそれぞれの構成員がこうした成長をどのように見ていたかについて、比較的、自由な形式で調査をしました。教師たちと話し、授業を観察し、新しい実践についてのそれぞれ

の人の考え方を聞き取り、文書になっていた情報を集めました。校長は、重要と思った出来事について振り返り日誌をつけていましたし、またインタビューの中で自分の行動や戦略や取り組みについて大学の研究チームと討議をしました。

　第2段階では、教師たちは、自分たちの実践における特定の取り組みに焦点を当てて、個人個人で考察するようにお願いしました。これらの個人による考察により、教師たちの考え方や、彼らの意思決定を支えている根拠についての、より深い調査ができることを望んでいたのです。我々は教師たちに、通常は計画しないような特別のプロジェクトを立ち上げるよりも、むしろ、日常の実践から浮かび上がってくる差し迫った問題に取り組むように促しました。我々は授業を観察し、その後で、その目的をとった行動の根拠となる考えや、目的をどの程度達成したと思うか、また子どもたちが何を学んだと感じているかについて教師に聞きました。そして、授業の中で起こっていたことについてどう考えていたかを子どもたちに聞き、またその親には、その後、子どもにどのような変化が起こったと考えるかを聞きました。アリソン校長は振り返り日誌を継続し、インタビューの中で出てきた問題について我々と話し合いました。

　我々のねらいは、校長や教職員が一緒になって実践を創り上げていく過程で、それに寄り添いながら研究に取り組むことでした。学校生活における日々の出来事の中での彼らの考えや実践を、文書として記録してあげたかったのです。我々自身のアイデアや意見や理解を紹介するということはしないように、あるいはまた助言や教示することはしないように気をつけました。我々は、教職員たちの考えを引き出し、精査したかったのです。我々の役割は、インタビューを通して振り返りの枠組みを提供することや、個々の教師が探究を計画する際の手助けとなる方法論を示すことや、彼らの考察のためのデータ収集の手助けをすることでした。すべてのインタビュー記録や観察のフィールドノーツは、教職員全員で共有されました。

　第3段階では、我々はすべてのデータを正式に分析し、それぞれの教師の話の予備的分析を共有し、原稿や解釈を彼らと共有しました。

調査期間中のロックザム校の教員チーム

表1.1は、調査期間中に、事例研究に参加したロックザム校の教職員と、その担当していた学年を示したものです。教師の名前はこの本全体を通して実名を使います。子どもたちの名前は仮名です。

表1.1　事例研究に参加したロックザム校の教員

学年	年齢	担任
第1学年	5〜6歳	シェリル
第2学年	6〜7歳	ソフィー
第3学年	7〜8歳	ダレル
第4学年	8〜9歳	マーティン※
第5学年	9〜10歳	ジョー
第6学年	10〜11歳	サイモン（副校長）※
校長		アリソン

＊　教師の名前は実名だが、子どもたちは仮名になっている。（原注）
＊＊　※印は男性。

■物語の展開

次の章では、アリソン校長が最初に学校に着任した際にリーダーシップをどのように発揮したかを検討するために、彼女の回想とこれまでに発表された文章を用います。続く章では、それ以後の我々の調査の経過を取り上げます。第3章では、調査期間中の、教員一人一人の考え方と実践の展開を検討し、実践の中で彼らが重要と考える共通の要素について考察します。第4章では、ロックザム校における実践の基本的要素といえるものですが、子どもたちと特別な関係を育む活動に取り組んでいる教員チームに焦点を当てて考察しています。第5章では、ロックザム校で起こった成長を推進し継続していくために発揮されたリーダーシップの特徴と、導入された方略とについて詳細に検討します。第6章では、限界なき学びの創造についてロックザム校の共同体から学んだことについて総括します。ここでは、ロックザム校の学

校改善のためにとられた特徴的なアプローチと、一般に推奨されているアプローチとを比較対照します。さらに我々の研究成果の他への適用可能性について模索した上で、今後への展望について述べます。

　調査が始まるまでの段階で、アリソン校長はロックザム校にすでに2年間在籍していました。その後の2年間に起こった成長を理解するためには、その成長の土台となっているものについて理解しなければなりません。そこでまずは、ロックザム校におけるアリソン校長の初期の頃に目を向けて、その時期の実践を見てみましょう。本章で概観した原理が、アリソン校長の初期の行動や取り組みにも反映されているのか、いるとすればどのようにかということについて、また彼女のビジョンをどのように教職員たちに伝えたのかについて考察してみましょう。

第2章
基礎を築く

■ありし日のロックザム校

　この章では、アリソンが校長になった初期の頃に起こった出来事について検討します。これらの出来事によって、学校の改善に向けての、もう一つの方法のための基礎が築き上げられました。それは、能力についての決定論的な考えをとることなく、すべての人が共により良く生き、活動し、学ぶ方法を創造するために取り組んだことから導き出されたものです。第1章では、アリソン校長がロックザム校に取り入れた**限界なき学び**という哲学の目的とその原理について明らかにしました。これにより学校がどうあるべきかについての彼女が目指したビジョンと彼女のリーダーシップがどのようなものであるかが特徴づけられたのです。これらの原理によって、アリソン校長はどのような種類のリーダーシップをとることがふさわしいかを知ることが出来ましたが、彼女のもっていたビジョンに向かって学校を推進していくための方法については、彼女自身はあらかじめ青写真をもっていたわけではありません。標準的なものとして示された学校改善の方法は、過去20年以上にわたって各学校で導入されてきたものですが、彼女は校長職を務めるにあたって、それには従わないようにしようと決めていました。アリソン校長は、何年か後に彼女が書いた文章の中で、学校や教師が成長するには、（彼らに）権限をあたえるという方法が用いられなければならないと確信したと書いています。

　あまりにも長い間、外側から脅威を与えることが学校の成績を向上させ

るための一般的な方法であるとみなされてきました。この方法は、失敗した状態にあったわが校では、上手くいきませんでした。わが校の子どもたちや教師たちにとって必要だったのは、もう一度自分たちを信頼してもらうことと、協働して学ぶことが刺激的で挑戦的で楽しいものとなるように自ら声を上げることでした。

(Peacock 2006, p.258)

　アリソン校長は最初の段階から、協働的に活動し豊かな学びの共同体を再構築するために、あらゆる手段を尽くして、みんなに十分に、そして積極的に貢献してもらおうと決めていました。そのような共同体では、教職員たちの学びが子どもの学びを強化するための重要な役割を果たすとアリソン校長は信じていました。今までとは違う方法を進めるにあたっては勇気が必要でした。しかし、地方当局や学校理事会や校内の管理職のチームからは賛同を得られるだろうから、目の前の難題に向かっていく際にも自分だけが孤立することはないだろうとアリソン校長は考えていました。彼女は校長の採用面接を受ける前に、学校助言監査チーム[1]の長に連絡して、もし彼女が採用されたならば、学校改善のための彼女のアプローチを地方当局が支持することを保証してほしいという要望を出していました。そして、彼女が校長になって1週間がたった後、学校理事会の新しい議長が選出されました。新しい議長は、仕事をもっている女性で、親（の枠で選ばれている）理事でもあり、校長の選考委員会のメンバーだった人でした。アリソンがリーダーシップを発揮しなければならないこの重要な時期に、情熱的で熟練した方の支持を得られたことは、重要なプラスの要因でした。もう一つの重要な人員配置がそれに続きました。2003年2月に、サイモン・プットマンが新しい副校長として採用され、復活祭後に着任したのです。サイモン先生が学校に初めて来た日の二人の話し合いは、「意気投合のミーティング」であったことをアリソン校長は覚えています。サイモン先生は、着任前はロンドン市内の地区で

---

[1] ロックザム校が当時、特別検証校に指定されていたので、このようなチームが結成されていた。

特別な教育的ニーズ[2]のコーディネータとして働いていました。彼は、子どもたちの自己肯定度を高めることや、困難を抱えている場合も含めて、すべての子どもにいつでも「扉を開けておくこと」が重要であることを強く信じていました。彼の情熱とエネルギーは、この時期の管理職チームをさらに強化しました。

　この章では、教職員チームが、ロックザム校の新しい未来を築き上げ始めた時に共同で開発したいくつかの重要な方略や試みに焦点を当てます。そして、それらの方略の中に、限界なき学びの創造の基礎がどのように体現されたかを振り返ってみましょう。当初、取り入れられた方法や実践は、現実に直面した特定の状況や課題に対応するかたちで直感的に開発されたものでした。アリソン校長は、この初期の頃の報告の中で認めていますが、彼女が何気なく行っていた意思決定の中に、先に述べた原理が働いていたことを、彼女自身も後になって回想してみて気がついたそうです。

> 学校のリーダーとしての仕事があまりに多く、それに没頭していたので、行動の過程を振り返るというのはめったにはできない贅沢であったということです。実際、校長になった最初の1年間は、椅子に座って、自分のした行動の理由を考えてみるという時間はほとんどありませんでした。急速に進めた変革の中で、その過程に影響を与えたような深く根ざした価値や影響力については、ほとんど何も考えずに、ただ、自分の心に聴いて意思決定をしていました。第2次の研究プロジェクトである**限界なき学びの創造**の助けがある今になって、やっと変革のためのリーダーシップの過程が明らかになってきたのです。
>
> 　　　　　　　　　　　　　　　　　　　　　（Peacock 2006, p.253）

　けれども、あと知恵のようですが、彼女が校長として着任した最初の日か

---

[2]　イギリスでは1981年法により従来の障害のカテゴリーを廃止し、この「特別な教育的ニーズ」という呼称を導入した。子どもの教育的ニーズは、単一の障害カテゴリーからは導き出すことはできないという考え方に基づいている。

ら、重要なメッセージがスタッフや子どもたちに伝えられたことは明らかです。最初の全校集会で、アリソン校長は、明るい柄の布のバッグを背負って椅子に座り、『心配をつめこんだ大きなかばん（*The Huge bag of worries*）』という本を子どもたちに読み聞かせました。そこで彼女は、自分も新しい校長としてたくさん心配を抱いていることを子どもたちに伝え、そのバッグには、さまざまなメッセージが書かれたカードが入っていることを話しました。そのメッセージとは、例えば、「新しい学校で、迷子になってしまわないか心配しています」「自分が何をするべきか分からない時がないか心配しています」「みなさんが私のところに来て話をしてくれないのではないか心配しています」などといったものでした。

　子どもたちが一人一人呼ばれ、彼女のバッグからカードを取り出して、大きな声で読み上げました。子どもは、引いたカードに書いてある内容に対して、アリソン校長に一言助言をし、それをカードが無くなるまで続けました。そして、アリソン校長は、パッと立ち上がって、気分がどれだけ良くなったかを子どもたちに伝えました。このちょっとしたことだけれども重要な最初の取り組みは、アリソン校長が、次のようなメッセージを子どもや大人に、どのように送ったかを示す一つの例です。そのメッセージとは、アリソン校長が、学校の変革のための青写真をあらかじめもっているのではないこと、すべての人のアイデアを重視しようとしていること、そして、みんながパートナーとして共に歩んでいくときに、子どもたちを含めた学校共同体のすべての人から得られるものがたくさんあるということです。

■サークル・グループ・ミーティング

　同じようなメッセージは、新しい副校長のサイモン先生のリーダーシップのもとで始められた全校活動という正式な制度にも込められました。すべての子どもが自分のアイデアを発言し、参加し、学校生活に影響する意思決定に貢献することができるようにするための、より現実的で有意義な方法はないだろうかとスタッフは話し合っていました。その中で、毎週行う縦割りの

サークル・グループ・ミーティングを取り入れようという案が出されました。選挙で代表が決められる児童評議会（したがって一部の子どもに限定される）と違って、サークル・グループ・ミーティングには、**すべての人**が参加します。つまり、すべての大人（教師、教員助手、理事、ボランティア）と学校内のすべての子どもです。このミーティングでは、全員が話を聴いてもらう権利があり、全員の貢献に価値があることを強調することで、上下関係（大人の職制間、大人と子どもの間、子ども間）をゆるやかにすることを目指しています。ロックザム校の共同体では、子どもは同等のパートナーとして受け入れられているのです。例えば、子どもたちは、大人と同じように、学校の中で起こっていることを知る必要があります。それぞれのサークル・グループに全部の学年を含むことは、学年の違う子どもたちへの共感と理解を高め、もっとも小さい子どもでさえ何か有益な貢献ができると信頼されていることを示そうとしています。

　ミーティングは、毎週火曜日の午前中、長い休み時間の前の15分間に行われます。学級のリストからグループ分けは行われます。平均して26人の5歳から11歳の子どもが各グループに分けられます。参加する大人と子どもは対等の立場になるのです。ミーティングは、全員がフロアに座って始められます。初期の段階では、ウォーミングアップになるゲームやニュース、話し合いのポイント、まとめのゲームなどの提案を載せた全グループ共通のプログラムをアリソン校長が毎週提示して、進め方をサポートしていました。当時は、ミーティングは教職員が主導し、話し合いは、週ごとに持ち上がってくる日常の問題に焦点をあわせました。そこでは、問題についての異なった視点をもった年少者と年長者が共通理解を得ることを優先させていました。例えば、設備の整備や校庭の新しい遊具に関する議題は、ある時は投票で、またある時は数週間にわたる話し合いと振り返りによって決められました。サークル・グループ・ミーティングの題材は、やがて、学校の管理的な問題にもおよび、授業や学習についての話し合いも議題に上ることが普通になりました。例えば、親が学校に来て子どもから算数を習う「算数の夜」という行事は、サークル・グループ・ミーティングの話し合いから生まれま

サークル・グループ・ミーティング

した。同じように、学校放送局やカフェや校庭での新しい遊びのアイデアなどの新たな発案についての話し合いがなされました。

　第6学年の子どもたちは、ミーティングの間、話し合いの記録をつけ、意思決定を下す責任をもっています。6年生は、その記録を使って他のサークル・グループのリーダーに伝達をします。そのようにして、他のグループで何が起こっているのかを全員が知ることが出来るのです。これによって大人たちは、子どもたちが任されていることに対して、いかにきちんと対応できているかを知る機会を得ています。調査が始まった2005年の中ごろには、サークル・グループ・ミーティングは、6年生が全面的に主導していました。この学年の全員が、四人一組で、各サークル・グループを主導する役割を分担します。これらの重要な役割を引き受けることによって、6年生全員が、リーダーシップと共感のスキルを育む機会をもつのです。彼らは、ミーティングを適切に計画・構築しグループ内の行動を管理することを任されています。研究チームのメンバーが観察したところによると、6年生たちは、リーダーとしての役割を十分果たすことができていました。例えば、他者を尊重して扱ったり、小さな子に考えをまとめる時間を与えたり、自信のない子を励ますことで支えたり、何か提案したいことがあったら後でまたその話

題に戻るからと伝えたり、一人一人にもっと空間ができるように座り直すことを提案したりしていました。

　サークル・グループの方略によって教育チームは、子どもの話を聴くことの重要性を体験・認識し、子どもたちの反応を尊重・信頼し、子どもたちの考えの質の高さに驚くことになりました。調査研究の期間中に、サイモン先生は、サークル・グループ・ミーティングを通した全校共同体の成長が極めて重要なものであることをあらためて確認しました。「サークル・タイムは、他のどの方法よりも、子どもを知り、子どもが何を望んでいるかを分かることができると信じています」とサイモン先生は言います。サークル・グループ・ミーティングは民主主義の文化の基礎を築いています。上下関係をゆるやかなものにし、子どもと大人が話し合いの場を共有して結論に結び付けるようなパートナーシップを築く手助けをするのです。それは、すべての人が独力で考えることを奨励しているのであり、ただ単に自分が教えられたことを実行しようとするのではなく、自らが主導権を握るよう促しています。全員の貢献を可能にすることによって、ロックザム校の集団は、絶えず成長していく共同体への帰属意識を育んでいったのです。

■ラーニング・レビュー・ミーティング

　この時期のもう一つの重要な取り組みは、5、6年生の教師が子どもたちの学習の進歩をモニターする方法を構築し直したことです。子どもやその親、学級担任、校長が集まって個々の子どもの（学業の）進歩と達成度や、その後どのようなサポートが必要であるかということについて、協働で話し合っていく「ラーニング・レビュー・ミーティング」が開始されました。このミーティングの目的は、子どもの立場から見た個々の子どもの進歩と将来の希望についての理解を皆で共有することです。子どもの立場を聴き、応答することを重視することで、出席した大人、つまり教師と親は、学習を個人的な生きた体験としてあらゆる角度から見ることができるようになります。彼らは、子どもが達成した学習目標や到達したレベルについてよりも、学習

についての人間的で感情的な次元における報告を聴いています。

　ラーニング・レビュー・ミーティングは、年に2回、約20分間、秋学期と春学期に開催されます。それは、授業時間内か放課後に校長先生の部屋で行われます。アリソン校長は全部のミーティングに参加します。そこでは学習の中でも特に個々の子どもの体験と進歩について話します。そのミーティングの準備のために、教師は、子どもたちに自由記述の質問紙を配ります。その質問紙は、子どもたちが、自分たちの成功、心配、課題、サポートして欲しいこと、サポートしてもらっていることで変えて欲しいこと、将来の希望などについてどう考えているかを引き出すためのもので、子どもたちの学習と健康福祉のすべてをカバーしています。一人一人の子どもは、回答した質問紙をもとに、担任の先生と秘密を守られながら話し合いますが、そこで話す問題や領域についても、子どもが選びます。アリソン校長は子どもたちがこの新しいやり方に対して非常に熱心に取り組んだことを覚えています。子どもたちは、自分の学習を徹底的に真剣に正直に振り返る機会としてこのミーティングを有効に活用しました。

　ラーニング・レビュー・ミーティングでは、子どもたちは、自分の学習が他者から測定され判定されるという受け身の立場ではなく、自分の未来を作り上げるために責任をもった積極的な学習者として関わります。ミーティングの形式としては、誰もが、学習についての会話に参画することを促すもので、対等のパートナーとして話し、それぞれの知識と理解を共有し、将来の進歩のためにどのようにサポートが必要かということについてのアイデアを与えます。ミーティングは、目指す目標を設定するためのものでもなければ、到達したレベルを決め、データを追跡することで進歩を評価するためのものでもありません。ミーティングで、前への進み方や将来のための行動について皆で同意するのです。そしてそれは、ミーティングのノートに記録されます。次回以降のミーティングは、共有の文化に基づき、互恵性と尊重の原理に導かれ、出席者の間の継続的な会話というかたちで続いていきます。

　このようなラーニング・レビュー・ミーティングは、監視や説明責任を果たすこととは違ったアプローチの基礎をなしています。それは、個々の学習

者を理解し、真価を認めるためのチーム・アプローチともいうべきものでしょう。このミーティングにより、校長はすべての子どもの学習について、近くから注意深く観察できるようになりました。それは、教室で何時間も観察して得られるものより、もっと深い洞察を校長に与えてくれます。子どもの学年が上がってクラスが変わっていったとしても、校長は、一貫性と統一性の程度をチェックすることができるのです。またラーニング・レビュー・ミーティングでは、教員スタッフが、親との連携をはかることが重要であると理解し、また子どもが、いかに思慮深く学習に関する自分の体験についての話し合いができるかを理解し、さらに学習を振り返る過程で子どもたちが積極的に参加することがいかに重要であるかに気づく機会ともなっています。

■専門領域チーム

　多くの初等学校では、一人一人の教師は、リテラシー[3]とか、理科とか音楽など、カリキュラム中の一つの教科についての責任をもっています。ロックザム校では、このようなやり方は、とられていません。同校では、カリキュラム開発のパートナーシップ・アプローチを構築するという明確な目的で専門領域チームが作られます。専門領域チームは、ベテラン教師と新米教師の両方と教員助手が含まれ、学校外の経験を取り入れてくれる学校理事も加わります。このように、専門領域チームは、教職員の誰もが参加し、カリキュラムの立案に貢献することができるような構造になっています。そして、その過程で、初等教育におけるいくつかの関連領域について、自分の専門性を磨くのです。

　専門領域チームは、カリキュラムの3つの主要な領域について責任をもっています。教員たちは、人文学専門領域、創造性専門領域、シティズンシップ専門領域のどれかから、自分の所属を選びます（表2.1参照）。各会議は、学期中に3回、放課後に2時間ずつ、飲み物と軽食が出されて開かれます。

---
3)　日本における国語科に相当する。

第2章　基礎を築く　45

表2.1　専門領域チーム：教科を主導していくためのチーム・アプローチ

人文学専門領域	創造性専門領域	シティズンシップ専門領域
歴史	戯曲	森の学校
地理	音楽	拡張学校
各国語	ダンス	昼休みの遊び
デザイン・技術	ドラマ	宗教教育
算数	国語（英語）	PSHE ※
	情報通信技術	理科
	芸術	体育とゲーム
		グローバル教育

*　※人格・社会性の発達、健康、経済教育のこと。

　それぞれのチームは、全校の教育計画に基づいて進められます。行われる活動は、子どもの作品の中から参考となるふさわしい例を集めたり、学校の内外からディベートや討論を刺激するような活動を見つけたり、子どもや教職員のために学習の機会や有益な体験の予定を組んだり、誰かが参加しそうな外部の講習を周知したり、子どもと活動するために招待すべき訪問者を決めたりすることなどです。チームのスタッフは、他の専門領域チームのメンバーが参加できる講座を用意して、その後で専門領域を横断した討論ができるような機会を作ります。チームは、自分たちが作った計画を、学校の共同体の他の人と共有する方法についても立案します。教員室にある専門領域チームの伝言板を使って、何かを頼んだり（例えば、飾りつけの手伝いなど）、参加の呼びかけをしたり、特別の行事を宣伝したりします。

　カリキュラムを主導していく際のこのチーム・アプローチは、教科主任が同僚の授業を観察し、監視し、評価するという通常行われている方法に取って代わりました。このように代えたのは、より専門性があり経験豊富な教師が同僚の取り組みを評価して、どこが向上したかを明らかにするというようなトップダウンの教員研修では、すべての人の学びを制限することになってしまうという前提があったからです。専門職の学びとは、取り組んでいるものの欠陥を明らかにして直すことではなく、子どもの学びに対する理解を深め、その新しい理解に基づいて実践を開発することです。継続的に学んでいくことは、全員の責務です。教職員のすべては、学び続け、新しい実践を開

発し、自分を成長させている専門性を共有する機会をもつべきです。専門領域チームは、そのような学びや分かち合いの機会をたくさん提供しています。チーム内で、メンバーは、お互いに学び、お互いに挑戦し、検討課題を明らかにし、発見したことを共有し、理解したことを有効に活用します。

　専門領域チームの支持的で権限が与えられる仕組みは、創造性と開放性を育みながら、教師集団全体のエネルギーを高め、もっている資源を豊かにすることを目指しています。どちらかというと自信があって経験のあるメンバーが経験の少ないメンバーをサポートして、その人たちのしていることの良いところを評価してあげます。この仕組みによって、どのような学習機会を与えることがもっとも有益であるかを全員がもう一度考え直すことを促します。専門領域チームのメンバーは、意義深くて、動機づけにつながるような子どものための学習機会を立案するにあたって、お互いに刺激し合い支え合うのです。

　ラーニング・レビュー・ミーティングと並行して専門領域チームが結成されたことは、学校全体の説明責任の果たし方においても転換をもたらしました。教師の働きぶりがカリキュラム全体にわたって個別に監視され評価されるのとは違って、専門領域チームの場合は、はっきりと分けられていながらも、お互いに関係している教えることと学ぶことに関する３つの側面に対して、共同で責任を負っています。１つ目は、当該のカリキュラム領域において子どもに提供されている体験と機会の質に対して、２つ目は、これらの専門領域のそれぞれにおける子どもの学習の質を注視することについて、そして３つ目は、小さな規模の取り組みの成果を共有しながら、そうした協働的アプローチを、自分たちの学びを豊かにさせ、持続させる方法とすることについてです。こうして教師も子どもも含めたすべての人の学習のために、教員チーム全体で協働していくための基礎が築き上げられたのです。

■学校全体の継続的な専門職開発

　学校の管理職たちが、子どものためだけでなく大人のための学習を促す新

たな文化を作り上げようとして取り組んだことは、教員チーム全員の継続的な専門職開発を目指した持続的な支援に反映されました。学校全体のこのサポートは、自分で考え、自分の道を探すことができるような力を人々に与えることは可能であるという信念と信頼の上に成り立っています。教員チームは、有益で意味のある学習に取り組むための機会をきっと利用するだろうと信じられていました。

　この取り組みの中で目を見張った事例は、4人の教員助手に与えられた充実したサポートです。これによって彼らは、ハートフォードシャー大学で教育に関する基礎学位を取得しました。この教員助手たちは週1回学校から離れ、有給で大学のコースに参加したのです。彼らが、提出しなければならない課題に追われている時は、これもまた有給での学習休暇が与えられました。このような充実したサポートは、継続的な学習が学校共同体全体にとって有益であると考えている学校理事会の理解があったからこそ可能でした。教職員は、お互いに学ぶことを促されています。それぞれの教員助手には教師の中から指導助言者（メンター）があてがわれていましたし、一緒に学ぶことが学級単位の小規模の探究から得られた知見を共有するための手段となっていたのです。4人の教員助手全員が優等学位をもらい、そのうち3人はロックザム校が拠点となった教員養成プログラムを修了するべく勉学を続けました。そして現在ハートフォードシャー内の学校で、正教員として働いています。

　それぞれの教員スタッフの学生としての研究に個人的に興味をもったアリソン校長から、さらに付加的なサポートが与えられました。これらは学びの文化が高まることや、将来の展開を考えている領域に関して、有益なフィードバックが得られる源泉となっています。学校全体の継続的な専門職開発のための一貫したこの取り組みは、専門領域チームの活動によって補完されていますが、教職員全体が同僚の考え方や開発した実践によって豊かになっていく環境を作り上げます。子どもの学習へのサポートは、彼ら自身の学習によって活気づけられ、強化されるのです。

■学習を生き生きとさせる

　こうした多様な取り組みが学校の日々の実践に徐々に取り入れられたのに対して、カリキュラムの準備と計画については、別の変革が見られました。意図がはっきりして、意味が分かり易く、取り組み甲斐があると子どもたちが感じるような学習の機会を提供することを優先させるように、教師たちは促されました。飾りつけをしてロールプレイを行う部屋が設置されました。そこでは、探究や調査のための出発点として、興味深い置物のコレクションが陳列されました。また、外部から彫刻家、作家、ダンサー、音楽家を招待してきて、子どもやスタッフとともに活動し、学習を活気づけました。

　また、外部から実施するよう指定された取り組みに対応する中で、教員たちの創造性が刺激されました。そうした取り組みの中の一つ（DfEs 2003a）として「話すことと聴くこと」の育成を目指したものがありましたが、思いがけなくも、それによってロックザム放送局を開設することになりました。きっかけは、学校に政策文書とともに、教員のための一連の活動が示された教材の入った箱が送られてきたことでした。箱の中にあるすべての活動を実施することが強制されているとは受け止めずに、教員チームは協働してそれらの教材を吟味しました。送られてきたもののカリキュラム領域の中で、学校で既に行われているものは何かということの確認から始まって、活気のある話し合いになり、そしてさらにどんなことができるだろうかということを考える創造的な思考につながっていったことを、アリソン校長は覚えています。校内での放送局の開設については、持続的に目的をもって話したり聴いたりする機会をどのように増やすかについて討論した際に、サイモン先生が提案しました。スタッフや子どもたちは、そのアイデアを採用して、サークル・グループ・ミーティングでその可能性について話し合いましたが、そこでは多くの希望に満ちた提案が出されました。7歳から11歳までのキーステージ2の子どもたちが、元BBCのジャーナリストによるワークショップ研修に参加しました。そこではラジオ番組はどのように構成され、音楽と語りをどのように組み合わせるかを学びました。子どもたちは、ラジオが聴き

ロックザム放送局（2007年当時）

手に与える影響について考え、聴き手の注意をつかむために話す際はどのような言葉を使うかを学びました。そして、放送局としてミキサー盤とマイクとパソコンを置くための作業台が、食事コーナーのとなりの学校図書室に設けられたのです。最近、その場所はロックザム・カフェに進化しています。全校で集まってロックザム放送局の開局を見届けました。やがて、10歳児、11歳児の子どもが、昼食の時間に楽しませるためと情報交換を目的として、ライブミュージックと短いコメントと、学校内外で起きた活動の告知などを含んだ番組を作成・運営しました。この取り組みは、しっかりと目的があって成果もある活動を、ほとんど大人の介入なしに、教室外で子どもが運営し得るということを人々に知らしめました。

　教員たちは、時として、子どもの学習を刺激させるための誘因として面白い教材を探すことが求められます。例えば、アリソン先生は校長になってから数週間たったある週末に、トランクセール[4]で泥のこびりついたビクトリアン・グラスの瓶の入った段ボール箱を見つけました。売り手は建設業者で、東ロンドンの円形交差点で工事をしていた時にそれを掘り出したと言っていました。アリソン校長は、2年生がヴィクトリア朝の歴史を勉強することを知っていたので、その瓶を買っておいて、学習を生き生きさせる機会を

---
4) フリーマーケットの一種。

待っていました。研究調査をしていた時期には5学年の担任だったジョー先生が、当時は2年生を教えていました。彼女が月曜日に学校に到着した時に、教室に泥だらけの瓶が箱に入って置かれているのに気づきました。アリソン校長はもし学級でこの瓶を調べてみたら、興味深い歴史の調査ができるのではと提案しました。ジョー先生はその時教師になって2年目でした

ヴィクトリアン・グラス

が、その調査は子どもたちをわくわくさせるものであり、やりがいがありそうだと考えました。数日後、ジョー先生は、子どもがグループで瓶を洗い、それらについての疑問点をあげるという活動の計画をアリソン校長に見せました。アリソン校長は、ジョー先生の教室を見に行った時、クラス全員が石鹸で泡立った水の入ったボールと古い歯ブラシを使って、本物のヴィクトリア朝の工芸品を一生懸命調査していたことを覚えています。教室の雰囲気はとても刺激に満ちたものでした。子どもたちは興奮していて、新しく発見したことで大騒ぎになっていました。この活動は、数週間にわたり授業を刺激し続け、調査における子どもたちの活動は写真、図、測定、計算、作文、など多岐にわたりました。勅任視学官が監査で訪問した際にもこの活動は続いており、視学官から高く評価されました。学校中の教師も、こぞって授業の様子を見に行きました。教師たちが見たかったのは、オープンエンドの体験を提供することで、すべての子どもにいかに高いレベルでの動機づけがされるかということ、またそれがいかに学習への参加につながるかということ、さらには、子どもたちが力強く学習に取り組んでいる様子、そして、子どもたちに価値のある学習をさせるための環境をこの教師がどのように作り上げているかといったことでした。

校長と教員との間の非公式の一対一の会話もしばしば価値のある結果をもたらしました。例えば、校庭の隅の方に果実がたわわに実っている古いリンゴの木を見つけていたので、アリソン校長は４、５歳児を担当しているサラ先生に次のように言いました。「子どもたちが、外でいろいろな木を調べていて、リンゴがいっぱいなっている木に出くわしたら素敵じゃない。子どもたちがリンゴを採るって素敵じゃない」。その提案は説教じみたものではなく、必ずしなければならない要求というものでもないし、特定の学習成果が確認されたものでもありません。アリソン校長はその時に、そのように誘いはしましたが、そのままにしておきました。２日後、５歳の子どもがアリソン校長の部屋に、できたてのリンゴ・クランブルを持って来ました。子どもたちは、校庭を探検して、リンゴを籠いっぱいに集めたのでした。そして、十分に洗って、皮をむいて、切って、煮たのです。アリソン校長は思い起こします。「それはとっても心躍るものでした」「なぜならば、子どもたちは、この宝物を見つけ出すことができたからです。そこにあったいろいろな木を見ていて、そして突然、このリンゴが全部見えたからです」。体験が豊かになればなるほど学習もより豊かな成果につながると確信しているので、教師たちも子どもの遊びを刺激するような普通とは違った教材を探しました。こ

校庭

のように、カリキュラムを生活につなげるということは、豊かで開放的で多面的な見方をする学習の基礎をなしています。そこでは結果は事前に特定はできません。時には新しい思いもよらない文脈の中で、子どもたちに与えるものの質が子どもの学ぶ力にいかに影響を及ぼすかについて教員がしっかりと理解することになります。このような小さな歩みは、教師が到達目標や学習目標や（到達の）レベルにどうしても関心を向けすぎないようにさせるためにも重要です。子どもたちは、自分たちにまかされれば、予想もできない異次元の学習を起こすことができることを、こうしたことから示すことができます。そこでは子どもたちは、熱中したり、能力を示したり、エネルギーを発揮したり、専門知識を披露したりすることで、教師たちを驚かせました。第3章では、教職員チームの実践がどのように発展してきて、子どもたちへの彼らの期待がどのように高まっていったかを論じます。

■結論

　このような初期における仕組みと取り組みは、それ自体に価値があるというだけではありません。振り返ってみると、能力についての決定論から逃れた豊かな学校共同体の成長の基礎を、いかにしてみんなで築いたかが分かります。サークル・グループ・ミーティング、ラーニング・レビュー・ミーティング、カリキュラムを生き生きとさせる取り組みはいずれもが、ある環境作りを助けていました。その環境においては、子どもたちの学ぶことへの強い渇きと学びへの積極的関与が元気を取り戻し、育てられ、強いものとなっていました。それらはまた、能力やレベルについての還元主義的な言語や概念をもつことよりも、学習についてより豊かで複雑な考え方を論じることで、子どもが教師や自分自身を驚かせることができる環境を作りました。こうした取り組みは、教員チームや継続的な専門性の開発への援助とともに、集団でかかわることによってその場の専門的学びが起こるような、強いまとまりのある教員集団ができあがる基礎を教員全体に築きました。

　仕組みや活動は、それ自体、実際に行動した結果ほど重要ではありませ

ん。新しい協働の方法や、学習者に対する新しい見方や、教授学習についての新しいアプローチが出現したことが重要なのです。他の仕組みや活動であっても、同じ結果になり得たのかもしれません。自分で考え、仲間と考え、振り返って話し合う時間をもつ機会がこうした仕組みと方略によって増えることで、教員チームは新しい分野を共に探究することができます。そして複雑なものに喜んで向き合い、学習を続けるようになります。それらは、いつも通りの確実に起こることよりも新たな可能性を見ることを手助けするのであり、どんなことでも起こり得るのだ、未来は今起こっているものから作り上げられるものなのだという感覚を人々に与えるのです。その感覚は、有益な学習はしばしば予測不可能であることを理解するように、学習についてより開かれた見方へシフトすることを促します。チームによる話し合いは、学習者としての子どもの力についてや、子どもたちに関連があって意義深い学習に彼らがどの程度関与できているかについて、教員が話し合いを始めるような対話の場を提供するものでした。

　今になってみると、第1章で概観したアリソン校長がロックザム校に持ち込んで深く根差すことになった原理が、こうした仕組みや取り組みの中にいかに取り入れられていたかが分かります。それは、子どもの学習だけでなく、大人の学習についても同様です。協働する、自分で考えることを促す、自分の学びの主導権を握る、学びの共同体の発展に十分に積極的に関与するという「共同主体」の原理は、これまで述べた様々な取り組み全体に共通するテーマです。「すべての人」の原理は、サークル・グループ・ミーティングの活動に明白に見ることができます。そこでは、誰もが、同じ立場で参加し、誰もが、発言する機会があります。教員チームには教員スタッフ全員と学校理事も含まれます。継続的な専門性開発の援助においては、有資格の教員だけでなく、教員チームの全員の学びを援助することが必要とされています。おそらく最も重要なのは、人々が成長し学ぶことができるという「信頼」が、最初の日から、学校をリードしていく方法の中心に据えられていたことでしょう。アリソン校長は、彼女のアイデアを無理強いしたり、それが反映されるような実践を指定したりするのではなく、原理によって方向性が示さ

れるような経験を提供し、洞察力を刺激するような仕組みと教員チームによって実施される戦略を信頼していたのです。同僚たちがどのようにそれを実践化し、成果がどのようになるべきかを細かく特定しませんでした。教職員チームは、新しい仕組みの中で自分の進む方向性や直面する課題に対しての自分たちなりの解決を見出すために、自分たちで考える自由を与えられています。新しい方略と仕組みは、努力を共にしている感覚やすべての人の学びをサポートする協働的な環境を共に作り上げています。これらはすべて、新たなエネルギー、つまり希望のエネルギーを生み出すものであると、アリソン校長は論じています。

　そこでアリソン校長が自分のビジョンを教員たちにどのように伝えたかという問いに対する、我々の回答の最初のまとめは次のようになります。すなわち彼女は、教員チーム全体で取り入れた新しい仕組みや取り組みによって、教員や子どもにとってのある特殊で豊かな学習の機会を実現化させることで、ビジョンを伝えたのです。そして、教員がそのような体験に参加することを通して、自分にとっての意味を見出し、自分自身の学習に導かれることを信じていました。次の章では、研究調査に参加することに同意した教師たちの考えや実践の成長について考察します。研究調査はアリソンが校長になってから２年後に行われましたが、その時、教師たちは、この環境の中で子どもたちと関わる自分たち独自の方法を打ち立てるために実践を続けていました。我々は、それらの成長がこの章で記述した基礎から育ったものなのかどうか、またどのように限界なき学びの創造に貢献したのかを検討します。

　「創造」という言葉を使うに当たって、我々は、創世記から引用したような聖書のメタファーでそれを使っているのではないことを強調しておかなければなりません。人間的で公平な学校の創造のこころみは、７日間で、いや７年間でも遂げられるものではありません。我々は、「創造する」という用語を、絶え間ない成長と絶え間ない再生の過程であり、それは、これ以上できないという瞬間は決して起こらないという過程のこととして使用しています。限界なき学びの創造は、明らかな終着点のないプロジェクトなのです。

しかし、固定化された終着点がないことは、いつまでも満足することのない未来に向けたこのプロジェクトに関与した人々を非難しているのではありません。ここまでに見たように、ロックザム校のこれまでは、明らかに格闘と困難の物語でした。しかし一方でそれは、多くの貴重な達成感を伴う、目的を共有しているという新たな感覚から生み出された喜びと爽快感の物語でもあります。我々がこれから目を向けようとしているのは、この様々な達成についてなのです。

第3章
学びへの自由を広げる

　この章では、我々が調査に入るまでの間に、教師たちの考え方や実践がどのように成長していたかを足早に見てみましょう。我々が見出したものの中で特に注目したのは、我々が実践を詳細に記録した教師たちの間には、かなりの割合で共通性があるということでした。それぞれ取り組みは個人個人、別のものであっても、教授学的に重要な点や、実践を発展させる際に努力を集中させなければならなかった点については共通性があったのです。例えば、子どもたちに聴くこと、選択の機会を与えること、協働して学ぶこと、本物を通じて学びを生き生きとさせること、実際的で意味のある体験をすること、学習の評価に子ども自身も関与させることです。後に触れるように、こうした大まかな共通認識によって、教師たちは、それぞれのクラスや学年の境界を超えて、協力し合い、革新的な取り組みを創り上げることができたのです。この章では、これらの共通した要素について吟味し、ロックザム校の教師にとって何が重要であるのかを検討します。教師たちは、なぜそれらの要素を優先し、実践の際の焦点とするのでしょうか。誰もが決して無理強いされていないことは知っているのに、このようなはっきりとした意見の一致がなぜ起こるのでしょうか。個々の教師たちは、自分の方法を自分で開発している時に、考え方と実践をどのように融合させていたのでしょうか。そうした際に教師の集団は、どの場面で**集団で**協力して実践の開発に影響を与えたのでしょうか。そして、明らかになってきた意見の一致は、第2章で述べた基礎とどのようにつながり、また同校でのアリソン校長のリーダーシップや教育実践についてのビジョンから導き出される基本原理と、どのようにつながってくるのでしょうか。

■選択の機会を与える

　すべての教師たちが共通して行っていることの一つは、子どもたちが学習に取り組む際に、できるだけ選択の機会を与えているということです。ほとんどの初等学校では、与えられた課題を終えた時や通常の時間割とは別の授業の時には、子どもたちに選択の機会を与えます。しかし、子どもに選択を与えることが、授業の一部として重要な役割を果たすということは通常はありません。ロックザム校では、教師が子どもたちに難易度で分けられた学習課題を与える時に、子どもたちは自分で課題の難易度を選びます。学習課題はナショナル・カリキュラムの到達レベルに対応した課題というよりも、同じ題材を扱ったものでありながら違った学力レベルを要求する課題です。また子どもたちは、（一緒に学ぶ）学習パートナーや学習グループを自分で選んで、誰とどこに座るかを決めています。そして、子どもたちは、大人の手助けを得ずに、いつ新しい課題に移るとか、自信が湧いたので一人で課題に取り組むようにするとかを決められるのです。さらに、選択肢の中から自分が取り組む課題を自分自身で決めていますし、いくつかの学級では、個人的に手助けを受けるかどうかについても自分で決めています。選択の機会を増やしていくということは、子どもが自分の考えを表明し学級内外における体験を工夫するようにならせるために、子どもに耳を傾けることとワンセットになっています。年少の子どもたちでさえも、全員が学校における自分の学びや体験に関して決定する責任を委ねられています。この学校の授業実践の基本となっている、教師から子どもたちに与えられているこのような「選択」のもつ意味の重要性をどのように理解したらよいのでしょうか。それは授業の方略としてどのように機能し、また子どもたちが賢く生産的な選択をすることができるような能力を教師たちはどのように身につけさせているのでしょうか。

　子どもたちに自分が取り組む学習の難易度を決めさせるという方略は、ある問題を克服するための重要な方法の一つとして、特別に開発されていたものなのです。教師たちは、ある問題とは、能力別のグループ編成をすること

と、難易度で分化された学習課題を決められたグループや個人に対して先生が与えてしまうこととによって生じると考えていました。例えば、シェリル先生は、比較的最近になって能力別グループに分けて授業をすることを止めたのですが、低い能力のグループに入れられていた子どもたちは、自分の能力についての信頼を失いがちで、そのために敗北主義的な考え方が身についてしまっていて、大人がそこにいて手助けをしない限り、無力である（「自分はできない」）と感じてしまっていたことを思い出したといいます。能力別グループ編成は、高い能力のグループの子どもの学習の態度にも、良くない影響を与えていました。彼らは、しばしば競争的であり、もし分からないところがあっても、質問しようとしなかったのです。シェリル先生の説明によれば、「高学力のグループの中でも、誰がもっとも優秀で、誰が一番できず、誰はこのグループにいるべきではないなどという、ちょっとした序列化ができていた」といいます。

　様々な難易度の課題を選択する機会を与えることによって、すべての子どもたちの学びの意欲を掻き立て、発展させることができるのです。クラス内の子どもたちが、それぞれどの程度できるのかについて、あらかじめ決めつけてしまうこともなければ段階に分けられた期待のメッセージを伝えることや、あるいは子どもが自分の能力について信じているものを傷つけることもありませんでした。だから、例えば、9〜11歳を担当していた上級指導教師[1]のジョー先生は、算数の時間に、普段から様々な難易度の課題（当初はそれを、「基本に戻る1」「基本に戻る2」「中間」「挑戦1」「挑戦2」と呼んでいました。）を与えていました。彼女は、自分がどの難易度の学習をするかの選択を子どもたちにまかせていて、もし最初に選んだ難易度が易し過ぎた、あるいは難し過ぎたと本人たちが気づいたならば、決定を変えることも本人に任せていました。子どもたちの誰もが特定の難易度の学習に限定されることはなく、どの授業においても、複数の難易度の学習課題に取り組んでいることがしばしばだったのです。子どもたちはまた、誰と隣同士で座る

---

[1]　授業実践力を認定された教師を指す。他校などへも指導で出向くが校内で実践を行うことが基本。旧労働党政権下で導入されたが、2013年に廃止された。

かについての決定も任されていて、同じ難易度の課題をやっていない子どもやグループと一緒に学習することも自由だったのです。どのような課題に取り組む場合でも、一緒に座っているパートナーと話し合い、協力することが奨励されていました。

　サイモン先生の取り入れた方法は、それとはまた違っていました。彼の受け持つ6年生の学級の子どもたちと話し合った結果、算数については、教室の中にゾーン制を導入しました。それぞれのゾーンでは、例えば割り算に関連して、難易度で分けられた課題が与えられます。そして、子どもたちは、ある特定の題材の中で、どの難易度の課題に取り組みたいかということについての自分の感覚にしたがって、ゾーンを決めます。つまり、同じ課題に取り組んでいる子どもたちは同じゾーンに集まっていました。サイモン先生にとっては、特定のグループや個人に内容を理解させるために手助けが必要となった際に、とてもやりやすいのです。また、算数のそれぞれの学習題材に対しての個人個人の自信やスキルの違いにも対応したかたちでグループ分けができるようになっています。しかしながら、能力別グループ分けに伴う序列ができ上がる可能性は低いのです。なぜなら、子どもたちは、ゾーンを自分自身で選ぶからです。ある学習の題材に関してできると思う難易度の問題を選ぶのは自分自身なのです。つまり、題材や問題に取り組む際にどのくらい自信がもてるかによって、その日ごとに違うゾーンを選ぶことができるし、同じ授業内でもゾーンを移動することができるのです。易しいゾーンに移動することは恥ではないのです。というのも、もう大丈夫だと感じたらより難しい課題をもう一度選ぶことができるからです。

　このような自己選択は、当然ながら学習における熟慮した態度や自己評価力や真面目な取り組みを必要とします。しかしながら、このクラスの子どもたちは、正しい導きとサポートがあればそのような心の状態に到達できるだろうと教師が信頼するに足るものであることを示していました。例えばサイモン先生のクラスのトムは、子どもは、与えられた学習の難易度を判断する際に、しばしば教師よりも上手く判断することができる、とコメントしています。「例えば、僕たちは何ができるかを分かっているけど、先生は分かっ

てない時があります。もし、先生がぼくたちには、それは難しいと思っていても、そうでなくても、自分たちがやってみたいことはできると思うし、自分の学習はコントロールできるんです」。クラスの一員であるティナは、彼女に対する教師からの信頼は厚いといいます。「先生は、私たちが自分にぴったりの課題を選べるって信頼してくれています。だって、もしもっと難しい課題ができるのに、簡単すぎるものを選んだら、意味がないじゃない」。サイモン先生は、自分のクラスを1週間観察した教育実習生のことを思い出します。「彼は、教室にしばらくいましたが、子どもたちが自分の課題を自分で選ぶことができるのが信じられなかったようです。そして彼は言いました。『怠けものの子どもが何もしないということはないのですか？』私は答えました。『そういう子を（この中から）見つけてみてください。怠けものの子を探せますか…学びたくないという子がいますか？』」。

サイモン先生は、子どもたちがどの段階にいるかについて「注視」しているけれども、それは子どもたちやグループを分類することとは全く違うことを強調しています。「私は（能力のレベルで）グループ分けをしているわけではないのです。それはどちらかというと、どの子がそのレベルの学習をしそうで、どの子がそうでないかを分かっているだけのことです。そのことでまた、あなたは驚くかもしれませんが」。このことは、子どもたちが教師たちとの関わりを通して次第に自信をつけ、賢く選択をする能力を身につけるために必要であり価値のある学習過程であると、サイモン先生もジョー先生も考えています。両先生とも仲間からの圧力についてクラスの子どもたちに話をしているし、ほかの子どもたちの選択に左右されないようにするために必要な自己意識を確立させることを促す活動に取り組んでいました。両先生とも子どもたちが自分で選んだ学習課題にどのように取り組んでいるかを注意深く観察し、一人一人の子どもとその子の意思決定について話し合っていました。学習活動のレベルを自分で選ぶための自己意識が高度に発達していることは、他の多くの子どもたちのコメントからもうかがうことができます。例えば、ペトラは、次のように話します。「どこまでやるかは自分次第なの。もし自分にとって楽なようにしようとしたら、自分の学習を台無しに

することになるの。もし自分が挑戦したかったら、自分がやっているのは自分自身のためで、誰のためでもないの。だから、どうするかは自分次第だけれど、なんでも自分で挑戦して、ベストをつくすほうがいいに決まってるわ。だってチャンスは一度だもの」。

　マーティン先生は、担任している4年生のクラスの算数の授業で、学習課題のレベルの設定方法を変えることで、子どもたちが賢い選択ができるようになるための障害を克服することができることを発見しました。先生は最初、3つのレベルを次のように命名しました。すなわち「助けて」「練習」「挑戦」でした。しかし、何人かの子どもが、「挑戦」を選んだ後に、それが難しすぎることが分かって意欲をなくしたのが分かってから、先生は、それぞれのレベルを「挑戦1」「挑戦2」「挑戦3」と言い換えることにしました。新しい名前は、どの課題を選んだとしても、学習者にとって挑戦しがいがあるものとなるべきだという原則を上手く表現していました。この一見単純な変更についての子どもの反応は、思いがけないものでした。一番下のレベルの課題が挑戦1と名づけられると、誰もそれを選ぶのを気にしなくなったのです。挑戦1が上手くできると、挑戦2に移る自信が子どもたちにもつきました。ここで再び、先生のクラスの子どもたちは、自分自身で学習課題のレベルを選ぶという機会をもつことによって得られるメリットについてはっきりと表明することができたのです。例えば、ジョンは次にようにコメントしました。「自分の学習についてもっとよく理解できるようになります。僕は、課題を終わらせなければならないから、ただやるのではなくて、自分がどこができて、どこができないか、分かります」。マーティン先生は、はじめは子どもたちが自分に合ったレベルの課題を選ぶことができるかどうか疑っていましたが、子どもたちが、より楽しみ、自信をもつようになったのを見てわくわくしました。それでもなお、この方略の効果については疑問をもっていたので、現在のクラスと前任校のクラスの学力到達度を比べてみました。子どもたちに課題を選択させることが、彼らの自信や精神的安定だけでなく、学習にも有効であることを確認したかったのです。ほとんどの子どもは、自分にあったレベルの課題を選ぶことができていましたが、上手くでき

ない子どもがわずかにいました。「子どもにレベルを選択させるという考え方全体は、上手くいけば子どもの自己肯定度を高め、課題に向かわせることを促しますが、それでもだいたい丸写しする子もいるし大人の助けを頼る子もいます。ですから完璧ではないのです」。

　シェリル先生は、このような管理をする権利を一年生の子どもに与えたのは大きな一歩だったと考えています。最初、彼女が考えるような選択を子どもたちがしないのではないか、易しい課題を選んでしまって十分にプレッシャーがかからないのではないかと心配していました。彼女は、子どもたちが学んだことを自分で表現し、説明する時の様々な方法を提示して、その中から選ばせるということをやってみたのです。例えば、子どもたちがジンジャーブレッド・マンのおとぎ話を改作するという授業では、粘土を使う、絵と音楽を使う、物語を再読・再演する、コンピュータを使って書くなどといった方法を提示しました。シェリル先生は、子どもたちに「選択」を与えるということが、彼女が現在実践している方法に単に新しい方略が一つつけ加わったのではなく、彼女が教師として実践していることを根本的に再考することに実際つながっていると思うようになりました。その年の間中、子どもたちが様々な選択の機会をどのように活用するかを観察し追跡しました。彼女が学習の進行を管理するのを控えれば控えるほど、子どもたちは自分で管理できそうだということに気づいたので、彼女自身の言葉を借りれば、彼女は「自分が一歩下がって、子どもたちに少しだけ自由を与えた」のです。活動をきつく指示した時より、子どもたちが課題を自分で選んで自分で進行を決めたときの方が、学んだことは本人にとってより意味のあるものとなり、またよく覚えることが、観察から分かったのです。予期しないこと、また期待しないことが起こる余地を残しておくことが、多くを学ぶことにつながると彼女は考えるようになりました。子どもに十分にプレッシャーをかけないといけないのではという彼女の心配は、子どもたちが自分で選択したことを進める自由を得たときには、いかに自分自身にプレッシャーをかけるかということを見るにつけ、次第に和らいでいきました。「子どもたちは、自分でプレッシャーをかけるのです」。と彼女はコメントしています。

学習活動のレベルを選択する機会を与えることは、ロックザム校の教師たちが、クラス内の多様性に対処するために検討していたアプローチの内の一つにすぎません。教師たちが学びの経験をより確かなものにするために実践したことをさらに詳細に見ると分かるように、様々なかたちで学習の機会を広げることに取り組んでいたのです。そこでは、結果があらかじめ固定的に決められているのではなく、また子どもたちの学びはレベルと直結してはいませんでした。しかしながら、子どもたちに課題のレベルを自ら選択する機会を与え、子どもたちが自分の学習の中で選択することが普通にできるような取り組みがなされているということは、一つの確信が共有されつつあることを反映していました。それは、選択する機会を与えることが、積極的で、よく集中して、熱狂的で、内発的に動機づけられている学習者を育てる必要条件であるという確信です。子どもたちが選択をできるようになることで、多くの実質的で肯定的な変革につながったと、教師たちは自分でも思うようになったのです。その変革とは、学びに対する姿勢や、授業活動における感情的・知的取り組み、自分自身の学習者としての肯定的感覚、教師たちや他の大人との関係における信頼感が高まることであり、学校共同体内で自分が重要とされ、参加し、所属しているという感覚が高まることでした。こうした肯定的な心の状態は、とても重要ですし、選択をするという役割をもつことは実際とても大切なので、もちろん留意しなければならない点はあるでしょうが、これらのことは取り組むに値するという全体的な合意がみられたのです。マーティン先生が以下のように説明していますが、教師たちのグループは、何かを試したり、結果を振り返ったりすることなどを協働で行っていました。「私たちは新しいアイデアや方法を受け入れようとするとても良い仲間に恵まれているのです。もし何か上手くいかなかったら、みんなで諦めるのではなく、まずそれについて考えて、そして、どのように変えるかを考えて、さらに、どのように取り組むかを考えるでしょう」。

■子どもたちの声を聴く

　子どもの選択の幅を広げるようとすること以外にも、同じように重要なことが、ロックザム校の教師たちの実践や発展させようとしていた活動の中心にあり、両者は密接に結びついていました。教師たちが発展させようとしていた活動としては、子どもの声を聴き、アイデアや、考え方、感情などを汲み取ろうとするというものがあったのですが、そこで汲み取ろうとしていたものは、学習に関することだけではなく、学校生活全般に関することでした。ダレル先生は、クラス全体での時間をかけた話し合いや討論を特に重視していました。子どもたちに自分の考えを表明させ、他の子どもの考えを聴く時間をもつことは、自分自身の考えが重要であり教師にも認められていると子どもに感じさせることにつながるのです。子どもたちは話し合いに熱中しすぎて、休み時間になったことさえ気づかないこともありました。

　ある特定の課題に選択肢を与えるのは、子どもたちに自分の好みを言わせ、それに従って行動させる一つの便宜的なきっかけにすぎません。子どもたちは教師が提示した活動の中から自分で選ぶだけでなく、授業の中で自分たちが取り組む課題や一連の学習活動を計画することにも関与するようになります。バース（Bath 2009）は、子どもたちが年少時に（学習計画に）関与することがどの程度可能であるかということに関する重要な研究を行いましたが、その中で2種類の関与の方法を区別しています。彼女は、「子どもに聴くということが子どもを管理するための巧妙で効果的な方法となってしまう」という危険性を指摘しているモス（Moss 2001, p. 17）を引用しながら、子どもの関与は、あらかじめ決められている活動や構造に限定するべきではなく、教師によって計画される（学習の）全体構造にも及ばせることが重要であると主張しています（2001, p. 33）。

　後者の関与の例は、ソフィー先生が2年生クラスで、作家のロアルド・ダールの作品に関する学習の計画に（子どもたちを）関与させた実践に見ることができます。ロアルド・ダールの作品を読んだ後、ロアルド・ダール博物館に行き、そこで再現された執筆小屋で過ごしたり、自分で登場人物を考

表3.1　第2学年の子どもたちと教師の共同による学習計画

- 登場人物の日——子どもたちは、ロアルド・ダールの登場人物の仮装をする。
- 情報通信技術を使って自分の黄金チケット[2]を作る。
- 役割演技の場所：ロアルド・ダールの執筆小屋を模す。
- 模様や生地を使って、『いじわる夫婦が消えちゃった』にでてくる起き上がりこぼしの鳥を作る。
- 『いじわる夫婦が消えちゃった』のお話の一場面を使って、張り子でできた意地悪ばあさんを作り、天井から吊り下げる。
- 自分で登場人物を作る——その人物を使って物語を構想し、書く。
- 自分の好きなロアルド・ダールの登場人物についての詩を書く。
- ロアルド・ダールの本のための自分で考えたイラストを画く。
- 『オ・ヤサシ巨人』のための自分の夢のボトルを書く。
- ロアルド・ダールの登場人物に関して、尋ね人か指名手配のポスターに使う人物の説明を書く。
- ロアルド・ダールに関して調べ、何を学んだかが分かるクイズを作るためにインターネットを使う。
- ロアルド・ダールに関して学んだことを書き込んだ、自分のロアルド・ダール・パスポートを作る。

えたり、衣装を着て物語を演じたりした中で、題材は子どもたちの熱狂とともに広がっていったのです。翌日、ソフィー先生と子どもたちは、ロアルド・ダールについてさらに学びたいことは何か、またどんな学習活動をしたいかを話し合いました。そこで出てきた活動のリストが表3.1です。

　リストは、子どもたちがその後も書き加えられるように教室に掲示されました。その間にソフィー先生は、子どもたちの提案がナショナル・カリキュラムの要請に合致したものとなるように単元の学習を計画しました。ソフィー先生は、子どもは自分たちで提案した学習活動に取り組むときに、いかに胸躍らせて熱中するかということに気づいたのです。このようなかたちで学習の計画に関わることは授業の運営権を共有する感覚を生み、学習に取り組む意識を高めたようです。ソフィー先生は、ロアルド・ダールをめぐって子どもたちと一緒に計画を立てて活動したことが、教師2年目の自分が受け継いだこの難しいクラスでのターニングポイントとなったと感じています。次章においてさらに詳細に検討しますが、この子どもたちは、学習者と

---

2)　『チャーリーとチョコレート工場』に登場。

して自分たちをどう見るかということでは極めて否定的な感情をもって新しい学年をスタートしたのです。そしてそれは子どもたちの行動にも現れていました。ソフィー先生は、ロアルド・ダールに関する学習がまさしく（子どもたちの）当事者意識というものを生み出したのであり、そのことが、博物館に一緒に行ったアリソン校長先生にクラスで本を作って贈ろうというアイデアなど、新たな提案をすることに結びついたと考えています。そのクラスの本は全員が作ったものを載せることができるもので、今でもアリソン校長の部屋に飾られています。

　子どもたちが自分のことを聴いてもらうことができ、何をどのように学ぶかについて発言できるような選択の幅を広げることで、教師たちは、子どもたちが自分の学習を自分たちで管理している**実感をもつこと**ができる条件を創り上げているのです。サイモン先生は、選択を与えることは、作文が嫌だと言っている子どもたちに、「少しずつでいいから進めていこう」と言って学習に向かわせる手助けとなるという意味で重要な役割を果たしていると感じていると言っています。選択を与えることは、「ドアを常に開けていて」、成功できる機会をできるだけ多く与えることです。例えば、授業で演劇を書くとした際に、多くの子どもたちが抵抗していたら、「物語ボードを使うか」「それともタイプで打つか」「みんなのアイデアを書き取るか」「自分が選んだ題材についての演劇を書きたいか」といった選択を与えることで、教師が状況を管理しつつ、子どもたちに管理の経験をさせることができるのです。「まさにみんなで一緒にやっているのです」「これが本当の学びの協働なのです」とサイモン先生は言っています。なぜならば、サイモン先生が説明するには、教師たちは、子どもたちの好みについてよく分かりますし、子どもたちは自分の学習について発言することが本当にできることに気づきます、また提案された選択肢から選ぶことで、教師の元の申し出にのっとっているけれども、両者の話し合いの上で決まった作文の課題を結局はやりがいのあるものとして取り組むことになるからなのです。

　その他、いくつかの年長のクラスでは、子どもたちがリテラシーとヌメラシー（算数）の授業で補習のグループに参加するかどうかについても、自分

の意見を聞かれ、選ぶことを任されています。調査期間中に、「ついていけない」子どもの学力を向上させるための、教員助手を使ったサポートグループを立ち上げる計画が政府の補助金で進められました（DfES 2003b）。6年生の終わりに全国基準（レベル4）に届きそうもない子どもたちを手助けするグループ「ウェーブ2」と、学習を向上させる狙いで一対一の取り組みが継続して必要と思われる特別な教育ニーズをもった子どもを手助けするために計画された「ウェーブ3」がありました。多くの学校では、子どもたちは、学力に応じてこれらのグループに分けられており、それに参加するかどうかは、子どもたちが選択するものではないのです。それに対してロックザム校では、5、6年生の場合、どのようなグループが利用できて、それらによって何が提供されるかについて、教員助手と担任の教師が子どもと話し合うのです。そこで子どもたちは、クラスから離れて学習するかどうかを自分で決めるのです。そのグループに参加するかどうかを自分で決めることが上手くいくためには極めて重要なのです。

　皮肉なことに、本体のクラスから**離れて学習しない**と決めたことが、学習に対しての重要な刺激となった子もいるのです。例えば、算数に「四苦八苦」していると自分で言っていた5年生のある子は、このサポートを利用しないと決めたのです。担任の教師は心配しましたが、この子の決定は尊重されました。クラスに残るということを先生と一緒に決めたことは、自分自身の学びについての責任能力を適切に発揮するものとして、重く受け止められたのです。短い間（何か月でなく、何週間かの間）に、この教科に対する彼の態度は明らかに変化しました。教師は、この子に自信がついてきたことに気づいたのでした。算数の学習におけるこの子の進歩は劇的でした。

　子どもたちに管理する権限を多く与えることは、教師が責任の一部を放棄することを意味しているのではありません。むしろ、管理する感覚の基礎を作ることへと専門性やスキルを方向づけし直すことになるのです。これは自分が自分の学習を管理している感覚が強いほど、より良い学習につながるという信念に基づいています。当時、修士号取得のために勉強していたジョー先生は、修士論文の中で、次のように述べています。「いったん学習者を信

頼し、彼らが自分自身の学習については『専門家』であるとみなすようになったら、彼らが取り組んでいる活動を管理しようとすることは、彼らを制限してしまうことになることに気づき始めるのです」(Smith 2007, p.18)。子どもたちが、自分を（自分で）管理できるようになると、自分がもっている力を拡大し発展させるために、自分の知識・スキル・経験を的確に活用できるようになるのです。彼らは集中力を維持できるし、考えて理由づけできるし、困難に出会っても我慢できるし、問題に対して取り組み、自分自身で解決法を見出すことができるのです。先に紹介したように自身の教育実践を変革したシェリル先生と同じく、他の教師たちの研究期間中の成長についての記録には、管理の手綱を次第に緩めていく過程がしばしば出てきます。それは、子どもたちが信頼されて、より責任を任されると、子どもたちがいかに熱狂的に反応し、学習の質が高まるかということに気づいたからです。

　ジョー先生が9歳児のクラスで、子どもたちの学習のサポートのためにいつでも何の目的にでも使える個人ノートを与えることを決めたときのことでした。このアイデアは、もともと日常の問題の解決のために浮かんだものでした。その問題とは、どうしたら子どもたちがアイデアや簡単な考察、またホワイトボード[3]に書いたものを日々記録していくことができるかというものでした。しかしながら、いったん子どもたちがノートブックを自分の所有するものと考え、自分の学習を強化するためであれば、その使い道を自分で自由に考えてもよいと信じるようになると、ノートの使い方は予想もしないものとなっていったのです。ジョー先生は、子どもたちの意思力と想像力を大いに称賛し尊敬しました。「子どもたちはノートを**素晴らしく**上手に使うのです」と彼女は言います。アイデアを記録し、ノートをとり、落書きをするためにノートを使うのは、ある意味では単純だけれども重要な学びへの自由を与えたのでした。実際、ジョー先生が落書きの価値を力強く擁護しているのを見ると、ケンブリッジにあるケトルズヤード・ギャラリーで2006年にあった展示を思い出します。その展示は、科学者や歴史家や哲学者や外科医たちが探究や説明をするときの道具として、落書きなど絵を描くことを通

---

3) 子どもたちが手元で書き消すことができる小さなもの。

して思考する力というものを大いに知らしめたものでした。

　ジョー先生のクラスのノートは、学習の重要な道具になっただけでなく、ある子どもたちにとっては、最も重要で深く染み込んだ学習を収納する場所となり、そこでは、自分の興味が広がり、探究がつながっていきました。例えば、デレクは、言葉に夢中になっていました。彼は、発音が気に入った知らない洒落た単語を、辞書に書いてある語義とともに記録しておくためにノートを使っていました。例えば「レトリカル」という単語などは、飾りもつけながら何度も書いていて、それはまるでその単語を彼の心に刻むかのようでした。またデレクは、算数の授業中、楽しみながら集めた算数の用語の長いリストを作りました。さらに、科学的出来事を集め続けたり、物語詩や説得する文など様々な型の文をどのように作るかということに関する情報のリストを記録したりしています。デレクは、自分のノートについて、またクラス集団の中でみんなが彼に対して思っていることについて大変誇りに思っています。彼は、クラスへ外部からの訪問者が来ると、自分のノートが有名であることを伝えています。ノートが一冊終わると、それを目的が終わったので捨てるか、あるいは、その後の参考のためにとっておくかは子どもの選択に任せられています。デレクが、自分のノートを重要であると感じていることは、書き込み終わったノートを調査チームに寄付すると決めたことに現れていました。

■共に学ぶこと

　共通して見られる要素の３番目は、学習のもっている力を社会的活動として活かそうとすることです。子どもたちは、単に二人組やグループで着席するのではなく、お互いに積極的に学び合うように促されるのです。子どもたちが自分の学習に取り組む際に期待されている（また、そうすることが認められている）ことは、相手の考えを聴いたり、尊重したり、活用したり、お互いの考えを共有したり、求められた時には助け合うことです。一人で書く作文などの個人学習に取り組む場合でさえも、子どもたちは二人組やグルー

プ学習をするのです。子どもたちは、アイデアを考えるとき、自信をつけるとき、お互いが考えるのを助けるとき、読み手や聴き手になってもらうとき、自分の作品を作成する途中で意見を言ってもらうときなどに、お互いの力を働かせることを学びます。二人組やグループ分けの仕方は、想定された能力や到達度に対する評価に基づいて決められるわけではありません。実際、多くのクラスでは、子どもたちが日常的に自分自身で選択をするもう一つの機会となっています。二人組やグループは、教室での様々な活動や個人の興味によって頻繁に変えられるので、どのようなグループになろうとも、自分を否定的に見ることにつながる危険性はほとんどないのです。

　この協働的アプローチは、これまでの多くの研究によれば、初等学校の子どもたちが体験する典型とされている到達度に基づいた「便利なグループ分け」とは著しく対照的なものなのです。教育技能省[4]によるレビュー調査（Kutnick et al. 2002）は、第2学年から第5学年までの187の授業の観察調査の結果を引用していますが、それによれば純粋に協働のための二人組や小グループ活動はほとんど見られないと指摘されています。子どもが共に学ぶ際のスキルを発達させることを明確に援助している教師は、極めて少ないとしています。便利なグループ分けは、「子どもの学習への参加や理解をしばしば限定するものである」（Kutnick et al. 2005, p.40）と著者は指摘しています。こうした主張と同じことが、初等学校の最終2年間の授業についての最近の観察調査でも指摘されています（Bibby 2001）。この研究では、「子どもたちは、協働の機会はほとんど与えられていないし、生産的な協働のために必要なスキルを発達させたという証拠は見出せなかった」（2011, p.112）としています。

　協働して学ぶことを奨励することで、ロックザム校の教師たちは次のことを目指しています。それは、肯定的な学習者としての自己像を育て上げるようなグループ分けの形式を発展させるとともに、すべてのものの学習への参加と理解を手助けし、強化できるようにグループの力を高めることです。学習を協働的なものとして組織することは、すべての人が重要であり、居場所

4）　2002年当時。現在は教育省。

があり、他の人から学ぶことができ、他の人の学びにも貢献できるということを、子どもたちに伝えることなのです。すべての教師たちは、子どもたちが到達度に基づいたグループ分けの体験から否定的なメッセージを受けていることに気づいていたと言っています。同校で２年間を過ごしたことで、ソフィー先生は、「それが悪影響を与えている」と確信しましたが、もしロックザム校に来なかったならば、それとは違うやり方を考えていたかどうかは疑わしいと言っています。「私は、それが子どもの自己肯定度に及ぼす影響や自分をどのように価値づけ、どのような自信をもつかということに疑問をもたなかったでしょう」。

　シェリル先生は、もはや到達度によるグループ分けには決して戻らないと確信しています。「今は、その時のことを思い起こすのもおぞましい、とさえ思います」。より弾力的な方法を取り入れ始めてからは、たくさんの良い点が見えてきたと、彼女は言います。子どもたちは、お互いに助け合い、一緒に活動ができる準備ができているように見えるのでした。「私はできない」という態度は、過去のものだったのです。子どもたちは学級の中で自由に融合し合っていて、もしグループ分けが能力によって行われていたらそのような接触はなかっただろうと思える子どもたち同士の間でも友情関係が開花したのです。彼女は、とりわけ、新しいことをすぐに理解してしまい自分一人で学習できる子どもたちに驚いたのです。彼女は、自分自身がすべての子どもたちにより多くのことを期待するようになったことに気づきましたし、今や、特定の子どもを念頭において、それぞれに違った期待をして計画を立てることをしなくなりました。

　到達度に応じたグループ分けに関して、２人の教師の結論は揺るぎないものでした。というのもその結論は、長年の注意深い観察や実践の開発、経験の省察に基づいたものだったからです。何をしなさいとか、どうしなさいとかと誰かに言われたわけではないのです。「そこには共通の期待があるだけで、ここで働けば働くほど、それを理解するのです」とソフィー先生は言います。さらにまた、このような結論は能力別のグループ分けの影響についての一貫した研究結果と一致しています。それは、ボーラー（Boaler 2009）が

数学の指導におけるこのようなクラス編成の効果に関して、影響力のある論評の中でまとめたものです。ボーラーは、研究結果と自分自身の専門的経験とに基づいて、次のように述べています。「子どもたちの数学の学習のために学校が施すもので最も有効でないものは、低い達成度の子どもたちを一緒にするようグループ分けし、レベルの低い課題を与え、あまり期待せず、『レベルの低い』子どもとしてコミュニケーションを図ることだ」(2009, p.98)。

　ボーラーは、数学の新しい教授学を模索する中で、ロックザム校の教師たちと同じように、一緒に学ぶことの重要性について強調しています。子どもたちは、お互いに理由づけをし合い、考えを説明し合うことによって、数学的思考を発達させると、彼女は言っています。ですから、学習活動は、対話と討議の機会を最大限に設けることが必要です。その討議が生産的であるための最も重要な条件は、お互いに尊重し合いながら活動し、それぞれの強みを評価し、助け合ったときにそれぞれが何を得たかを理解することです。ロックザム校の教師たちは、このことの必要性についてよく理解しています。先生方は、学習パートナーをどのように選ぶべきかや、良い学習パートナーに**なる**にはどうすればよいかについて、常に議論をしているのです。

　ジョー先生のクラスでは、子どもたちは、学習パートナーを毎週の最初に決めていて、その週のほとんどの学習活動を一緒に行います。子どもたちは、学習パートナーを選ぶことは日常のこととしてなじんでいて、あらかじめ一緒に活動したい人を２、３人考えて準備しておくので、決めるときは素早くスムーズにいきます。先生が名前の書かれているキャンディーの棒を使ってランダムに子どもを選んで、選ばれた子はその週の自分のパートナーを指名して、全員がペアになるまでそれを続けます。ジョー先生は子どもたちと、良い学習パートナーとはどういうことか、またなぜ親しい友達が必ずしも最良のパートナーではないのかについて時間をとって話し合っていました。この話し合いの結果は教室の壁に掲示されています。彼女は、子どもたちに自分の心地よい居場所から脱出できる相手を探すように促しているのです。ジョー先生はまた、子どもたちに相手からの誘いを優しく拒否する方法についても練習させ、２人の協力関係が上手くいかない場合でも、必ず解決

策があることを分からせること
で、気まずさを最小限にさせま
した。誰かに何か問題が起こっ
た時には、それを解決するため
に、他の子どもたちがいつでも
率先して相手を代える状態にあ
ることにジョー先生は気づいて
います。しかしながら、子ども
たちに選択権があるという原則

学習パートナー

を守るためにも、二人組になることは強制されません。子どもたちは、望め
ば、学習活動の全部もしくは一部をペアを組まないで過ごすことも可能で
す。

　ジョー先生たちは、子どもたちに対して、他の子どもの考えを利用するの
は大いに良いことであり、子どもたちがお互いに助け合うのは、大人から助
けてもらうのと同じくらい役に立つのだということを強調して聞かせていま
した。そのようにして、お互いの学習に貢献し合えるということを、時間を
かけて理解させるのです。子どもたちは年齢が違っても、もっている自信の
度合いが違っても、また文章を書く経験やスキルが違ったとしても、相手か
ら学ぶことができるのです。例えば、サイモン先生とマーティン先生は、そ
れぞれが担任している6年生と4年生のクラスを一緒にして、協働で演劇の
脚本を書きました。2つの学年が協働することは、全員にとって新しい学び
の機会を拓くことになると両先生は考えています。それぞれ違った経験や関
心をもっているもの同士で学ぶことは、すべての子どもにとって何かを得る
可能性があるのです。年齢や経験の差というものは役割や関わり方に変革が
起こる機会となるのです。例えば、ある子どもは、協働して学習をするとき
には、一歩引いて他の子どもに考えてもらうようにしがちであり、そうかと
思えば、いつもその場を支配する役の子もいます。学年を混合させることに
よって、年長の子どもたちは皆、より経験を積んだ書き手としての新しい役
割で一層活動的になり、支配する役割をしがちな年少の子どもは、年上の子

どもと組むことで、他の人の意見を喜んで聞くようになります。

　学年を超えた協働学習をしたことによって、２人の先生は一緒に働くことのモデルを作ることになります。この合同授業を開始する時、サイモン先生とマーティン先生は、子どもたちが相手をどのように上手く選ぶか、どうすればよい相手になるかということを探究するために、また一緒に文章を編集していく過程のモデル作りのために多大な時間を費やしたのです。彼らは、正直であること、援助的であること、忍耐力があること、励ますこと、集中力を持続することなど、良い「批評的な友達」の資質についても話し合いました。その後、これらの良い資質のモデルを作り、またおもしろいことに、その反対となる資質をも考え、モデルを作りました。

　子どもたちが作文を書いている間に、教師たちは、必要な情報を子どもたちが得たかということとともに、どのように協働し、上述の資質を発揮しているかを見ています。マーティン先生は、自分が目にしたことを次のように夢中になって話しました。「子どもたちはアイデアを出し合っているんですよ。助け合ってるでしょ。励ましあってるでしょ。お互いが相手に対してとても忍耐強いんです。あの子たちは正直だし、明らかに集中しているんですよ」。マーティン先生は、子どもたちが真剣に取り組む様子と完成した作品の出来栄えの両方に感銘を受けたのです。「そして、あの子たちは書いたものを見直して、編集して、さらに良いものにしているんです」。

　教師たちが、子どもたちに協働して学ばせるようにすることは、社会的、感情的、知的次元の関わりと見ることができます。全体として見ると、クラス内やクラス間でお互いの思考や学びを助け合い、そして高め合うために集団を活かすことが次第にできるようになる学習者の共同体を目指しているのです。このことはまだ途上にあることを先生方は知っています。教師たちは皆、子どもたちが学習パートナーの選択を正しくできて、効果的に協働できることが課題であると認識しています。教師たちは、一方では子どもたちの選択の幅を広げ、その選択について振り返り、そこから学ぶことができるようにするということに取り組んでいます。また他方では、子どもたちがより実りのある（と教師たちが思う）選択をするように途中で介入するというこ

とにも取り組んでいるのです。教師たちは、両者には緊張関係があることに注目しています。例えば、サイモン先生は、演劇の台本の学習の間中、いつも同じ相手を選んでいた2人の女の子にどれだけ介入したかったかを話してくれました。この子たちが同じ相手を選び続けたのは、お互いそれが安心できるからだとサイモン先生は感じたのです。一人はどちらかというと静かで、もう一人は少し相手を支配するような子でした、しかしサイモン先生は、2人とも違う相手と学習することで得るものがあると考えていました。

　教師たちはまた、子どもたちが学習パートナーを選ぶことができるようになることで得られるものと、そうした選択する際の社会的、感情的な圧力との間の緊張関係にも取り組んでいます。サイモン先生は、例えば子どもたちがお互いの目で感じる眼差しの力といった圧力にどう向き合い、またすべての子どもが二人組やグループに入れてもらえなかった場合に、子どもたちがもう一度相手の選択やグループ分けを考え直すようにどうサポートしたかを語ってくれました。クラスにおける協働学習をどのように上手く進め、強化できるかを探っていく中で、教師たちは、お互い助け合い、お互いのアイデアや手助けから力やヒントを得ています。マーティン先生は、もしロックザム校でなかったら、学習パートナーを続けることはできなかっただろうと考えています。しかしながら、マーティン先生は、この共同体から力とサポートを得て、自分のクラスのために上手くいく方法を探究し続けたのでした。「みんながやっているし、みんなが同じ波長にあるので、上手くいくし、上手くできると思えるのです」。

■開かれたカリキュラムの経験

　子どもの立場でカリキュラムを再検証すること、そして、子どもの視点で学びをより目的と価値とやりがいのあるものにしようとすることが大切だということが、教員チームの中で新たに同意されました。子どもたちはどのようにより集中して取り組むのか、子どもたちの学びの質はどのように高められるのか、課題や活動が子どもたち自身の興味と目的につながるのはいつ

か、そして子どもたちが自分自身の言葉で考えを探るための場はいつ与えられるのか。これらのことを、教師たちは経験から学びました。すでに見たように、子どもたちが（自ら）選択し、管理し、協働して学ぶ機会を増やしていこうとする原理の一部は、学びをより楽しく、子どもたち一人一人に意味あるものにすることでした。とはいえ、教師側からの働きかけとして学びを豊かにすることが期待できる**多種多様な**活動について、ある程度の共通理解も同時にありました。それは、例えば次のような共通理解です。子どもたちにとって大切な、真の目的と結果を伴う活動であること、探究型の学びが子どもたち自身の問いと実生活上の問題とによって導かれていること、直接体験から学ぶ機会のあること、初等教育段階の全体にわたって想像力に富んだ遊びを通しての学びがあること、現実世界にある実物を用いた実地の経験があること、子どもたちの興味関心や独自性に立った活動があること、子どもたちが自分自身の学びを形成したり指揮したりしながら、想像力と創造力をいざなう活動であること、学校外の世界における場や共同体での真の出会いを通した学びがあることなどです。

　これらの要素がたくさん結びついた多面的なプロジェクトの一つが、サイモン先生の６年生の学級で実行されました。子どもたちは、地元の水車小屋とミル・グリーン博物館を拠点にして、低学年の学級の子どもたちのために一連の活動をデザインし、調査し、指導したのです。その博物館の施設は実に豊かなリソースをもっていたので、学級のみんなで一日中訪問しようということになりました。子どもたちは、午前中に博物館から提供されたプログラムを体験し、それから午後に博物館のスタッフと会って質問をし、年長の子どもたちがリードして５～６歳の学級に教えることのできる様々な活動を計画して、年内の後日にこれを実行するということになりました。

　博物館を訪問して行われた午後の話合いで、子どもたちは大変礼儀正しくふるまいました。しかし、彼らが本当のところは展示品にさわってみたり、体験活動に参加したりしたくてうずうずしているのは見え見えでした。たてまえは下級生のためということですが、実のところは彼らもわくわくしていたのです。彼らはこんなことを指摘しました。「下級生の子どもたちは、ビ

クトリア時代の洗濯棒で服を洗うためにきっと本当に水や石けんを使ってみたいだろうと思います」「パンを作るのは楽しい活動になると思いますが、チョコレートチップみたいな材料をたくさん入れるのはどんなものでしょうか？」。水車小屋のリズムに耳を傾けていたある子はこうひらめいて提案しました。「学校から打楽器を持ってきたらどうでしょう。そうすれば、グループで粉ひき機の機械的な音を表す曲が作曲できます」。他にはこんなことができるかと尋ねてくる子どもたちもいました。「ローマ時代の陶器を持ち出して、地面に埋めておくことなんてできますか？他の人たちがそれを掘り出せるように」。ハーブガーデンにいた子どもたちは、「それぞれのハーブの標本を集めてIDカードに貼り付けることができますか？」と尋ねてきました。博物館のスタッフは、こうした子どもたちの考えに熱意をもって答えました。そして、夏学期の手頃な日時に、上級生の企画による下級生との共同訪問を実施することに同意してくれました。

　学校に戻ると、サイモン先生の学級では、博物館で下級生に提供する活動を詳しく計画するのに必要な背景知識を得ようと、「理科」と「歴史」のグループ学習が始まりました。各企画グループの代表者たちは、放課後、博物館の学芸員に折り返し連絡をとり、自分たちのアイデアが実行可能であり、使いたいと思っているものが利用できることを確かめました。

　ついに共同訪問の日が訪れました。最初に水車小屋にやって来たグループは「先生たち」、サイモン先生の学級の子たちです。先生役グループの子どもたちは、自分たちが担当する活動の準備に取りかかりました。全員が、一日の間に5回行うことになっていたので、30人の下級生は全員が6つのグループ全部に参加することができました。下級生は親が付き添っていました。ほとんどのグループは、教職員スタッフだけでなく2人の大人の援助者がついていました。けれども上級生の子どもたちは、その日のあらゆる面で主導権を握っていました。例えば、どういう活動か説明したり、資料を配ったり、行動を管理したり、次の活動に子どもたちを案内したりと。あるグループのリーダーはこうコメントしています。「大人には幼い子どもがどんなふうかは考えにくいけど、僕たちはあの子たちに近いから（よく分かりま

す）……説明するときにはうんと易しく言う必要があります」。他の子どもはこう振り返っています。「私たちがやるのをただ見ているのではなく、ほとんどあの子たち自身でやれるようになるということが起こったから、大成功です」。お弁当を楽しんだ後、上級生の子どもたちはパラシュート・ゲームを企画しました。こうして、6年生のチームはその日のあらゆるこまごましたことについて注意深く考えたわけですが、そのおかげで子どもたちには何もしない時間などいっさいなく、せかせかすることもやりにくくなることもあり得ないということが確かめられたのでした。結果としてその日は、参加したすべての人々に喜ばれて大成功をおさめたのです。

　サイモン先生の学級の子どもで、「博物館の日」が終わった後でインタビューを受けてこうコメントした子もいました。「初めてミル・グリーン博物館に行ったとき、『聞いて学ぶ』普通の博物館だろうと思っていました。でも、関わり始めて、面白くてわくわくするところだと気がつきました。パンを焼いたりハーブを摘んだりして、『博物館』っていろんなことができる場所だってことに気がついたんです」。博物館のスタッフは、高度に企画され、かつ目的をもった一日に大喜びでした。そして、それから後の夏の週末、子どもたちのアイデアに触発されたオプションを用いて、家族で学ぶイベントを提供したのです。すると、たくさんの子どもたちがロックザム校からそのイベントに参加しようと博物館を再び訪れてきました。そして自分たちが導入した博物館教育の経験を親と共有したのです。

　この企画において、日ごろ博物館が提供している活動を子どもたちがじかに経験したことは、自らのアイデアで活動を生み出すきっかけを与えてくれました。活動は、低学年の子どもたちと同様、自分たちにとっても、より実践的でたまらなく魅力的なものでした。研究期間中、授業の計画にあたり、直接体験を通して学ぶ機会をより多く組み込むよう調整することは、実践における成長に対する教員間の考え方として共通するテーマでした。例えば、教職員が「明暗」というトピックに関連した活動を計画していたとき、話し合いが次のような問いを導きました。「子どもたちはどうやって暗闇を経験するのかしら」。夏学期、子どもたちは太陽の光で目を覚まし、日が暮れる

前に床に就きます。したがって、闇を経験することには価値があるのです。学級担任はジム・トムリンソン／ポール・ホワード作『暗いのが怖いフクロウ（The Owl who was Afraid of the Dark）』を子どもたちに読んであげる準備をしていました。さらに深い話し合いによって、段ボールと厚手のカーテンでできた巨大な木を教室に作ってみるというアイデアが導かれました。木の幹には空洞があって、保育学級から借りてきたトンネル遊具を経由して入ることができるようになっており、そのためその木のインテリアは、わくわくしながら灯りを手にして探検する場所を提供することができたのです。その木は、放課後に職員のグループと用務員さんが作りました。

　直接体験と想像力に富んだ遊びはまた、作文のためのひらめきとして活用されました。例えば、マーティン先生は、校長に彼の学級の8〜9歳児の何名かが、作文に気乗りがしないように思われると語りました。その子たちの作文は、書くにあたっておざなりで、ただお義理にやっていることをほのめかしていました。この会話の後、マーティン先生は校長室を出て、何がこの子たちに書くことを動機づけるかについて考えました。マーティン先生は、子どもの時にロビンフッドの物語に熱中した思い出から、「ロビンフッドの日」を開くというアイデアを思いつきました。それは、子どもたちの想像力に火をつけるとともに、何かについて書くことに真に没頭する経験をいくつか含むものでした。ロビンフッドと部下たちが食べていた典型的な献立表を書くなど、わくわくするような計画を話し合った後、「ロビンフッドの日」がやってきました。その日、学校の骸骨の模型はきちんと服をまとい、ノッティンガムの保安官の代役を務めました。そして、子どもたちはロビンフッドの手下の男女役として、弓と矢を身につけてやって来ました。その朝、子どもたちは隠れ家を作り、アーチェリーの的をしつらえました。そして、パンを温め、小さなたき火で調理をしました。その日の終わりに学校に戻ってきたとき、大多数の子どもたちはとても興奮しており、ほとんど何の支援も求めることなく作文を書き始めようと動機づけられていました。マーティン先生は大喜びでこう言っています。「私はこのように切り出しました。『そうだ、みんな考えた方がいいかもしれないね。何を嗅いだか、何を……』」と。

そして私が見上げると、みんな忙しそうに書いていたのです」。子どもたちの書くことへの動機づけは、たまたまその日が楽しかったということよりも、ずっと多くの経験にかき立てられていました。マーティン先生は、子どもたちが書くことに熱中した訳は、全員が引き合いにすべき個人的な経験をもったからだということに気づいています。彼は、それぞれの作文用紙に書かれた内容がなんと多様であるかということに感銘を受けました。というのも、どの子も「ロビンフッドの日」の異なる面について書くことを選んでいたのです。

　芸術活動もまた、想像力をかき立てる思考を刺激し、作文を書く気にさせる一手段として活用されました。芸術家たちが訪れて、6年生の子どもたちのグループと一緒に、想像上の空飛ぶ生き物を作る作業が行われました。材料には、柳の枝や、絵の具とノリを溶き合わせたものに浸した丈夫なティッシュペーパーが使われました。子どもたちは鮮やかな色の羽をもった架空の生き物を作りました。こうした芸術のワークショップは、午前中の授業時間全部を2度以上かけて行われました。そして、「空想熱帯雨林の空にいる野生動物」を紹介する情報冊子を書くことをひらめかせたのです。そのワークショップは、2月に行われましたが、この時期、一部の初等学校では、5月に行われるSATs（ナショナルテスト）の準備のことで、スタッフがプレッシャーを受けていました。そのため、ロックザム校を訪問した校長たちは、一年のこの時期に6年生でこれほど大がかりな芸術活動を認めているという勇気について語ったことでした。

　ジョー先生は、子どもたちが自分で挑戦する可能性を豊富に備えたオープン・エンドな算数の授業を計画しています。そんな授業の一つに、30セットのドミノを用いた活動を中心にして組み立てられたものがあります。子どもたちは数学者として参加し、「他の数学者と一緒に楽しむように」いざなわれます。提示される一連の活動すべてにおいて、子どもたちは、図柄を調べ、仮説を立て、アイデアをテストし、数字の組み合わせを探索することが求められました。活動には、いろいろな種類の伝統的なドミノ・ゲームが用いられていました。例えば、手にしたドミノの数字を足したり引いたりし

て、特定の数字になるように並べるもの。手にとった数字が奇数と偶数交互になるように小さな鎖を作るもの。そして、どの筋でも合計が同じ数字になるようになっている魔法陣を作るものなどです。これらの課題は段階的に難易度が上がるようになっており、問題解決学習に対する子どもたちの既有経験の上に立つものでした。

　教材は独特で魅力的なものでした。またその数学的な活動は、子どもたちが皆、新しいアイデアに出会い続けることができ、教材や大人からの適切な橋渡しがあれば自分のペースで考えを深め続けることができるということを、確かなものにしました。また一方で、どの子も活動につなげるための入り口を選ぶことができましたし、そうして選んだ挑戦がどれも十分であるということを、確かなものにもしてくれました。これらの授業は、これと似た他のものもそうですが、学びとは限りなく魅力的であり、誰も終わらせることができないというメッセージを体現するものでした。

　サイモン先生は6年生の子どもたちと共に学びのすばらしさをたたえるために、SATsテストの前の日にロンドンの自然史博物館を訪問する企画を立てることを決めました。サイモン先生は準備されたワークシートを必要とはしませんでした。先生は、子どもたちが個人的な関心に基づいて、自分たちが行く場所と時間の過ごし方を選ぶために、何が利用可能で何が許可されているのかについて語り合いました。先生はまた、ディスカバリー・センターに子どもたちの予約を入れ、ヘビの皮とかワニの歯のような滅多に利用できない資料を調べることができるようにしました。先生はあらゆる種類の活動が子どもたちに利用可能になっていること、そして子どもたち自身で自らの探究を進める余地があることを、情熱を込めて語りました。「その場にいる人々はファシリテーター（進行役）です。子どもたちに教えはしません。子どもの関心をフォローするのです。だから、子どもはカブト虫をつまんで顕微鏡の下に入れ、それをスケッチして、ほかのカブト虫と似ているかどうかを確かめることができるのです」。子どもたちは、それから続けて別の身体の部位を確認し、生きている動物の働きについて発見することになりまし

た。普段の登校日[5]であったにもかかわらず、博物館は閑散としていました。おそらくその理由は、多くの学校の教師たちが次週に実施されるナショナルテストに備えて、その日を直前の見直しに使っていたからです。しかしサイモン先生の論理は、テストという状況で子どもたちが覚えるべきことは、どうやって問題に答えるか（というハウツーなど）ではなく、なぜ学ぶことは魅力的なのかということにありました。

　カリキュラムの全領域にわたってなされるこの種の豊かな学びの経験へのアクセスによって、学習者集団がアイデアや様々な共同作業のやり方を自由に探究すれば何が可能になるのかを、子どもたちと大人たちとが正しく理解できるようになりました。これらすべての活動は注意深く計画されましたが、学習の成果については前もって特定されていません。というより、そうする必要がなかったのです。このような、目的意識のはっきりした、困難だけれど魅力的な、オープン・エンドな活動に子どもたちが熱中するとき、当の子どもたちが探究したり、問いを立てたり、試してみたりして何を学ぶことになるかを事前に明示することは必要ないし、実際不可能なのです。私たちが描いてきた経験群は、単に真にオープン・エンドであるだけではなく、すべての子どもたちが取り組みやすいものでもあるのです。すなわち、すべての人が参加できるということです。しかも、教師たちは、こうした経験の中に築かれる探究と協働作業が、全員に価値ある学びをもたらすだろうということを信じていました。

■子どもたちに自分の学びを評価させる

　第2章で見たように、アリソン校長がロックザム校にやって来たきわめて早い時期に、子どもたちが自分自身の学びを評価する活動をもっと取り入れようということが決まりました。秋学期と春学期の間には、ラーニング・レビュー・ミーティングが設けられ、子どもたちは担任と親たちと一緒になって自分の学びについて語りました。そこでは担任との会話形式で子どもたち

5）　イギリスでは、学校行事としての博物館見学が平日に盛んに行われている。

自身のリポートを書くという責任も与えられていました。研究期間中に、教員チームのメンバーは、一日ごとに自分自身の学びを評価する活動に子どもたちを関わらせることについて、考えをより集中し始めました。自己評価は、子どもたちが自分の学びに能動的に関わり、自分の学びを自ら管理するのを促す重要なもう一つの方法でした。すなわち、自己評価は、子どもたちが自分の考えたことや分かったことについて観察と省察を行うことを促し、自分の学びについて先生や級友と語り合い、そしてこの先どのように進むかを決めるための責任を共有することを促すものでした。

　教師たちに影響力の大きい論文であるブラック／ウィリアム（Black and William）著『ブラックボックスの中（Inside the Black Box）』（1998）では、自己評価を含んだ形成的評価が子どもたちの学びを強化し、よりよい学習者となることを可能にする上で重大な役割を演じるという主張を研究基盤として示しています。彼らは次のように示唆しています。形成的評価を改善するための出発点として、教師は自らに「私は、自分の子どもたちの理解力について本当に十分に分かった上で、それぞれを支援することができているか？」（1998, p.13）と問いかけるべきであると。ロックザム校では、教師たちは子どもたちの思考力と理解力について、もっとよく分かる方法の探究を始めました。そこには、子どもたちが自分の学びを振り返ることができるように、特定の活動が終わるところで日誌や自己評価シートを用いる試みも含まれています。

　例えば、サイモン先生の6年生の学級では、子どもたちは、白紙の小さなノートをもらうことができました[6]。ノートは、もしそうしたければ、絵を描くのにも使えました。理科では、トピック学習の終わりに学んだことを記録するのに使われました。「生息環境と適応」というトピックで長期間学んだ後、サイモン先生は、個別の動物が個別の生息環境に適応する際の方法について分かったことを、絵やキャプション、あるいは長めの文章を通して説明するよう子どもたちに求めています。算数では、子どもたちは一週間の時間割の中で学んできた話題であればどんなことでも、それに関連させて自分

---

6) 文具はすべて無償で配布される。

の考えや説明を記録しています。このノートはまた、進捗状況を追跡したり、到達度を理解したりするのにも使われています。国語では、子どもたちは、自分のノートの中で、誇りにしているものと苦労したものを選びました。サイモン先生は、子どもたちが次のステップを決めて記録するのはもちろん、自分の進歩を理解しほめたたえるように求めました。

5年生担任のジョー先生は、それぞれの子どもと、学びについて継続的な対話を促すために、自己評価の日誌を使いました。そのやり取りでは、子どもたちが先生と2人だけで共有したいと思っている感情的な問題も取り上げられました。活動の終わり、例えば物語を書く場合など、物語創作について学んでどんなことを感じたか、素早くメモをとるようにさせています。それからジョー先生は、一人一人の子どもたちのコメントに返事を書いています。ところが、次第に次のことが明らかになってきました。それは、子どもたちがこうした様々な取り組みに対して役割を十分に果たし、子どもたちの学びにとって自己評価が名目主義的ではなく有意義で不可欠のものになるためには、子どもたちが自分の考えを形成したり、学びについて教師や級友と対話したりする際の言語が発達するように手助けされる必要があるということでした。

ジョー先生は、大学の修士課程で学んでいる間に、このことを小規模の研究プロジェクトのトピックに選びました（Smith 2007）。彼女は次のように推論しました。学びや評価について語るために共有されたメタ言語が発達すれば、学級の中で子どもたちの学びについてより効果的にやり取りすることができるのではないか。研究が始まったばかりの頃、子どもたちは自分の学びについてどう感じているかを、にこにこ顔やめそめそ顔（の絵）を使って示す傾向がありました。しかし、子どもたちがこうした描画を通して表そうとしていたものは、いろいろな解釈を受けやすいものだったのです。

学びについての考えを表すための能力を拡張するために、ジョー先生は子どもたちを共同研究者として参加させ、学級のサークルタイムで学びについて話し合う時、教師と子どもたちが実際にはどんなことを言っていたのかを観察・記録するようにしました。子どもたちは特別な語句やフレーズが現れ

た用例数を数え上げるのを手伝い、教室の日常習慣に関係している言い回しで学びに関係がないと判断されるものは破棄しました。ジョー先生と子どもたちは、学級の全員の言うことが同じことを意味しているかどうかを検証するために、ジョー先生の言うことに自分たちの言うことを一致させることを試み、それによってより深い意味を探究しました。彼らはデ・ボーノ（de Bono 2000）のいわゆる考える帽子の観点から学びに関連した言語を選択・分類しました。「6つの考える帽子[7]」は、ジョー先生の教室に展示されている「学習ツール」として有名な対話型ディスプレイです。それによって子どもたちは、学習において、さまざまな種類の思考方法が促されるのでした。他の表現手段に移行すると、子どもたちは自分の学びについての感情を表すのに、隠喩的な絵を描いて自分自身に示しています。例えば、沼地の絵で「行き詰まり」を、困難に直面したジャングルの絵で「途方に暮れた」を。あるいはベストを尽くして成功した時にはその代わりに「虹の上の散歩」を描いたのです。

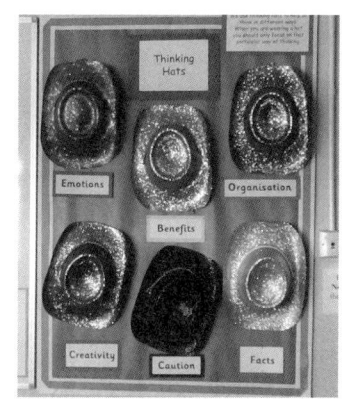

6つの考える帽子

　こうした活動の後で、ジョー先生は子どもたちの学びに対する態度や、自己や他者への評価が変化してきたことに気づき始めました。子どもたちは学びにおける大きな自信や、振り返りによって自分自身の活動をより良いものとしていく能力を示しました。失敗も困難も学びの一部として受けて立つ意欲に満ちていました。また、自己評価の日誌をより洗練された方法で記し始め、書く課題を本物のコミュニケーション行為とみなしてこれに取り組み始めました。かくして子どもたちは、考える道具やアイデアや方略について共に語り合い続けた結果として、これらをより積極的に活用したのです。その

7）エドワード・デ・ボーノによって提唱された、思考のスタイルを6つ（白―事実、緑―創造性、黄―価値、黒―警告、赤―感情、青―整理）に分ける創造的思考法。

証拠は、自己評価の目的に対する共通理解が発達してきたことにあります。ジョー先生はこうコメントしています。「子どもたちはみんな、自分が自分の学びについて書くと、先生がそれを価値づけて返事をくれることを理解しているようです」。サークルタイムで、ハッサンは互恵的な人間関係について分かったことをジョー先生にこう言って表しました。「僕が自分のコメントをするとき、それは先生が次の日の計画を立てるのをいくらか助けているみたいなんです。だってほら、何に行き詰まっているかが分かるので、先生は何とかできるもの」。

　教師が何事も管理をして主導権を握るのではなく、子どもたちにかなりの程度の管理権を手渡し、子どもたちとのパートナーシップをもって活動をするということは、すべての子どもの発達を可能にするための鍵となる条件でした。ジョー先生は、彼女の修士論文にこう書いています。「形成的評価の核心は、知識を与える者としての教師から学びを促進する存在への転換である。そしてそれは、学習者たちによって導かれるのである（p.18）」。ジョー先生は、このプロジェクトを通して深まった考えを図3.1に表しています。これは、共有された学習言語の重要な役割に対する彼女の理解を表しています。すなわち、共有された学習言語が他のすべての重要な条件（選択や管理

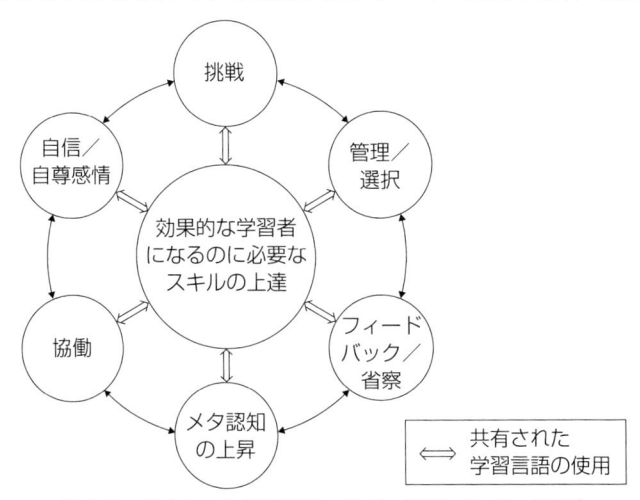

図3.1　共有された学習言語の役割　**出典**：Smith（2007）

を含む）間の相互作用にとって有効にはたらき、子どもたちが価値ある学習者になるよう「力を合わせて」支援するという役割です。

■学びへの自由を広げる

　研究期間中、ロックザム校の教員チームが実践を開発するにあたって焦点化して選んだ教授学の共通要素を観察すると、これらの要素は独立したり各部のレパートリーに分かれていたりしているのではないことが明らかになってきました。むしろ、それらはたった一つの核となる目的を達成するための、相互に依存し、つながりあった方法なのです。目的とはすなわち、子どもたちがより多くの自由を経験し自らの学びを管理できるようにすることです。教員チームは、子どもたちが自分の考えや問いを形成しそれを維持する場や機会、また、学級生活のできるだけ多くの場で子どもたちが管理する場や機会を増やそうと努めました。教員チームは、そうすることこそが子どもたちが活動的で逞しく、熱心な学習者になるための環境作りなのだと信じていたのです（自分たちの経験からだんだんと固めていった信念ですが）。

　「変容可能性」という用語を先生方は使いませんでしたが、まさにその精神で活動しているように見えました。すなわち、子どもたちにはより良い学習者になろうとする可能性が常にあるし、教師は今現在の意思決定を通して、未来の前向きな変化を可能にするような励ましができる、そのような信念をもって活動していたのです。同様に、教師たちは「限界」という用語もほとんど使いませんでした。しかし、特定の実践を紹介したり開発したりするための理由を説明する際に、子どもたちの学ぶ力を抑制したり破壊したりする外部環境と心理状態にはどういうものがあるかについて教師たちが引き合いにしている知識や理解は明晰でした。

　このような教授学の諸要素の根底をなす考え方を探索すると、教師たちの意思決定を導く原理が、３つの核心をなす原理──「共同主体」、「信頼」、そして「すべての人」──に極めて酷似していることに気づきます。それらは学校の成長に対するアリソンのビジョンをひらめかせる原理だったので

す。教師たちの選択は、次第に教師と子どもたちとの間のパートナーシップとしての「学び」観を反映させるものになっていきました（共同主体）。教師たちは、子どもたちが学びたがっており、機会が与えられれば無限の才能に富んだものになり得るし、なるだろうという信念に満たされていました（信頼）。また教師たちは、子どもたちの関心やニーズを深め満足させるために余裕をもったしなやかな対応に努めたり、ドアをいつも開けっ放しにしてすべての子どもが達成経験を得るための可能性がいつもそこにあることを保証したりして、すべての子どもに対する学びへの関わりを体現していったのです（すべての人）。

　また、私たちは、こうした成長の根底をなす考えが、アリソン校長の学校に対するビジョンと協調していることに気づくことができます。日常的に学びの自由を拡張することに取り組む姿の新たな現れと、第２章で述べた新しい組織と主導権によって築かれた基礎とをつなげることは難しくありません。例えば、子どもに耳を傾けることの大切さについての考えに立って、子どもが自分の学びについて発言したり管理したりする機会を与えるということは、サークル・グループ・ミーティングやラーニング・レビュー・ミーティングで体現されていますが、これらは子どもたちの思考や意思決定における基本原則となり、学級の学びのあらゆる場所に充満しつつあります。それでも教師たちは、成長とは決して無理強いすることではないという考えを断固として譲りませんでした。教師たちは互いに自由を感じ、自分自身の学びの主導権を握っていると感じていました。すなわち、教師たちは互いに自分自身のやり方で、自分なりの時間をかけて自分の実践を成長させていったのです。「学びへの自由」という概念は、教師たちの学級で学習者のために創造することに焦点を当てた概念でしたが、この概念は、教師たち自身にとっても、自分の専門家としての学びを創造するための文脈や状況として拡張されました。実践開発のための重点分野についての共通理解は、教師たち自身の目的、価値観、原理がかみ合っていくことを通して生まれました。そしてそれらの目的、価値観、原理は、アリソン校長が共同体レベルで育てようとしてきたものでもあったのです。

この調査が始まった時点でロックザム校の新顔だった教師たちの経験を見ると、私たちは最もはっきりと、どのようにこのプロセスが起きたのかを理解することができます。新しい教師たちはこう言います。「私たちはどんな特別なやり方や考え方でも、導入するのに何もプレッシャーを感じませんでした」。他の教師がすでにやっていることを観察して、自分自身でやってみるべきことを意思決定したのです。

　新しい教師たちは、自分にとって納得のいくやり方で新しい実践を展開し始めました。そして自分の経験に学びながら、次第に求める機会の幅を広げるようになっていきました。新しい実践の根底にある目的の理解や、それに伴う価値の調整は、段階的で広がりのある経験でした。教師たちは、子どもたちに良い影響があるのを自分の目で見るにつれ、子どもたちへの関わりが成長していきました。このことによって、教師たちは、自分に何ができるか、つまるところ子どもたちのために自分は何をしたいのかという感覚と、やればできるという感覚の高まりとの関わりについて、繰り返し考え、明確にしていくようになりました。このようなことをすべて、教師たちは自分自身で考えていました。そして、教師たちはそのプロセスを自由に任されていたので、アイデアや実践が自分自身の現状認識や価値観と相容れないものとして現れたなら、自由に抵抗したり異議を唱えたりすることができると感じていたのでした。教師たちは、自分をある特定の方向に進ませようとする全体の流れにはっきりと気づいていましたが、どの段階においても自分自身でとことん考え抜くこと、そして自分自身で結論に至ることを貫こうと決意し、そのように自ら鼓舞していたのです。

第4章
学びの人間関係を再考する

　本研究の期間中、教職員集団の活動を集団的に鼓舞していた「学びへの自由」の拡張に重点を置くことは、新しい実践の成長やその改良以上のものを必要としていました。すなわちそれは、拡張された「学びへの自由」を維持し育てることに必要な、ある種の人間関係を発展させる働きを必要としていたのです。それはまた、単なる教授学的な人間関係ではなく、共同体生活のあらゆる局面にだんだんと沁み込んでいくような人間関係作りと協力的な活動の方途でもありました。こうした人間関係の成長は、たまたま起こったものではなく、組織的な努力や洞察、思いやり、そして危険を冒すことを必要としていました。本章において、我々は一連の事例を引用しながら、このような人間関係のありのままを探索し、関係の中での交渉や成長には実践的に何が含まれていたかを描き出します。教職員は、学校での活動の基盤として必要だと感じている人間関係として、どのような関係を築いていたのでしょうか。教職員集団全体の間で、どのような共通のテーマを見出し得るでしょうか。人間関係をめぐるこの活動と、学校全体の発展に向けた校長のビジョンについての情報を与える**限界なき学び**の原理との間に、どのようなつながりを確認できるでしょうか。

■挑戦、調和そして「ナチュラル・バランス」

　共同体全体として育まれてきた人間関係の独特な性格を洞察する上で、一つの有力な情報源があります。それを提供してくれたのは、教員2年目の学年で、やっかいな学級を受け持った一人の教師が、やっとのことで成功した

悪戦苦闘の事例でした。名前はソフィー先生と言います。彼女は、教員免許を有する新人の教師として、2005年9月にロックザム校の教職員に仲間入りしました。最初の学期で、ソフィー先生は、自分が事前に大学の教員養成課程で教わってきた理念や実践と、ロックザム校で目の当たりにしたものとが対照的であることに打ちのめされました。この時の印象を、先生は次のように語っています。「すごいカリキュラムを教えていますが、これはやり抜かねばならないものです。ここでのアプローチはまったく違います。たくさんの体験活動やロールプレイがあり、子どもたちは、それぞれが異なった手段で興味あるものを探究するようにいざなわれるのです」。ロックザム校のアプローチは、ソフィー先生にとってまったく筋が通っているものでした。それゆえ、誰もそうしろというプレッシャーは与えていなかったにもかかわらず、自分の教え方にいくつかの変化を取り入れ始めました。例えば、自分自身の力で子どもたちにより多くの自由と管理権を与えるやり方を試みたり、子どもたちが学ぶ際により多くの選択権を提供したり、子どもたち自身が抱いた興味を追究する場を与えたり、より多くの体験活動やロールプレイを用いたりしたのです。

　時間はかかりましたが、先生はこのように述懐しています。「1年目の間、大学の学科にいる間に推薦されたアプローチとは異なる活動をしながら、自分の自信と技能を成長させてきたのですが、子どもたちの反応の仕方には胸が躍りました」。子どもたちが「すばらしい」成長をみせるのと同様、ソフィー先生は子どもたちが熱中している姿や彼らが学びの中で見せる「きらめき」に心打たれたのです。1年目の終わりに、先生は「ロックザム方式」（彼女はそう名付けています）が本当に効果的であることを確信し、翌年の6〜7歳児学級で新しいレパートリーを用いたり作ったりしたいと願っていました。ところが、この学級はソフィー先生にまったく新しい難題を提示し、先生は、すぐに以前の集団でやってきた活動ができないことを悟ることになります。

　「数週間の内に、子どもたちは私にこう話し始めました。『うちは悪いクラスさ。うちを好きな人なんて誰もいない。誰も一緒にやりたくないんだ』」。

ソフィー先生は、こんなに若い子どもたちが他者からこのような否定的なメッセージを受け取ってきたであろうことにショックを受けました。しかしその反面では子どもたちが机に向かっていられず、取りかかっていることに集中し続けるのもままならないという事態に気づいて、面食らいました。また、先生はこのことが子どもたちの活動の質に影響を与えていることに胸を痛めました。そうして他ならぬ自分が、自分自身をも不快にさせるようなやり方で子どもたちに接していることに気づいたのでした。ソフィー先生は「一年中、ずっと辛く否定的な気分のまま。あの子たちがそう感じさせる」という思いで時を費やしたくないと思っていました。彼女は自分がこんなタイプの人間になることを望んでいないし、子どもたちとこんな人間関係になることを望んでいないことも分かっていました。またソフィー先生は、否定的な目で子どもたちを見つめる人々の一人として、自分が彼らの目に映ることも望まなかったのです。

　そこで、先生は他の方法を見つけねばならないと決心しました。それは、実践において「学びへの自由」を拡張することに新たな重点を置くのと一致するものであり、また、ソフィー先生がそうなりたいと憧れる教師像と一致するものでした。彼女が選んだ新しい方法とは、子どもたちに対抗してではなく、子どもたちと**一緒に**活動しようとすることでした。それは、学級の経験をより調和的で目的のあるものにさせるための肯定的な方法を練り上げることであり、そのための活動の場ごとに子どもたちを参加させることでした。「悪い学級」であることについて子どもたちが傷つき、のけ者にされたように感じていることに耳を傾け、それを認めた後、ソフィー先生は子どもたちに他の人たちから自分たちのことをどのように呼ばれたいか尋ね、それによって、話し合いをより肯定的なものへと移していました。子どもたちは、一緒になって肯定的なイメージの単語リストを作り、集団の評価規準としてこれを共有することにしました。いまや子どもたちは「どんな自分になりたいか、他の人からどう見られたいか」という集団意識を獲得しました。そしてこれ（単語リスト）は、教職員と子どもたちによって使われ、集団の精神的安定と調和にとって肯定的にはたらくものであると認識され支持され

たのです。子どもたちはまた、いくつかの集団目標を、自ら設定しています。例えば「よく聴くこと」という目標は大きなポスターにして教室に飾られました。彼らの提案で、目標が成功裡に達成された時には、その都度並行してチェックマークが書き込まれました。ひとたび最初の目標で設定した規準が集団の達成した規準だと認められた際には、新たな目標が話し合われ、合意されました。

　子どもたちの興味関心に基づき、学級の学びに打ち込む思いをより強いものにするため、ソフィー先生は子どもたちを、よりしっかりとカリキュラムの活動と経験を計画する営みに参画させ始めました。最初は秋学期のヴィクトリア朝時代の活動に関わり、その後、春学期には、第３章でいくつか詳細を述べたように、ロアルド・ダールのプロジェクトに関わることで、子どもたちの参画は行われました。ソフィー先生が、事態が本当に危機を脱したと感じたのは、このロアルド・ダールのプロジェクトでした。学びに対する子どもたちの態度は、完全に変わりました。彼女に、なぜこのような変化が起きたと感じたのか尋ねたところ、彼女は次のように説明しています。「力を彼らに返したということです。そのために子どもたちのイマジネーションをとらえるカギとなる事柄を見つけ、子どもたちが興奮するような事柄について学ぶ機会を提供したのです」。このやり方に子どもたちを巻き込むことは、自分がどのように見られ、価値づけられ、信頼されているかについてのたくさんの重要なメッセージを届けてくれます。それは、子どもたちの考えたことが本当に重要であるというメッセージです。

　ソフィー先生は、子どもたちと継続的に「どんなことでも」振り返る機会を設けて「上手くいかなかったら、どうして上手くいかなかったのか？　本当に上手くいったならそれがどうして上手くいったのか？」を考えるようにしました。すべての場で、会話はとても重要でした。彼女は非常に注意深く、子どもたちが自分のことを「指導者というよりは仲間」として見つめてくれるように努めました。そのプロセスは信頼と尊敬を両輪とし、本当に双方向的なものでなければなりませんでした。ソフィー先生は、子どもたちが単に彼女（先生）のためではなく自分たちのために態度を修正することを望

んだだけではありませんでした。彼女は、これがみんなで一緒にいるための良い方法であることを自分たち自身で真に理解してもらいたいと思っていました。そうすることで、子どもたちが次の学級に進級したときに、自分たちでこのような理解の仕方をすることができるだろうと考えたのです。

　しかしながら、いつも順風満帆とは限りませんでした。春学期早々には、動揺した子どもがソフィー先生に暴言を吐き、傷つけるという危機的な状況がありました。それは彼女を限界ぎりぎりまで追い込みました。彼女の相談役であるアリソン校長とジョー先生は、重要な支援をさしのべ、彼女と学級とが、学びの旅をして遙か長い道のりを共に歩んできたのだと認識できるようにしました。こうした同僚の信頼と安心感を与えてくれる励ましのおかげで、ソフィー先生は、学級と一緒になってやってきた方向性が正しいと信じ続けることができたのです。最終的には、この事件からそれほどたたないところで、状況は落ち着くべきところに落ち着きました。ソフィー先生は回想して、自分と学級とが「ちょうどいいナチュラル・バランス、自然な活動の仕方を見つけました」と述べています。この、「ナチュラル・バランス」とは、おそらくある種の行動管理的なプログラムへのアンチテーゼです。すなわち、子どもたちの潜在能力が自律的な判断へと成長することよりも、権限を教師に固定化し規則を守らせることを優先的な目標とするプログラムへのアンチテーゼです。ソフィー先生の学級では、真に開かれた双方向的な学びの過程を通して到達しました（「あなたはみんなに合わせ、みんなはあなたに合わせる」）。また、失敗も成功も同様に、一緒に行ったことのすべての結果であるとソフィー先生は主張しました。それは、まさに彼女が打ち込んできた活動の歴史と経験に特有のものでした。

　結果的に産まれたこの人間関係に特有の性質にもかかわらず、しかしながらソフィー先生のアプローチは、「学びへの自由」を拡張する目的に合致した人間関係を成長させていくために、より一般的な学びの共同体の中でもカギとなるべき、いくつかの活動の特徴をとらえています。

　第一に、彼女は、自分と子どもたち、及び子どもたち同士の間で、共通の土台を広げ、**共通の理解を築くこと** (building shared understanding) によっ

て、自分と子どもたちとの間における「意義を高めるための活動」と「コミュニケーション」とを一体化しました。第二に、彼女による、つまりは大人の同意による承認といったものに依存することから子どもたちを解放し、承認を**受容**（acceptance）と自律性に取って替えようとしていました。第三に、彼女は活動的にかつ継続的に**共感**（empathy）を用い、学びにおける感情の力を認めながら、絶えず世界を相手のまなざしで見つめようと決めていました。そして第四に、彼女はたとえ困難な状況におかれても**確固たる目的**（steadfastness of purpose）を維持していました。

　本章ではこの後、このようなカギとなる特徴を、順を追って検討します。本研究の期間に記録された人間関係の分野における他の事例を分析し、「学びへの自由」を推進させ持続させることをどのように助けるのかを考察します。それによって我々は、**限界なき学びの原理**に導かれた学校作りにおいて、これら共通する分野の活動が、いかにして欠くことのできない構成要素となるのかを探索していきます。

■共通の理解に向けて

　我々が詳しく調査した事例において、ソフィー先生が共通の理解を築くために行った活動は、調和的な学びの共同体における積極的なメンバーとして参加するとはどういうことかという問いに焦点化されていました。「ナチュラル・バランス」は、学級生活がスムーズに運営されるように、大人と子どもたちの間、子どもたち自身の間で、共通の土台が十分に築かれてきたかどうかを知るための一つの目安となりました。その場の会話を通して達成された共通の理解は、人々が自律的にふるまうことのできる安定した枠組みを産み出しました。彼らは、期待をみんなで一緒に産み出してきたので、その期待について熟知し理解していました。また、彼らは何に可能性があり、どこに限界が横たわっているのか熟知しており、それに応じて自分たちの選択を行うことができました。

　他の学級において進められている対話の中心となる話題は、学びの本質を

めぐるもの、そして良い学習者になるとはどういうことを意味するかでした。サイモン先生は第6学年の担任教師ですが、彼は「教えることは人間関係がすべて」と確信していました。彼の学級での人間関係を通して、サイモン先生は、子どもたちがドゥェックとレゲット（Dweck & Leggett 1988）の言う「熟達志向（mastery orientation）」を築くことができるようにしようと試みました。「熟達志向」とは、やっかいなことでも、子どもたちは学ぶべき何かを見つけるものであり、たゆまぬ努力によってついには目的を達成するだろうという信念です。ドゥェックと彼女の同僚はこの肯定的な考え方と「無力志向」とを対照しています。すなわち、子どもたちが成功するのに必要な知能に欠けているとか、困難を切り抜けるためにできることは何もないといったサインとして「失敗した」という反応を見せる場面との対照です。「うちのクラスでは『できない』は禁句です」とサイモン先生は我々に話しました。「『**まだできない**』ということなんです。僕が最初に子どもたちに伝えたことの一つです。」サイモン先生は自分の学級で、彼自身の学びについて語り合っています。それによって、子どもたちに学びとは終わりのないプロセスなのだと理解するように促しています。自分自身の学びについての省察を通して、サイモン先生は子どもたちに、良い学習者についての見方を次のような（人物像の）誰かとして見る方向へと促しているのです。すなわち、「とにかくやってみる」ことを希望している人、新しい考えを試しながら勇敢な挑戦をする人、失敗することは学びにとっては必要で必然的な一部だと認めている人、そして、これらすべては良い学びに必要だと理解しているから行うのであって、先生の承認を得るためにやっているのではないと分かっている人などです。先生は同様に、すべての子どもを個別に知り、決してあきらめず、「あらゆることを切り拓き」、共に前進する道を見つけようと努力することによって、すべての子どもに手をさしのべること、影響を与えることを望んだのでした。

　第5学年の担任であるジョー先生も、彼女の学級で学ぶことや良い学習者になるにはどうしたらよいかといったことについて、子どもたちと継続的に会話することを、彼女の実践の目玉だと見なしていました。第3章で、我々

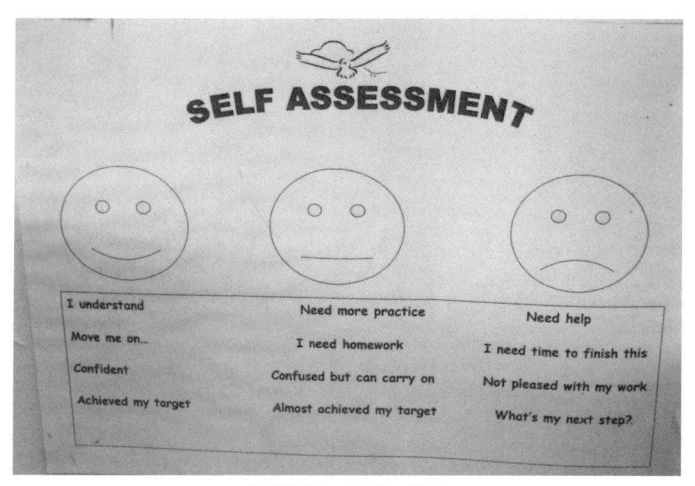

第4章　学びの人間関係を再考する　97

SELF ASSESSMENT

I understand	Need more practice	Need help
Move me on...	I need homework	I need time to finish this
Confident	Confused but can carry on	Not pleased with my work
Achieved my target	Almost achieved my target	What's my next step?

自己評価の言葉の掲示

はジョー先生が他の教師と同様、どのようにして子どもたちと共に活動し、子どもたちにパートナーと共に学ぶことの価値の共通理解をさせ、良い学びのパートナーを選んだりパートナーになったりさせたかを見ました（p.72参照）。また、子どもたちの自己評価をジョー先生がいかに了解しているかを見ました（p.84参照）。子どもたちが自分の考えや評価を表すために「笑顔や悲しい表情の顔」を絵に描く以上のことをしようとしているのであれば、共通の言葉を開発させて自己評価を支援することが必要なのでした。ジョー先生の学級における学習言語と形成的評価についての彼女の研究は、「子ども研究者」としての子どもたちを必要としていました。ジョー先生にとって、「学習者の共同体」としての子どもたちと、研究の過程と結果の両方を共有することなくして、学級の研究を実施することは不自然に見えていました。彼女の探究は真に開かれたものでした。例えば、子どもたちが自己評価をするにあたり、学びを言い表すのにどういう言葉を用いるべきか話し合うことを取り入れた際に、先生はこのように説明しています。「私は何が正しいか分からないので、みなさんが間違いだとされることはあり得ません。みんな私にとっても初めてのことなのですから」。子どもたちはジョー先生がしつらえてあった考える方法に誘導されたのではなく、真の学びの経験に取

り組んでいたのです。その学年が進むにつれ、ジョー先生と子どもたちは両方とも自信を獲得し、自己評価とその目的についての共通理解を深めました。

　学びについてや、より良い学習者へのなり方について、また、良い学習者が用いる方法について共通理解を構築することは、こうした先生方にとって、子どもたちが自分たちへと拡張された学びへの自由を受け容れ、十分に活用できるようにする上で重要な役割を演じました。積極的な学びを育むように計画された環境において、与えられた機会をより良く活用したいという子どもたちの気持ちは、彼らがどのように学びを立ち上げるかにより、どのように困難を理解して対応するかにより、そしてまた成功への期待によって、明らかに重要な影響を受けることになったでしょう。能力主義的な実践を中断することそれ自体では、根深い自己認識や態度を変えるのに必ずしも十分ではありませんでした。特に年長の子どもたちにはそうでした。保護者たちを学習者や学ぶことについての話し合いに招くことは重要な過程の一部でした。子どもたちとパートナーシップをとる教員チームのメンバーは、子どもたちの考えが保護者の信念や経験によって深く影響されていることに気づいていました。そこで、学校で起こっている成長の基盤となる価値について、保護者を巻き込んで共通理解を得るために、想像力に富んだ方法を探し求めたのです。例えばジョー先生の学級の子どもたちは、彼女の研究に関わることで心に火が付き、「自分たちの親を学校に呼ぼう」というイベントを企画するアイデアを思いつきました。保護者を招待して学校での学びがどんな感じなのかを経験してもらうというアイデアは、どうやって企画するべきか。誰が招待し、どんな活動が求められるか、と白熱した議論を産み出しました。子どもたちは、自分たち自身で大人たちに対する先生役を引き受けようと決意し、続いて何を親たちに勉強させ理解させようかという討論がなされました。招待状が家庭に送られ、その返事がはやる思いで待たれました。

　数週間後、学級の過半数の親、祖父母、または年上のきょうだいたちが学校にやって来ました。児童として学校に戻って来ることについて何人かの大人は不安を抱いていましたが、朝のプログラムを子どもたちが説明すると、

たちまち不安は雲散霧消しました。バランスのとれた理論と実践が計画されていたおかげで、大人たちはどうしてこのような特別なやり方が求められていたのか理解したようでした。学級には、「学びのツールボックス」という展示物が協力し合って創り上げてありました。これは、「こんがらかったらどういうふうに解決するか」といった様々な方略を提供してくれるものです。朝の活動として計画されていたのは、考える帽子（de Bono 2000）、チーム作りの練習、野外活動、そして音楽作りでした。大人たちは子どもたちと一緒に教室の中や外で一連の活動に参加しました。外の野原で虫を捕まえて名前を識別するという活動もありました。子どもたちは担任と連携して採用すべき活動を確認しましたが、彼らがこれがいいと確信した活動は、招待された大人たちが自分自身にとっても価値ある学びだということを理解するのに役立ったようでした。こうしたチームワーク、学びのパートナーとの考えの共有、協働的な共同体の中での問題解決や失敗からの学びなどの実践は、その朝の出来事によって実に効果的に説明されたのです。これらが毎日の課題の中でも挑戦できそうな学びの側面であることは、子どもたちには明らかでした。

■受容の構築とその伝達

　さらなる学びへの自由を支援し育てるためには、承認に基づくような人間関係から脱皮することが重要だということを教師が感じていた証拠は、ほかにもあります。前に見たように、ソフィー先生はやっかいな学級で活動方法の開発に打ち込んでいましたが、そこには子どもたちを取り締まるとか無分別な服従を強要するといったことは含まれていませんでした。ソフィー先生は、先生に承認してもらうことだけのために子どもたちが態度を変えることを望みませんでした。ソフィー先生は、自分が求めるものが分かっていました。それは、子どもたちが個人的にも集団的にも満足するあり方や共に学ぶ仕方をみつけること、すなわち、「ナチュラル・バランス」でした。

　評価の言葉をめぐってソフィー先生の学級について行った調査で、これを

調査したジョー先生は、子どもたちのコメントのいくつかについて気になることを観察しています。それは、評価の言葉を発することについて子どもたちは、自己評価がどれだけ自分の学びに貢献してくれるかを実際に理解したからそうするのではなく、**先生のために**そうしていることをほのめかしているように見えるということでした。ジョー先生は、子どもたちを次の段階に進ませ、優れた学習者の営みには欠かせないものとして自己評価の意義を認識させるためには、さらなる支援活動が必要であることを悟りました。ジョー先生は、自分の修士論文の結論部で、このことを学級での活動における重点分野として記録しています（Smith 2007, p.62）。これと同様に、サイモン先生とジョー先生が自分たちの学級でどのような「学び」の理念に基づく活動をしていたのかについての記録を見ると、どちらの記録も、子どもたちが教師の決めたことを単純にわきまえたりそれに沿うようにしたりするのではなく、良い学習者になるとはどういうことかについて子どもたち自身が見出した意味によって学びを編み出し、導かれるよう、教師が支援することに取り組んでいました。どちらの先生も、教師を喜ばせることを目的とするような学びは、より価値のある種類の学びへの可能性を妨げることに気づいていました。

　ソフィー先生と同様、サイモン先生とジョー先生の2人も、教室で学びへの自由を拡張していくというねらいは、子どもたちとこれまでとは異なる種類の人間関係の必要性を暗示していることに気づいていました。2人は、先生に褒められるためにどんなことをしたり言ったりする必要があるか推測することに努めるという重荷から、子どもたちを解き放ってやろうとしました。そして子どもたちに自分自身で考える自由を与え、先生の求めることを（子どもの考えとして）どう忖度するかなど関係なく、個性的な個人として受け容れられ、信じられ、評価されているという安心感を与えようとしたのです。

　カール・ロジャーズ（Carl Rogers 1969,1983）は、このような種類の人間関係を「受容（acceptance）」と名付けています。ロジャーズの言う「受容」は、個人を今どのような状態にあるかということで単純に理解したり評価し

たりするものではありません。それは、変容させる力を大いに秘めたものです。「受容」は、自律的な学びにとって必要な状態であり、学びが否応なく抑制されることを防ぐ、心理的に安全で安心な状態を教育者が創造するための手段なのです。ロックザム校では、教師の「受容」観は主として信頼に関わっているように見えました。すなわち、子どもたちが学びたいと願っていることへの信頼、子どもたちがもつ学習者としてのパワーへの信頼、繊細かつ生産的に協働する能力への信頼、子どもたちが数え切れない予測不可能な方法で学ぶ機会を活用するための無限の機知に富んでいるという信頼です。

　最も重要なことは、「受容」には、こうした様々な信頼を子どもたちが得ており、**失われることがないのだ**と彼らに伝えることが含まれていたということです。そのため、子どもたちは先生の承認を勝ち取る努力に心奪われる必要がありませんでした。子どもたちは、求められた基準に対して失敗したり間違ったりすることを恐れることなく、自分自身の疑問を尋ねたり、自分自身について考え抜いたり、自分自身の探究の筋道を追いかけたりすることに全力を傾けることができたのです。

　第3章で述べた教授学における共通要素の研究からすれば、このような様々な形態をもつ真の信頼が、単に意図的な行為をすることによって生まれるのではないことは明らかです。ロックザム校の信頼はだんだんと起こり、よりしっかりしたものに築き上げられていきました。すなわちそれは、子どもたちにより自律性を与えるように計画された実践を教職員が試み、子どもたちがいかに効果的にかつ創造的にそれを活用するかに感動するようになるにつれて築き上げられていったのです。ソフィー先生にとって、教師の権威を学級に押しつけることよりも信頼に基づくアプローチを選ぶことは、実のところ冒険的なことではありました。彼女は、こんなに幼い子どもたちへの信頼に正当な理由のあることがいずれ分かることになるとは、前もって分かっていませんでした。しかし、ひとたびソフィー先生と彼女の学級とが困難を乗り越え、先生自身の経験から信頼が上手く築き上げられたということが分かると、このことは、自信をもって次の学級へと信頼を広げるための確固たる土台となったのです。

信頼を子どもたちに注げば注ぐほど、子どもたちは自分自身でより有能になり、才知に長けていくように見えました。例えば、ロックザム校で毎週行っているサークル・グループ・ミーティングのことを聞きつけた地域の中等学校長は、自分の学校で行っている幹部教員のミーティングに取り組むために、「子どもの声」と題して講演してくれないかとアリソン校長に尋ねてきました。アリソン校長はこのことをジョー先生と相談し、5年生の子どもたちを招待して、自分たちが学んでいることについて発表することを計画して届けさせることを思い立ちました。子どもたちは、参加したいかどうか尋ねられると、小さな有志のグループが進んでパワーポイントのプレゼンテーションを準備しました。プレゼンテーションは、すべて子どもたちが作成し、しかもそれは、完全に子どもたちが主導しました。中等学校にスタッフと一緒に到着すると、子どもたちは階段式の講義室に案内されました。この圧倒されそうな会場にもかかわらず、子どもたちは、明晰にかつ情熱をもって、ロックザム校の学びの中で与えられている選択権のことや、学校で経験する胸が躍るような学びの機会、そして学校の共同体を構成するすべてのメンバーに耳を傾けることの大切さについて語ったのです。子どもたちは、グループとして明晰にユーモアを交えて考えを発表しただけではありません。彼らはまた、中等学校の同僚教員たちからの幅広い質問に対して、熱心に思慮深く答えました。このイベントの要求に子どもたちが応えたことによって、子どもたちに対する先生方の信頼、つまり自己管理をする場面で困難にうまく対処し、自信をもって自分の考えを伝える力への信頼は、十分に裏付けられたのです。

　人間関係の礎として承認から信頼に基づく受容への転換は、段階的に「能力差」という語彙を排除することによって、教師集団全体にわたってはっきりと支えられていました。ロックザム校の先生方の考え方や実践に反映されている信頼は、ほぼ間違いなく能力主義的な考えによって設定された差別的な期待へのアンチテーゼでした。能力主義的な考えにおいては、最も優秀そうだとみなされたわずかな子どもにだけ、大きな期待が寄せられるのは当然なのです。先生方が能力別編成に代わるものを探究し、子どもたちがどのよ

うに反応するのかに気づいたとき、先生方は自分たちの期待について見直しただけではなく、子どもたちについて計画したり語ったりする際に、先生方を支える道具として能力別の分類に頼ることを積極的にやめたのです。すべて否定的なメッセージを暗に示して序列化するようなグループ分けはしないこと、子どもたちを特定の固定的な見方で決めつけるようなレベル分けはしないこと。これらの「しないこと」は、すべての子どもには学ぶ力があるのだという信頼を真に生み出し通じ合わせることのできる状況を生み出し、そのおかげですべての子どもたちは学びの自由を得、ありのままの自分として受容されることが可能となったのです。

　第3章で、我々は、シェリル先生が1年生の学級で能力別編成をより柔軟なアプローチに置き換えたときに気づいた良い変化をいくつか観察しました（p.71 参照）。マークは、シェリル先生の学級におけるこの新しい風土で花開いた子どもですが、完全に自然の世界に夢中になりました。彼は動物に関するおびただしい知識の持ち主で、家族から、本の活用から、テレビの視聴から、インターネットの検索からそれぞれ学んできたことについて自信たっぷりに話してくれました。しかし、書くことには非常に苦労をしていました。つまり話ことばで表すことのできる内容と、作文を書くときの力不足との間に大きな開きがあったのです。しかし、彼の担任のシェリル先生は、もはや能力別編成をしようとはしませんでした。そして子どもたちに選択権をより多く与え始めたのです。そのため、マークは「書けない子」というレッテルを貼られて恥をかくことを気に病むことがありませんでした。彼が毛虫についての本をなめるように熟読している姿が観察されました。そして、学んだことを注意深く細部まで詳しく描いて記録し、それからラベルをつけていました。彼の友だちのアランは、マークが必要なキーワードをみつけるのを手伝ってやり、しかも、マークが書くのを苦手にしている文字のいくつかについて、書き方を教えてあげたりしたのです。マークは、自分が調べたことを紹介するようにと勧められたとき、本にあった詳細なイラストから毛虫について学んだことを学級の他のみんなに説明したいと申し出ました。彼の幅広い知識や、面白い情報を共有したいという情熱は級友から、そして先生から

も賞賛されました。こうして、書くことについての彼の学習困難は、彼にとっての決定的なレッテルではなくなったのです。

　研究期間にインタビューを受けた保護者は、ロックザム校の教職員が、能力別編成をしないという理念をどうして選択したのか、はっきりと理解していました。また、保護者たちは教職員の基本的な考え方の大部分について、強く共感していました。ある保護者はこのように説明します。「……子どもたちをあるグループに入れて、あなたは頭がいい子、あなたは頭が悪い子と言うのは、いろいろな意味で効果がありません。保護者にも効果がありません。みんな競争に追い込まれて『ああ、うちの子はこんなグループにいるわ』とか、『ああ、うちの子はこうじゃない』と口にすることになります」。ほとんどの保護者は、ロックザム校の方針が自分の子どもたちにも子どもたち全体にも有益だと見ていました。保護者たちは、子どもたちが能力別編成の影響に対してどれほど敏感か気づいていました。このことを、ある保護者は「不健康」と言い表しています。自分の息子がトップグループにいると考えていた他の保護者は、能力別編成で息子が傲慢になってしまうことを心配しました。つづりの能力が困難であるために、自分の娘は最底辺のグループに置かれることになっていただろうと考えていた別の保護者はこう言っていました。「これでは娘は自信をなくし、やる気をなくし、自分のことを永久にダメな人間だと思うようになっていたことでしょう」。能力別編成の影響が一生続くかもしれないと言う親もいました。保護者たちはすべての子どもが励ましと刺激を必要としていることを認めていました。すなわち、子どもたちは「なんでも、どんなことでもできる」と感じるように、また自信をもって学びに取り組むように、そしてあらゆる機会を得て、とにかくやってみようとするように、周囲から励まされるべきだということです。保護者たちはこうも言っていました。「このような自信を築き上げることが主たる目標なのです。そしてひとたび自信が築き上げられたら、学業上の成功もついてくるものです」。

　それでは、子どもたちの自信はどのようにして築き上げられたのでしょうか。保護者たちは、能力別編成にしないことが極めて重大だと認めていまし

た。ある親は、明白に「自由」という言葉を用いてこう言っています。能力主義的な競争を越えることで、「だれもが学ぶことが自由だと感じるのです」と。自信とは、全員が「対等だと感じ」て「大切だと感じる」から育つのです。とりわけ、子どもたちが学びについて自分の考えや気持ちを表明する機会がたくさんあること、自分の考えに耳を傾けてもらったり目を向けてもらったりすること、単に自分の考えが聴かれるだけではなく実際に相手の反応を引き起こすような経験をたくさんすることによって育つのです。子どもたちは「みんなに発言権があり」、全員が個性的な貢献をすべき個人として扱われることに賛同していました。

　実践的な方略については、ごくわずかにですが疑問が口にされました。例えば、子どもたちが自分自身で自分に見合ったレベルの活動を選べるように促すことが、本当にすべての子どもに十分にやりがいのある課題をもたらすことができるかどうかといった疑問です。ある母親は、自分の息子が最も難しい活動を選ぶ気になるなんてことは、たとえ彼にその力があっても、無理なのではないかと心配していました。他の親は、ロックザム校のアプローチは先生により多くのプレッシャーを与えているのではと考えていました。一方他の親たちは、最初は疑問をもっていたものの、子どもたちがたくましく成長しているのを見て納得するようになっていきました。息子が易しい選択肢を選ぶだろうと思っていた母親は、彼をその気にさせるための段階的な手立てを先生が講じてくれるのを見て、安心しました。彼女の2番目の子どもは、当初、書くことに苦しんでいましたが、先生の注意深い支援と励ましの恩恵をはっきりと得、それによって「ちょうど良い」挑戦に向かったのです。

　しかしながら、大人と子どものどちらかにとって生じている問題をふまえることなしに人間関係の基盤を承認から受容へと変更することは、誤解を招くこともあり得ました。それは以下に描く事件のような誤解です。デレク、第3章で述べたあの「有名な」ノートの著者ですが（p.69参照）、彼は学ぶことに情熱的なだけではありませんでした。彼はまた、非常に気が短い子どもだったのです。彼はいろいろな友人関係の問題を握り拳（暴力）ではなく言葉によって解決しようとはしましたが、すぐに腹を立ててしまうのでし

た。彼に対する批判を暗にほのめかしたり実際にしたりすると、それによって彼は激怒し、教室から飛び出して隠れてしまうのでした。

　ある日の午後のこと、デレクがありったけの罵詈雑言を叫びながら教室を飛び出し、トイレに入って自分でカギをかけてしまうという事件が発生しました。副校長のサイモン先生が最終的にはデレクを促してドアのカギを外させるのに成功しましたが、その場面でサイモン先生は、その少年に何が起きたのかを書くよう穏やかに求めました。デレクの学級はその日の午後、担任のジョー先生に代わってミセスＮ先生に教えてもらっていました。彼の書いた不満のリストを以下に再現してみます。

　　ミセスＮ先生への不満
　　　僕はＮ先生に上品で思慮深い話し方をしてもらいたい。
　　　僕はＮ先生に二度と教えてもらいたくない。
　　　僕はＮ先生に勉強をせかさないでもらいたい。
　　　僕はＮ先生に一度でいいから良い先生になってもらいたい。
　　　僕はＮ先生に他人のことをもっと注意深く考えてもらいたい。
　　　僕はＮ先生に小さな子どもたちはすぐにカッとなることを分かってほしい。

　自分の考えをいったん書き終えると、デレクは学級に戻って謝ることができるような気持ちになりました。後日、アリソン校長はデレクと膝を交えて何が起きたのかを語り合いました。アリソン校長はデレクが挙げた不満のリストに耳を傾けながら、どうしてそんなに腹を立てたのか尋ねました。デレクは憤然として次のように答えました。ちょうど午後の授業の終わり頃、自分の勉強が終わると、Ｎ先生が後の週でパンを作るときに使うことになるからレシピを書き写すように指示してきました。デレクは、この活動が時間の無駄だと不満を言いましたが、先生は強く求めてきました。この強い要求がデレクの爆発の引き金となったのです。アリソン校長は、どうしてこのような過激な反応が受け容れられないのかを説明しました。これに対して今は穏

やかな気持ちになっているので、デレクはどうして自分が激怒すべきではなかったのか非常に明確に述べることができました。ところが、デレクは依然として自分は正当であり、自分が時間の無駄だと思っていることを先生がするように求めてくるべきではないと言い張ったのです。

　従順さではなく自律性を育てることに教職員が打ち込んできたその結果として、デレクはおそらく当然の不満を抱きました。彼は、N先生が自分のことを彼が自認するような活動的で献身的な学習者とみなしている感じも、親切にあるいは「フェアに」扱ってくれているという感じもしませんでしたし、自分に耳を傾けたり信頼したりしてくれている感じもしませんでした。先生の言いなりになって服従する代わりに、デレクは自分の時間をやりがいのある課題に費やす学習者としての権利を守ろうとしたのでした。あのように大騒ぎして自分の怒りを表明するのは誤りだったことを、デレク自身、認識してはいるものの、彼の目には契約を破ったのは先生だと映っていました。

　この状況は取り扱いに注意が必要でした。この場合、デレクが自分の言い分を大人たちに真剣に受け止められていると気づいているかどうか、教師が確認することが重要でした。一方、毅然とした創造的なやり方で、彼がこの事件から学べるように支援することも重要でした。アリソン校長は、翌週にでも、デレクに自分の学級で授業を計画して教えてみたらと提案したら喜んでやるって言うんじゃないかしらと示唆しました。このことは、きっとデレクが別の視点から先生と子どもたちとの人間関係を洞察する機会を与えてくれるはずだとアリソン校長は考えたのです。このアイデアは見かけほど危険ではありませんでした。というのも、アリソン校長は、学級担任のジョー先生がこのアイデアとデレクをサポートしてくれることを知っていたのです。そして、彼女はデレクがきっと学級を上手にリードできるだろうと確信していました。アリソン校長はまたデレクのことをよく知っており、彼が先生の役割を実行する能力をもっていると判断していたのです。彼女はジョー先生にこの話を持ち込み、どんな準備ができるか予想しました。果たしてデレクはこのアイデアを熱烈歓迎して、詩の授業をやってみたいと提案したのです。

　デレクが起こした学級の事件と彼が計画する授業との間で1週間が過ぎて

しまいましたが、誰もデレクの授業が実行に移されるような時間はもてないのではないかとか、彼が自分のアイデアを前進させる勇気をもっていないのではないかなどとは思いませんでした。デレクはジョー先生のサポートを得て学級の授業計画の構成を生かしながら、必要なすべての資料を準備して、詩の授業を計画しました。アリソン校長は授業に参加し、デレクに指示されて一つの詩を書きました。デレクは今や、すばらしい先生でした。アリソン校長は課題が早く終わったので、何かもっと他にすることがほしいと、デレクに伝えました。すると、彼は他の詩を書いてみてはどうかとアリソン校長に提案し、アリソン校長はそうすることにしました。

　授業後、範を示すとはどういう感じなのかについて、デレクに結果を報告させる必要を誰も感じませんでした。皆、デレクがこの経験に学び、実際に学んだことをこの後のふるまいで見せてくれると信じたのです。

　その後も、デレクは学級で強烈な存在であり続けました。多くの場合、彼は一緒に活動するのが困難でした。彼の怒りやすさによって、デレクと先生や級友たちとの人間関係は、たやすく敵対関係になってしまいがちであるという状態は依然として続いていました。しかしその代わりに、学習者としての敬意をもって彼に耳を傾け、見つめてやることで、また、彼の怒りを学びのための機会として扱うことで、教職員は彼の学びへの純粋な情熱を開花させることができたのです。6年生の終わりに子どもたちに行ったインタビューにおいて、デレクの取り組みは、自分が与えられていた自由の重要性によく気がついていることを示唆していました。

> デレク：僕、思うんだけど……、子どもは学校で自由であることを必要としていると思います。みんな自分ですることを選ぶ必要があるんです。もし、みんながそうすることを認められなかったら、よく分からないけど……
>
> アリソン：みんなは、反抗する？
>
> デレク：はい。もし思い通りにならなくても、きっとみんな自分のやりたいことをなんとかやろうとするだろうから。

■共感することの大切さ

　ロックザム校の先生方にとって、「受容」は信頼だけを意味するものではありませんでした。それはまた、子どもたちの感じ方やものの見方への共感を含意していたのです。さらに、教師の側の不断の努力も含意していました。教師は、自身の基準枠の外に出て、子どもたちの視点から子どもたちの世界や学級での経験、思考や学びを理解しようとしなければなりませんでした。我々は、ソフィー先生の共感を伝える能力が、どれほど学級での活動にとって大切なのかをすでに見てきました。ソフィー先生の子どもの感じ方に対する真の理解、子どもたちと同じ立場に身を置き、物事を子どもの視点から考える能力によって、子どもたちは、先生が教室で一緒に過ごす、より良い方法を見出すために自分たちと共に取り組んでいるのだと感じることができました。ジョー先生にとってもまた、学級との人間関係の核にあるものは共感でした。彼女は子どもたちの活動を自分への贈り物として扱うことの大切さ、それと同じように贈り主としての子どもたちがどんな気持ちに気づき、配慮して教師が応答することの大切さ、そしてまた、お返しに自分自身の何かを贈ってやることの大切さ、それらについて子どもたちからどのように学んだかを我々に話してくれました。

　子どもたちの気持ちと視点に対する教師の共感は、子どもたちを不必要な制限から解放し、自分で学びの環境を創る場を産み出しました。勅任視学官（HMI）が公的な訪問としてこの学校で丸一日を過ごしたとき、彼女の別れの言葉は、１年生の学級でせっせと文章を書いている子どもたちのグループの中で、ある男の子が頭からつま先まで虎のいでたちをしているのを見たときのことが忘れられないというものでした。この観察がどうして経験豊富な教育の専門家を感動させたのか省察するのは興味深いところです。おそらく、視学官はこういうことを理解したのです。すなわち、ロックザム校では、作文している間中、虎の着ぐるみを着ていることは別に何でもないことなのだということを。彼女は、子どもたちが列をなして自分が虎の着ぐるみを着る番を求めてさわいでいないこと、すぐさましなければいけない学習に

子どもたちをきちんと集中させようと、教室内を行ったり来たりしている大人が一人もいないことを自分の目で確かめました。ダニエルがただ単に虎の着ぐるみを着て座っていた、それだけのことだったのです。視学官はおそらく、多くの学校では一般的な大人の見解として、虎の着ぐるみと書くことは両立しないということを分かっていたはずです。ロックザム校では、みんなこう理解していました。子どもの世界には虎の着ぐるみを着ることと書くことの間に断絶はないのだと。それどころか、虎の着ぐるみの中は、まさに書くためには格好の場所だったのです。この場所はイマジネーションを自由に巡らせることができ、子どもはゆったりとしていて暖かくて安全であると感じ、すぐに物語を書くという難題に集中して取り組むことができたのです。

　3年担任のダレル先生にとって、共感に基づく人間関係は、彼女が引き合いに出す「児童中心主義」アプローチというものから必然的に生じるものでした。ダレル先生における共感の大切さの感覚は、彼女自身が生徒だったときの学校での経験に強く根ざしていました。ダレル先生は、Oレベルの模擬試験[1]で高得点を取るまでは、自分に注意が向けられず大切にされない経験をしてきたので、そういう子どもがどういう思いをするか知っていました。彼女の先生は「まるまる2年間、私に声を掛けてくれませんでした」。その先生が突然「そうね、このことはダレルに聞いてみましょう」と言い出すようになったのです。ダレル先生は、たった一度優秀な成績を収めただけで、一目置かれるようになったのです。ダレル先生はまた、教育実習で出会ったある子どものことが絶対に忘れられませんでした。その子は何度も何度も学級担任の先生と衝突しました。彼はこう打ち明けてくれました。「先生は僕のことをいてもいなくてもどうでもいいと思っているんだ。僕のことをゴミのように扱うんだ」。そして、彼にとってこのことは人間関係の完全な断絶を意味しました。「もし先生が僕をいてもいなくてもどうでもいいと思うんなら、先生こそ僕にはいてもいなくてもいい人だよ」。ダレル先生はこのメッセージと予想される結果に深く悩みました。「今、誰かをいてもいなくてもどうでもいい人間であるかのようにあなたが扱うと、その人はどうなると思

---

1)　かつての16歳時試験。

いますか？　彼らは反撃するか、貝の中に潜り込んで本当にいてもいなくてもどうでもいい人間になってしまいます」。

　このような経験によって、ダレル先生は子どもの感受性のもろさに気づき、教師が潜在的に振りかざすことのできる恐ろしい力、そして良かれ悪しかれこのことが子どもの学び手としての感覚、学校という世界に身を置いている感覚にもたらす影響といったものについて深く気づかされていました。その結果として、彼女は子どもたちの価値についてほとんど親のように信じることを公言しました。同様に、この信頼を自分の学級の全員の子どもに伝えるための責任を果たすことも公言しました。ダレル先生はこう言っています。「ジョー先生と私は、自分たちの時間をすべて使って、子どもたちを高めようとし、子どもたちに自分はすばらしくて愛されおり、頭がよくてやれば何でもできるのだと思わせることに努めたのです」。一方では、子どもたちを教師の承認に依存することから解放させようとしているのに、他方では教師が子どもたちに肯定的なメッセージを継続して投げかけようとしているという対立関係は、ダレル先生が、子どもたちを褒めるよりも個人認識を行うことで価値を伝えようとしているのだと理解すれば、対立したものではなくなるでしょう。大切なことは、すべての子どもたちが良い子にしているとか何かを成し遂げたとかいうことではなく、自分自身の存在そのものを分かってもらっており、理解されていると感じることなのです。

　個人認識の感覚は、ダレル先生が子どもに耳を傾け、子どもに向き合い、子どもの言うことを真面目に取り上げるといった心配りを通して伝わりました。それはまた、共感や、彼女だけのものの見方の外に出てみようという意志や、学校という世界を子どもの視点から見てみようという思いを通して伝わったのでした。ショーン（Schon 1988）は、「子どもたちには理があると考える」ことの大切さについて語っています。子どもたちの言動には意味があり、たとえ最初はそれが教師に分からなくとも、意味があるのだという前提から出発することが大切だとショーンは言います。教師自身の理解力は、自分の基準枠の外に出て、子どものものの見方からその意味に入り込んでいこうとすることで成長します。ダレル先生の共感的な人間関係への献身ぶり

は、子どもたちの学びを制限してしまうに違いない無理強いをしてしまう事態から先生を解放する手助けとなりました。例えば、ダレル先生の学級にいた2人の子は、難しさのレベルに応じて色分けされた特定の本を読むよう指定される代わりに、自分たちで読む本を選んでいいかと聞いてきました。ダレル先生は最初、これを許可することに気が進みませんでした。ところが後々振り返って、彼女は片方の子の要求が、読書を「くだらない」と感じることに端を発しているのかもしれないと気づきます。つまりその子のものの見方からすれば、先生が特定のレベルの中から読む本を選び続けるように強く求めるというのは、成績をつけているように見える、——だからそれが作っている感情的な壁がある——という気持ちが起きているのだということです。そこでダレル先生は、彼に自分で読みたいものを自分で選ぶようにといざない、その間、注意深く、この子がどうやって本を選び、どう読み進めていくのかを観察しました。ダレル先生は、彼がすぐさま読み始め、どんどんなめらかに自信に満ちて読めるようになっていくのを見て満足しました。もう一方の子は「フリー読者」（学級の略語で本を自由に選び、すべての色分けされたものを読める人を指す）になるようにという両親からの強い働きかけに深く影響されているように見えました。ダレル先生は、このこころざしは止めるよりも、利用するのにちょうど良いと感じました。子どもの中に入り込んで、何が自分の視点から見て重要かを評価するダレル先生の能力は報われました。ひとたび先生がその子に自分で本を選ぶ自由を与えたところ、「うなぎ上りに」成長していくのを見たのです。

　しかしながら、教職員は、それぞれの子どもを個々に知り認知していくプロセスが、不断の活動を求めることをよく分かっていました。決してそのプロセスを当然のものとみなしたり、成り行きに任せたりすることはできません。学習者の自由が広がり、自分で学びの経験を管理できるようになればなるほど、学びはより予測不可能になっていきました。それから、子どもの視点から子どもたちの活動の意味を理解しようと努め続けることが、いっそう重要なものになっていきました。共感は、子どもたちに耳を傾けることを含みますが、それはサイモン先生が言うように、つねに自分自身を見つめ学び

続ける姿を子どもたちの前に示す必要のある教師にとって、重要な手段でした。ジョー先生の第5学年の子どもたちは、自分たちの考え方やふるまい方を先生が見抜くために、役に立とうという責任感を真剣にもち始めているのが明らかでした。ジョー先生の論文で、真のパートナーシップの契機をルイスがこう打ち明けたと記されています。「僕はたくさん考えています。ぽーっとしているように見えるだろうけれど、でもそうじゃありません。僕は考えているんですが、それは長い時間がかかるんです！」(Smith 2007, p.47)。

　近年の授業観察研究から生まれた洞察によれば、第3章で述べたような教師が一緒に取り組む子どもたちを理解することは、必然的に不完全なものになってしまうことが強調されています。ビビー(Bibby 2011)は、初等学校の最後の2年間の授業クラスで、教師と子どものやり取りを観察して心理学的な目で意味づけしています。彼女は、教師と子どものコミュニケーションは、完全には透明にならないと述べています。「しかし、もし私たちが協働するならば、互いに少しはよく理解するようになるかも知れません……。相手を理解すること、相手のことを心で受け止めることは、私たちが自分自身を越えていくということを必要としているのです」(Bibby 2011, p.132)。

　同じ研究の中で、ビビーはまた、学習者にとって「支える環境」を創造することの重要性についても議論しています。それは、緊張や不安は克服されてゆくのだと理解しながら、学習者を困難なことややっかいなことに直面したままにさせてやることであって、やっかいの程度を抑えた活動で救いの手をさしのべたり、学びの機会を減少させるような早まった支援を与えたりすることではありません。ロックザム校の先生方は、子どもたちが心底没頭するのを妨げられてしまう際の気持ちとリアクションについて、これをどうやったら予想できるかについて語り合い、活動を築き上げていく時にこうした気持ちやリアクションを認めまた対処する方法を解明したのです。例えば、サイモン先生とマーティン先生が一緒になって書くことの一連の授業を行ったことを第3章で述べました（p.73 参照）。2人は何人かの子どもたちはきっと一緒に学ぶことに不安を覚えるだろうと予想しましたが、その通りでした。アリソン校長はその授業が始まる直前に4年生の子どもたちと一緒

に座っていて、このことに気づきました。4年生の子どもたちは、年上の子どもたちと一緒に活動することに深い不安を抱いていると訴えました。特にそれは、自分が書く力がちゃんとついていないと感じていることがばれてしまうという不安でした。

　2つの学級が一緒になったとき、マーティン先生とサイモン先生は、2人で今やっているゴルフの練習についての面白い話をしながら、先生たち自身が学んだことを説明するところから始めました。子どもたちへのメッセージはこのようなものでした。「習うのは難しい、けれども君たちは経験者だ」。2人は、この導入をよくよく考えて計画しました。というのも、2つの異なる年齢のグループで、子どもたちが心を開いて共に活動する課題に取り組んでほしかったからです。全員がまだ学ぶ立場にいるので、上級生と下級生の子どもたちには、共に生産的に学ぶ余地がありました。上級生の子どもたちは一番よく知っている必要はありませんでした。また、下級生の子たちは自分たちの考えが聞いてもらえること、活かしてもらえることを理解する必要がありました。このような方法で、一緒に書くということがどれだけ個々別々では到達できない作品を作り上げることができるかを、全員が理解するための手助けをしていったのです。サイモン先生とマーティン先生は、2人のゴルフの話を通して、子どもたちが異なる活動方法を試してみる準備をしたり、異なる学年のグループでパートナーを組む準備をしたりしました。その間、子どもたちを励まして、「良い市民になることを学ぶ」ために危険を承知でやってみる価値があることを理解させました。全員が、互いにサポートしたり手助けしたりすることができました。失敗してそれを乗り越えることは、すべて学びの内でした。「我々は書くことを教えているだけではありません」サイモン先生はこう説明してくれました。「我々は子どもたちに、一人前の人間になることを教えているのです」。

　この学校全体にわたって、家庭の心配事や友人間の対立といった感情的な問題があると、子どもたちに学びが起こりにくいという一般認識がありました。いくつかの学級では自作の郵便箱が用意され、それを通して子どもたちは個人的な思いを述べることができました。第3章で5年生の子たちによっ

て続けられた学びの日誌についての考察で、我々は、この日誌が学びに関する問題だけでなく、友人関係や他の心配事を打ち明けるのに使われていることを述べました。以下に示すコメントは、ある女の子が友人関係を維持することの難しさに気づいたときに、日誌の中に書き込んでいたものです。

> 私は、学校で起こったことがみんなに知られていることでない限り、それをママに話すのがいやです。なぜかというと、私がママに話すということは、別の所で私が困ることを意味するからです。みんなつまらない口げんかをたくさんして、それでみんな友人関係をバラバラにしています。ずっと続いています。私は口げんかしないで一日過ごすのは無理だと感じています。

何人かの先生は次のような信念を示しました。子どもたちがいろいろな困難から先に進むことを手助けするような方法として、子どもたちの気持ちや感情は表に出して認められるべきだと。子どもたちはこの見解に同調しました。ある6年生の子どもは（もうすぐ卒業する子どもですが）振り返ってこんな謝辞を書いています。「（私の担任の先生は）いつうろたえているかを分かってくれています。先生は、どうやったらよい気持ちになれて勉強することができるかを分かってくれています。……先生は物事をものすごく素早く気づいてくれます。だから、もしある日来て、いつもと違うように感じると、先生はほんとうにすぐにそれを見つけてくれます」。

学校環境は感情的な問題に対する支援の提供を必要とするという自覚は、サークル・グループ・ミーティングの場で、そのような支援をどうやったら提供できるかという話し合いにつながりました。その結果、保健室を静かな部屋に変えて、もし「気持ちを静める場所」がほしくなったり、ただ悲しくなったりしたら、そこに行けるようにすることが認められました。その部屋は、やわらかな椅子、熊のぬいぐるみ、本とクッションが備え付けられました。ある地域の方が大きな虹色の切り抜きを天井からつるしてくれました。サークル・グループ・ミーティングで子どもたちは投票をして、その部屋を

「虹の部屋（レインボー・ルーム）」と改名しました。建前の上では、子どもたちは自分自身でしばらくの間、監視されていない「虹の部屋」に行くことができました。実際には、「虹の部屋」は事務室の向かいに配置されていたので、「タイムアウト」を選んだどの子も事務室のチームがそれに気づいてくれており、大人がサポートを提供すべき場合に備えて目立たぬように見守られていました。その部屋の使い方は個々の子どもによるストレスの経験によって異なりましたが、この部屋が提供されたことは、みんなから高く評価され続けています。

虹の部屋

　教員チームの一部において、共感は、学校で子どもたちが経験するすべての局面にわたって創造的思考と問題解決のための手段でした。社会的な人間関係や子どもの所属感について生じる困難は、学力の向上あるいは学級のふるまいをめぐる問題とまさに同じように真剣に取り上げられました。それ以来、スタッフはこれらの領域での困難は、結果的には子どもたちの「精神的安定」（well being）と学びにとって実に力強い効果を発揮してくれるということを了解しました。例えば、リジーはおとなしく、恥ずかしがり屋の6年生でした。5年生の後期の間に、リジーは仲間と付き合うことが苦手だと自分で気づいていることがはっきりしてきました。なぜなら、彼女は仲間と

同じように興味を示すことがほとんどなかったからです。その結果、彼女は不登校気味になってしまっていました。これに対応して、ラーニング・レヴュー・ミーティングの際、大人たちは、新たな関心と目的意識を刺激してみてはどうかと提案しました。これを受けた校長と副校長は彼女を呼び、BBCでやっているいくつかの貧しい子ども募金企画のための全校責任者を任せたのです。２人は彼女に対して、サークル・グループ・ミーティングでこの企画を計画する必要があること、そして企画を組み立てること、できれば小さなワーキンググループの手を借りるべきであることを説明しました。リジーはこのアイデアが気に入ったようでした。母親も励ましてくれました。

　彼女の問題に対するこの想像力に富んだ対応の結果、リジーはカレンと新しい友人関係を結びました。カレンはこの学級にいるもう一人のおとなしい子でした。２人は放課後になると互いの家に行って考えを話し合い、サークル・グループ・ミーティングで自分たちの計画を提案しました。２人は一緒にポスターを作り、サークル・グループ・ミーティングで産み出されたアイデアを全校集会で発表し、立派な持ち寄りバザーを準備したのです。募金企画は学校のいたるところですばらしいやる気を産み出し、リジーとカレンは地元紙からのインタビューを受けました。その試みの成功は、これに関係した大人がどれだけリジーの立場になることができていたかを示しています。また、彼女の長所や興味に巧みにつながるようなよくできた企画にこうしてリジーを巻き込む方法が、どれだけ上手く産み出せたかをも示しています。

　共感はまた、９歳の時に転入してきたデヴィッドが示した問題に対するスタッフの対応を導きました。当初、デヴィッドは運動場で仲良くやっているように見えましたが、短気を抑えるのが難しいようでした。特に、フットボールのような競技になるとだめでした。デヴィッドが怒り出すサインを見せると、好奇心の強い子どもたちの観客がすぐに集まり、その子どもたちの関心はたちまち状況をエスカレートさせてしまうのでした。６年生の子たちは（彼らは下級生のためにゲームを采配しているのですが）デヴィッドが非常に扱いづらいことに気づきました。というのも、ある時、彼は度を失って

運動場にいたスタッフの一人を、クリケットのバットで強く殴りつけてしまったのです。この事件でデヴィッドは半日間の別室謹慎となり、彼の行為は支持も信頼もできない反応の仕方であったということが全員に知れたのでした。

　デヴィッドの担任のジョー先生が彼と話をしたとき、溢れてくる怒りの感情を自分でも好んでいないことが明らかになりました。しかし彼は、ひとたびこの感情の引き金が引かれてしまうと、ほとんど制御不能になってしまうのでした。デヴィッドと話しながら彼の不安を理解しようとする営みの中で、この子がモルモットの飼育に長けていることが発見されました。当時、学校では厳しい健康安全規則が敷かれており、当然のことながら、構内で動物を飼うというのは異例のことでした。しかし、2匹のモルモットが入った箱をデヴィッドの学級の隣に設置してみようということが決定されました。そのおかげで、デヴィッドは昼休みにモルモットを世話することができるようになり、他の子どもたちがどうやって面倒をみたらよいか学ぼうとするのを助けてあげることができるようになったのです。アントとデックと名付けられた新しい2匹のモルモットが学校にやってくると、学校中が沸き立ちました。2匹はスクールカフェ（食堂）から見渡すことのできる中庭に棲み、全学年の子どもたちはランチを食べながら、窓越しに大喜びで観察しました。デヴィッドのかんしゃくに対する子どもたちの関心は、デヴィッドと一緒になって学校のペットを飼うことに時間を費やすという特権を選ぶことによって、なくなっていったのです。

　デヴィッドを助けるためにとられたこのアプローチは、サーモン（Salmon 1995, p.80）によって提唱された「我々の学校システムの中により寛容な部屋を設けること」を例証しているように思われます。サーモンによればこの部屋は**すべての**若者を受け容れることを目的にしていますが、そこには若者たちを「違う存在」として理解することが含まれています。学校は、子どものやっかいなふるまいに反応した「不満の言葉」は棚に上げておく必要があるとサーモンは示唆しています。その代わりに、「個々の主観性としての子ども自身のものの見方」に焦点を当てる必要があるとしています。この子は

第4章　学びの人間関係を再考する　119

モルモット（2012 年撮影）

他の友だちを傷つけ、スタッフの一人を殴りさえもしましたが、悪魔ではありません。選ばれた解決策は、デヴィッドの人間としての長所に特別にあわせたものでした。それは、デヴィッドが自分のことを有能で面倒見のいい人間であるという自己感覚を作り上げ、またみんなからそのように受け容れられ理解されているという自己感覚をも作り上げることのできる肯定的な空間を実現しました。デヴィッドは、怒りや暴力を見せていたにもかかわらず、弱い生き物たちの世話を任されたのです。下級生の子どもたちが動物の所に行ってもいいかと尋ねにやって来ることで、デヴィッドは面倒見のよい知識豊富な指導員としてふるまえるようになったのです。デヴィッドを学校に前向きに貢献させる方法を見つける中で教職員が明確に示したことは、デヴィッドと（暗に）みんなにはもう一度チャンスが与えられる価値があり、正しい機会が与えられれば、皆共同体の貴重なメンバーになることができるのだということでした。

　デヴィッドのためになったのと同様に、この解決策は共同体全体にわたって広がる、さざ波のような効果を産み出しました。それは、ロックザム校での人間関係や人々のやり方、そしてお互いの扱い方について、いくつかの大切なメッセージを子どもたちに手本として示したのです。それは、共同体に

広く共感を築く手助けとなりました。デヴィッドは、学校のチームにたくさんのやっかいごとをもたらし続けていましたが、みんな、自分がデヴィッドに対してもっと共感できることに気づきました。そして、彼がだんだんと短気を抑えられるように願い、それを信じていられるようになっていたことにも気づいたのでした。

■確固とした目的を維持する

　この章でこれまで描いてきた方法によって人間関係を成長させていこうとする活動は、常に複雑で過剰な要求にさらされていました。しかし、物事が比較的スムーズに進行していく間、それはまた、子どもたちが教員チームの努力にいかに応えてくれるのかを見ることで、深く報われたのです。様々な人間関係は学びへの自由を可能にすることを必要とし、またそれを育て続けることを必要とするのだという信念をしっかり守ることは難しくありませんでした。危機が起きるとき、それは価値や理念が限界まで試されるときだったのです。我々は、ソフィーがどれほどくじけそうになっていたのかを見ました。そして、彼女がゆるぎない覚悟でいたことが、来たるべき結果を迎えるのにどれほど大切だったのかを知りました。学校のコミュニティの中では、一般に、非常にやっかいな問題を引き起こすふるまいがしばしばあります。その際、みんなの安全を守るために必要となる即座の対応は、教員チームがかくありたいと強く願う様々な人間関係にかなった先手を打つことになり得ました。

　スタッフにとって特別な難題は、マイルズの受け入れを決定したときに起こりました。彼は2学期早く保育学級に入ってきましたが、スタッフはかつての彼の状況を知っていました。そして、初めて彼が保育学級に来たときの反応がどうだったのかを覚えていました。新たに決定した養護施設（foster placement）での生活が始まったばかりのマイルズは、1年目は会話を制限され、ほとんど遊ぶ機会がないという高度に規制された環境で過ごしました。そんな彼が初めてロックザムの保育学級に来たときのことは忘れがたい

ものでした。彼は戸外のエリアに連れて行かれると、保母の手を無理矢理引き離し、子どもたちが遊んでいるほうへ走って行きました。彼は車の遊具で遊ぶことに過剰に興奮し、車に乗り込みたい気持ちを抑えきれなくなってしまったのです。運転していた子どもは、マイルズが車の窓越しにもたれかかり、しきりにぶつぶつ言いながら自分の頭を軽くぶつけ、ハンドルを熱望するようなまなざしで凝視しているのを見て、その車で遊ぶのをあきらめました。しかし、マイルズはその車の所有権を手に入れるやいなや、遊戯室に目が移りました。そして車から離れると遊戯室のほうに近づき、ドアが開かれるのを待ちきれずに、窓越しに頭の先から飛び込んだのです。子どもの仲間たちと遊び道具の豊富さの中で彼が取り乱して喜ぶ姿は、この子がロックザム校という環境に入ってくればすぐに、どれほど多くの恩恵を受けることになるかということを示していました。

　マイルズは身体的な危険がほとんど理解できませんでした。そこで、一対一で対応をする担当者（key worker）が直ちに割り当てられました。マイルズと一緒に活動するのはやっかいでした。身体的に、マイルズは協調動作が上手くできず、しばしばよろけたり転んだりしていました。社会的に、彼は他の子どもたちと活動に参加することの難しさをしばしば自覚することになりました。時々、彼は苦痛やストレスを身体で訴えました。例えばたたいたりひっかいたりして。当初、0～5歳基礎ステージ[2]のチームは、マイルズとの関わりは受忍限度に達しているのではないかと危ぶむ時がありました。つまるところ、ここは本当にマイルズにとってふさわしい場所だったのか？ということです。しかし先生方は力を合わせ、マイルズの担当であるサムを密接にサポートすることにしたのです。アリソン校長は、基礎ステージのチームに「支える環境」を提供することで手助けをしました。このチームと一貫して問題を語り合い、役に立ちそうな実践的サポートをしてくれました。例えば、仕事をちょっと休んでマイルズの保護者と語り合うミーティングをする時間の確保などです。先生方は、このように一緒になって取り組んだおかげで、マイルズの進歩が話にならないほど遅く感じられるようなとき

---

2) 以後基礎ステージ。

であっても、ずっと心強いチームであり続けることができたのです。

　だんだんと先生方がマイルズのことを分かってくるにつれ、ロックザム校の環境の中にマイルズが帰属し、学ぶことは可能であるという確信が育っていきました。マイルズは、わずかな単語でコミュニケーションを始めました。そして、その場の約束事を理解しているのだということを見せ始めました。彼は、大人からのコメントをオウム返しする学級の「警察官」役を引き受けてくれました。ある観察の期間、保育学級の先生が「ねばねば[3]」にもうこれ以上水を入れないよう子どもたちのグループに言いました。このことはすぐにマイルズによってオウム返しされ、彼は教室の向こうからこう叫んだのです。「もう水は入れちゃダメ！」。かくしてマイルズは、担当から受けたサポートにより、毎日のように保育学級のほとんどの活動に参加することができたのです。

　子どもたちは、マイルズのことを共同体の完全なメンバーの一人として、苦もなく「寛容に受け容れる」ようになりました。インタビューの中で、サムはマイルズがどのように他の子どもたちから扱われたのかを非常に肯定的に話してくれました。「子どもたちは、自分の言葉をマイルズが分かるように分かりやすくしました」と彼女は観察しています。「子どもたちはマイルズを大いに受容するようになっています」。彼女は忙しく保育学級の準備をしながら説明を続けました。「マイルズは、他の子どもたちを見ることで、最もよく学んでいます。……他の子どもたちが学んでいるのと同じことを学んでいるのです。ただ、あの子はそうするのにより多くのサポートが必要なだけなのです」。

　教員チームがより良い人間関係を育もうと強く願っている中で、やっかいな出来事は保護者との関わりにおいても時々起こりました。家庭との密なパートナーシップがこの学校のねらいであるにもかかわらず、このねらいをもち続けるために先生方が勇気としなやかさを必要とすることが何度もありました。ある時は、車のトラブルで逆上した他の親からひどいことをされたと学校に申し出た親が、これを裏付けようとして校長の証言を要求し、警

---

[3]　粘土状の遊具。

察沙汰になってしまいました。またあるときは、ある保護者がアリソン校長に直ちに会合を開くように強要してきました。もしそれが手配されないなら暴力に訴えることになるなどと脅しながらです。アリソン校長は、攻撃的な態度や脅しは、対応が非常に難しいことを認めていました。対立はしばしば根が深いものです。時にはそれは、保護者自身の学校時代の経験の結果であり、あるいは子どもが不公平に扱われているとか注目されていないとか、誤解されているといった思い込みの結果なのです。そういう時に交戦するのを避けるというのは安易な選択でした。共通理解を作り上げよう、耳を傾けようと努力することがずっと大切なことでした。校長室のコーヒーテーブルには、大きな歯をむき出しにして口を閉じた木製のワニのおもちゃがあります。アリソン校長はそれを校長職になってほんの数週間たった後で学校に持って来ました。言って聞かせるよりも耳を傾ける方が、しばしばずっと強力だということを忘れないためです。学校を前向きにさせようとしているときに、不平不満や批判に耳を傾けて時間を費やすのは難しいことです。しかし、「聴く学校」はまさにそれをしなければなりません。アリソン校長は、子どもの考えを聴き、それに基づいて行動することが、学校とそのコミュニティとの信頼関係を構築する唯一の途だと信じていたのです。

　ものすごくやっかいな状況の中でゆるぎない目的を維持するというのは、

ワニのおもちゃ

集団的な努力を必要としました。マイルズをめぐる基礎ステージのチームの仕事の報告で見たように、一つにはみんなが集まり、一緒になってお互いを支え合ったおかげで、チームのみんなは理念を支える強さと学びの共同体の中でマイルズを「寛容に受け容れること」を必要とするステップとを見つけたのでした。先生方の原理に合致した解決策を探すということはまた、創造性をも必要としました。というのも、新たな状況はどれも、それ特有のユニークな解決策を必要としたからです。しかしながら、時間が経ち、経験が育つにつれて、解決策を探す営みはアリソン校長の言うところの教職員の「集合記憶」によってサポートされるようになりました。未だかつて一度として同じ状況であったことなどないにもかかわらず、教職員は、何かことが起きると前にあったのと似たような状況ではどのように取り組んで上手くいったのかという経験値から、そのときに得た自信とひらめきの両方を回想し描き出すことができたのです。先生方が前に経験した創造的な解決策から学んだことは、その先に、原理を伴った建設的な道を見つけるための「跳躍板」になったのです。

■**つながりを結ぶ**

　この章で、我々は、ロックザムの教職員が、どのような種類の人間関係を築き上げているのかを探究してきました。その人間関係は、学びへの自由を拡張しようという主要なねらいを育てるために必要なことだと先生方は感じていました。我々は、この作業において、4つの共通要素を定位し議論してきました。すなわち理解の共有、受容、共感、そして確固たる目的です。その際、我々はロジャーズの考えを引用して、実際に起きている成長の重要性を理解し評価するための一助としてきました。ロジャーズは、自律的な学びが可能になるためには、教師と子どもたちとの人間関係が威嚇的でないこと、受容的であることを必要とするのだと論じています。そのような人間関係は、次の4つの主要な特徴をもっています。

・教師は子どもを尊重する。それぞれの子どもの個別性に注意と敬意を示すことによって。
・教師は子どもを信頼する。子どもは学び育とうとすることへの願いと潜在能力があることを信じることによって。
・教師は子どもに共感する。子どもの目から世界と学びのプロセスを眺めようとする営みを通して。
・教師は教師その人である。役割演技ではなく純粋かつ誠実であろうとし、うわべや見せかけではなく真の人間であろうと努め続けて。

（出典：Hargreaves 1972, pp.216-17）

校長も含め、教職員の誰も、人間関係について自分たちが考えるための情報源としてロジャーズの研究を引き合いにしてはいません。また、先生方は「受容」と言う言葉をはっきりとは口にしていません。しかし、先生方の価値づけ、理解、学びの道筋は、あたかも個別にも集合的にも、ロジャーズ自身のそれと酷似しているように見えます。我々の分析では、純粋性の特質について特別に触れてはきませんでした。しかし、振り返ってみると、我々の選択した数多くの事例は、教師が自らを真の人間であると示すことを慎重に選んでいるのだという点をも明らかにしています。その人間とは、失敗をし、何でも知っているわけではなく、人間味にあふれていて、自分の人生と家族があり、学校外への関心をもった、絶え間なき学び手なのです。

　人間関係における様々な種類の活動の間をつなぐための手助けとなったのと同様、ロジャーズの洞察はまた、校長が育て求めていた**限界なき学び**の精神とこれらの人間関係の成長とがいかにつながるものかを理解する手助けとなりました。ロジャーズの思想とそれを支持する研究は、人間関係の変化を通して学級活動での学習者たちの関わりの質にもたらされる、劇的な変化に注目しています。ロジャーズの1983年版「学びへの自由」（General Teaching Council website 2008）で取り組んだ調査によれば、教師が感情的に支え合い励まし合うような環境、ロジャーズのいわゆる風土を提供することによって、生徒はよりよく学び、授業を楽しみ、そして学校に定期的に通うように

なります。彼らはまた、より創造的になり、より多くの問いを発し、より学びに関わり、より問題解決の能力を身に付けます。そして、より自発的で主体的で自律的であることを示してくれるのです。これまで示してきたように、ロックザム校の先生方が育てようと模索してきた種類の態度や資質、そのものだったのです。

したがって、我々は、ロックザム校での人間関係がどのように作用しているのかということが、**限界なき学び**の中心概念である「変容可能性」に通じるものであることを理解することができます。その作用に埋め込まれているものは、人々（大人も子どもも）は、現在の選択と行動を通して、未来の学びや態度のパターンに劇的な変化さえもたらすことができるという確信です。いまここで起きる何事も、良かれ悪しかれ、将来的に物事がどのように発展していくかにインパクトを与えます。ロックザム校の先生方の理解、すなわち能力でレッテル分けするような制約のないところでより良い学びの環境を作るために、人間関係の分野において何ができるかということへの理解は、これから述べる4種類の領域に反映されています。

第一。我々は、学級での会話がしばしば学ぶことについての考えや良い学習者が行うことは何かということに関わる内容であったのはなぜか、はっきりと評価することができます。もしも固定的な能力観が学級の思考や実践に染みついていたとしたら、どうすれば良い学習者でいられるかとか、より良い学習者になるにはどうすればよいかといった話題は、会話に出てこないでしょう。固定的な能力観だと、当然ながら一部の学習者たちだけが「良い」ということになり、また、特定の子どもたちが良い学習者かどうかというのはその子がどれだけのことができるかという問題ではなくなるからです。したがって、このような考え方では先生方は、自分の学級に関わる際に、良い学習者になるにはどうすればよいかについてたとえ短時間でも話し合うことはできそうもありません。先生方が進歩的に能力主義的な考えを破棄したとき、いかにすれば良い学習者になるかという話題は、必然的に**すべての人**にとって緊急の最優先課題となりました。先生方は、子どもたちが学習者としての力を高めることを目指して、学びの潜在能力における自信と信念、ま

た、一人でも協働でもできることにおける自信と信念を育むため、子どもたちと語り合い、彼らを援助することに時間を費やす必要性を自覚していました。

　第二。我々は理解と経験の共有がいかに能力主義的な考えや実践を進歩的に破棄するという方向性にいざない、**さらに**、信頼に根ざした非威嚇的で受容的な人間関係の構築へといざなうか、理解することができます。能力によるレッテルは、本質的に、教師と子どもたちから子どもがもつほとんどの学びの潜在能力に対する信頼を奪ってしまいます。能力によるレッテルは、期待の序列化や継続的な比較と監視の制度を作り上げ、異なる能力をもつと仮定された子どもたちの到達度が、把握された可能性と一致するように進んでいくのを保証しようとします。教師は、優れて信頼し合える人間関係が重要であることを信じており、それらを築くことに努めているはずです。一方で、恐怖は、能力に焦点を当てた考え方や実践がいまだ存続しているような教室でよく見られる特徴です。実際、ドゥェック（Dweck）と彼女の同僚たちは、一連の独創的な研究の中で、誰もがほしがる「高学力」というレッテルを手に入れた人たちでさえ、それを失うことへの恐怖のために、彼らの学びが励まされるどころか抑制されかねないのだということを示してきました（Dweck 2008, p.45）。ロックザム校における成長の基礎をなすものとは、「本質的に有能な人間」（Rogers and Freiberg 1994, p.43）として**すべて**の子どもたちを信頼することであり、その信頼に基づいて学級の人間関係を再建することが潜在的に変容可能であり、能力で判定することによって作り上げられる限界から教師と子どもたちを解放するのだという意識でした。しかし、教員チームもまたその意味をよく理解していたように、潜在能力を認識するには、継続的な取り組みが必要でした。「信頼」は、経験を通して強化されます。毎日の対話の中で教師と子どもたちとの信頼が授受されながら、教師と子どもたちは信頼の思いがよりしっかりと根付いていくのを発見するだけではなく、全員の学びが受容と信頼の人間関係で支えられているという雰囲気の中で、できること、できるように**なる**ことへの理解も広げていくのです。

第三。我々はまた、能力主義的な考えを進んで破棄することと、ロックザム校において教えることと学びの関係の中心に共感を構築することに焦点を当てることとのつながりを認識することができます。能力によるレッテルは、分類することによって（教師が）子どもたちを「知る」という手段を提供します。個別の到達度は、全国的に課された標準と対照して採点され、測定されます。そうして、到達度の階段の上で子どもたちが占めている場所は、その子の推定された能力と同一視されるようになります。こうした区分けは、それぞれの子どもに未来で期待され計画されていることを知らせます。教師が子どもたちについて学級で集めた豊かな情報は、脇に追いやられる傾向があります。教師が、能力主義によるカテゴリー分けの活用をやめ、到達度または能力によるグループ分けをやめて、子どもたちのことを自分自身の力で能動的に考え意味を生成する主体として信頼する気持ちになると、教師は自然ともっと別の方法で子どもたちを理解することを大切にします。この別の方法に含まれるものの中でも、おそらく最も大切なものは、子どもたちの視点から彼らの意味づけ、困難、目的、希望や恐れを理解しようとすることです。この過程においては、これまで見てきたように、必然的に活動し続けること、不断の努力を必要とします。それは、教師の側の相当な努力を必要とします。その努力とは複雑で多様な子どもたちの経験世界を理解しようとすることです。このことは、サーモンが学級での学びに対する個人構成主義的心理学の応用という魅力的な研究の中で認めています。もし教師が「教えることが本質的に必要とする学びの場への招待をより広く拡張しようとするのであれば」、教師は努めて「学びにおける社会性」の限界を「他の世界から見れば彼の世界はいかに解釈されるかということへの広く繊細な関心」へと広げる必要があります（Salmon 1995, p.38）。

　最後に。確固たる目的を維持する活動は、**限界なき学び**の中心概念につながっています。なぜならその活動は、**限界なき学び**の原理が導く成長が、例外なく**すべての人**に適用されることを手助けするからです。能力のカテゴリー分けは、その差を具体化し、子どもたちをあたかも差があるかのように仮定し、その違いに応じて異なった原理が適用されることを正当化している

ように見えます。しかし、ロックザム校では、だんだんとそのような区別は受け容れられなくなりました。誰も無価値な者として片付けられたりしませんでした。最もやっかいな状況にあっても、一人残らず受容され、一人残らずロックザム校の一員であると感じ、そして一人残らずそこで活躍できる……そんな思いやりある居場所を作るための創造的な途をみんなで探したのです。

第5章
学びを第一に：学校全体で学びの文化を創造する

　第2章では、学校改善に向けて新しいアプローチの基礎を築いたアリソン校長が、着任当初に導入したいくつかの仕組みを探求しました。それらの仕組みの中にはアリソン校長のリーダーシップをけん引している**限界なき学び**の原理が中核として埋め込まれていました。そして、彼女のアプローチは適切な条件と支援を差し延べれば、特定の方略や実践への指示がなくても、同僚の先生方は自分自身で考えて行動するようになるという信頼に基づいていることに、我々は注目しました。第3章と第4章では研究期間中に進展した先生方の考え方や実践における成長を詳しく観察し、人間関係においてどのように取り組むことがこれらの成長に重要であるかを見てきました。生じた変化の多くは、明らかに新しい仕組みによって作り出される状況に根ざしていました。しかし、仕組み自体が取り組みを促し、成長を維持するのに十分であると考えるのは間違っているでしょう。教員チームを信頼するということは、校長が単に一歩引いて学びが起こるのを待っているという意味ではありません。それどころか、彼女は、行うべき重要なことが常にあると説明しています。すなわち、それは学校全体に学びの文化を育てるための条件を作るということです。学びの文化はすべての人の学びを支援し、個々にまたは集団的に、教員チームの思考や実践の成長を育みます。この章では、学校全体の学びの文化を創造するリーダーシップの本質に迫ります。すべての人が自由に学びに集中するように、幅広く用いられた方略や安定的な環境がどのように作られたのかを調べていきます。また、これらの方略が、学校生活への積極的な参加者としての子どもたちや親たちと関わりながら、専門職としての学習者による力強い共同体を構築するのに、どのように役立ったかを引

き出します。最後に、この章を結ぶときには、学校全体の成長への取り組みを徐々に促していった精神的基盤がどういうものか明らかになっていることでしょう。

　この章ではリーダーシップの役割を探るにあたり、アリソン校長の日誌やインタビュー、そして教職員が彼女のリーダーシップについて述べたコメントに記録されている校長先生の考えや経験を主に参考にしています。このことはアリソン校長がこの期間中、リーダーシップを発揮した唯一の人であったという意味ではありません。アリソン校長はリーダーシップという仕事はチームワークを通して行われたとまっ先に言うことでしょう。しかし、やはり、学校改善や専門職の学びを形成する際の校長の役割を探究することは重要です。学校全体の文化を築くにあたって、まず主として何が教職員の学びを育むために行われたかに焦点を当てます。そしてこの章の後半では、これらの成長がまた、子どもたち、親たち、学校共同体のすべての人々との関わりにどのように役立ったかを考察します。

■学校全体で学びの文化を構築する際のリーダーシップの役割

　教員チームに関して、アリソン校長が自分自身に課したリーダーシップの任務は、本質的には子どもたちの学びに焦点を当てることを通して、個々にまた集団的に教職員の学びを育むことでした。それは、同僚の先生方が自分自身とお互いの学ぶ力に誇りをもち、それを専門家としてのアイデンティティへと統合するように励ますことでした。アリソン校長が用いたアプローチはさりげないものであり、説教じみたものではありませんでした。それは、同僚を支援するための密接な取り組みから、他者の考えとの接触を通した学びの促進に至るまで、幅広いアプローチでした。教職員の学びの支援に直接的に関わるときは、彼女はすべての答えを知っている専門家としてというよりは、自分の経験を提供する学びのパートナーとして同僚に寄り添う立場をとりました。アリソン校長は、教職員との会話や協働作業の焦点が常にしっかりと子どもの学びに当たっていることを確認していました。子どもの

学びに対する熱烈な関心は、みんなで共有できるものであると思っていたからです。カリキュラム、教授学、評価に関する問いは常に、一人一人の教師や彼らの子どもたちとの取り組みに直結している重要な文脈の中で探究されていました。

　実りある会話をするためには、アリソン校長は教室で起こっていることに寄り添う必要がありました。その目的のために、彼女はそれぞれの教室で過ごすことがよくありました。そこでは監視する役割ではなく（教師の授業のやり方についてフィードバックを与えたり、改善すべき領域を特定したりするのではなく）、子どもたちの学びに焦点を当てていました。そう焦点化することで、教職員の学びに貢献するための基礎となる知識や理解、そして人間関係を作り上げることができました。このような授業観察は、アリソン校長と教員との間における、共有した経験に基づいた継続的な対話の促進と維持に役立ったのです。つまり、授業観察は、学びを育むにあたって、いつ、より積極的な支援やインプットが有用であるかについて微妙な問題を判断する際に役立ちました。さらに、アリソン校長は、先生方との会話に貢献するにあたって、能力という概念や到達レベルという言葉に言及することなく、子どもたちの学びについて語る方法を開発するのを手助けしました。アリソン校長は、授業の振り返りを教員と共に行う際、子どもたちが学習者として現在もっている力と、どのようにそれらの力がさらに強化され、広げられるかという点に注意を向けるよう努めました。子どもたちの学びについてのこのような話し合いが、次第に学校共同体の縦糸と横糸を織りなしていくにつれて、教職員は子どもたちとの関わりの中で生じた疑問や課題について話をするために、自然とアリソン校長のところに自らやってくるようになりました。会話がどのように始まったかにかかわらず、彼女の応答は常に、相手に何をすべきかを語るよりはむしろ、すでに行っていることに意義を見出し、耳を傾けるものでした。このようにしてアリソン校長は、教職員にとって何が重要であるかに焦点を当てながら、彼らと彼らの取り組みを理解していきました。彼女は彼らの考えを共有するために寄り添う方法を見つけました。このような立場から、アリソン校長は、同僚が話してくれた実践をより良く

する可能性について、上手く提案することができました。

しかしながら、学校全体の学びの文化の成長に貢献するような、重要なリーダーシップ活動は、必ずしも直接的な関わりを伴うものではありませんでした。実際、リーダーシップの介入は教職員チームの思考や学習とは切り離されて行われることもありました。学校を指導する取り組みには、専門職の学びを支援し刺激するような**条件の創造**が必要でした。アリソン校長が「私が環境を創り、彼らがまさに学んでいるのです」と言った通りでした。

これらのリーダーシップの方略については、アリソンが校長になった初期の段階で改革の青写真として、公式に、かつ明確に述べていたというわけではありません。第1章で述べた通り、アリソン校長は、自分自身がほとんど直観的に取り組んでいると思っていました。彼女の方略のレパートリーは長年にわたって開発されたもので、図5.1に示したテーマ別の構造は研究プロセスを通して浮かび上がったものです。方略の主な4つのグループについて以下で詳細に説明します。

職員室の様子

協働と支援

相談の開始から積極的な関わりまで、アリソン校長がどのように貢献したかについての良い例が、第3章に書かれている、マーティン先生のロビン

協働と支援	思考の刺激	仕組みと経験の創造	より広い共同体との連携
子どもたちの学びに焦点を当てて	子どもたちの学びに焦点を当てて	教職員の学びを育みながら	アイデアと実践に関して

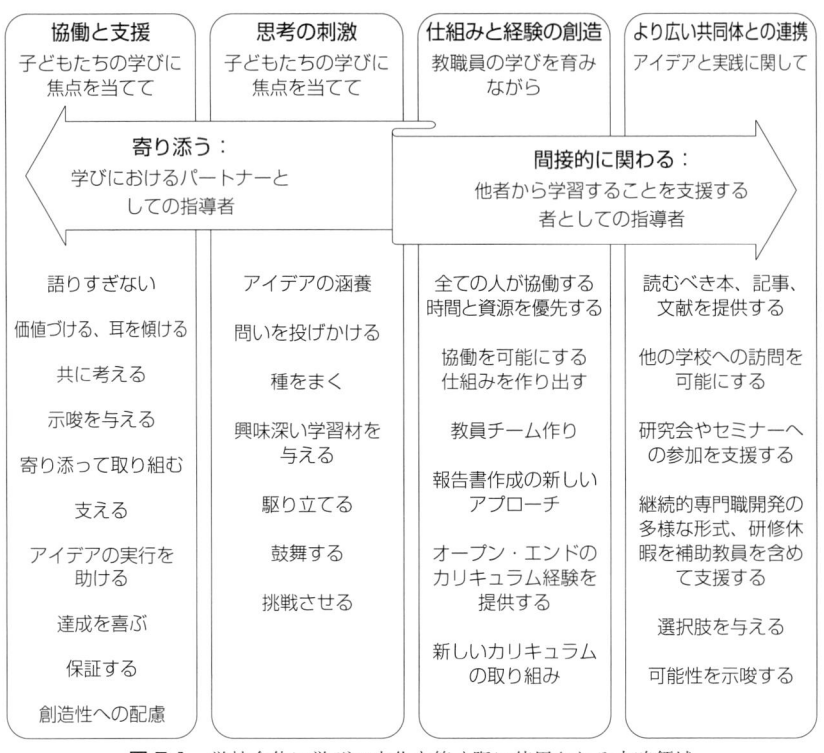

← **寄り添う：** 学びにおけるパートナーとしての指導者

間接的に関わる： 他者から学習することを支援する者としての指導者 →

語りすぎない	アイデアの涵養	全ての人が協働する時間と資源を優先する	読むべき本、記事、文献を提供する
価値づける、耳を傾ける	問いを投げかける	協働を可能にする仕組みを作り出す	他の学校への訪問を可能にする
共に考える	種をまく	教員チーム作り	研究会やセミナーへの参加を支援する
示唆を与える	興味深い学習材を与える	報告書作成の新しいアプローチ	継続的専門職開発の多様な形式、研修休暇を補助教員を含めて支援する
寄り添って取り組む	駆り立てる	オープン・エンドのカリキュラム経験を提供する	
支える	鼓舞する	新しいカリキュラムの取り組み	選択肢を与える
アイデアの実行を助ける	挑戦させる		可能性を示唆する
達成を喜ぶ			
保証する			
創造性への配慮			

図 5.1 学校全体に学びの文化を築く際に使用される方略領域

フッドの日です（p.79 参照）。この協働は、マーティン先生のクラスの 8 才と 9 才の子どもたちの中に、作文に対して書きたいアイデアがない、また、書くことを嫌がるという子どもたちがいることをマーティン先生が気にして、アリソン校長のところに話をしに行ったときに始まりました。アリソン校長はマーティン先生が気がかりに思っていることを聞き、考えるための豊かな材料となるよう期待して、子どもたちの作文についての本を彼に渡したことを思い出しました（Armstrong 2006）。二人は、子どもたちの書きたいという強い思いに影響を与えるような様々なことについて話し合いました。アリソン校長はマーティン先生が何をするかについてのアドバイスや具体的な提案を行うことはしませんでした。彼女は「子どもたちが書かずにいられ

なくなるためには、何をすることができるのかしら」という質問をマーティン先生に投げかけました。2日ほどして彼はアリソン校長の部屋のドアの向こうから顔をのぞかせ、ロビンフッドの日の計画を話しました。アリソン校長は、彼の考えに熱烈に反応し、彼が思いついた戸外での学習への関心を支持し、励ましました。本番当日には、彼女は何回も裏庭や近くの林を訪れ、子どもたちに話しかけ、すべてが上手くいっているかどうかを確かめました。なぜなら、戸外での開放的な状況は、マーティン先生と子どもたちの両方に危険性が伴うことを知っていたからです。翌日、アリソン校長は子どもたちに手紙を書き、子どもたちがチームとして上手く取り組んでいたことにどれほど感動したか、そして、彼らの作文を見るのをとても楽しみにしているということを伝えました。彼女はまた、子どもたちにそのような素晴らしい経験を与えてくれたことへの感謝の気持ちを書いた手紙をマーティン先生のメールボックスに入れ、その日の成功と子どもたちの熱中に対する彼自身の喜びを、彼女も心から分かち合っていることを伝えたのです。

　次にアリソン校長の積極的な関わりを示すもう一つの文脈として、保育学級における書くことの学習の例を挙げます。サラ先生はレセプションクラス（5歳児相当）の指導チームのメンバーで、教育の準学士号取得コースの一環として、子どもたちの書くことについて特別に研究していました。サラ先生は、アリソン校長にこの研究について、また4才のフェイのことについて相談をしていました。フェイは、家では母親と一緒に文字を書くのですが、学校では書こうとはしませんでした。基礎ステージの大半の時間をフェイは、外遊びやたわいもない活動や友だちとのごっこ遊びといった、他の活動に費やしていました。彼女はどのぐらい書けるかを示すよりも友だちと遊ぶことにずっと多くの興味を示しました。サラ先生と基礎ステージの教員チームは、フェイに学校で書くことを促すよう、もっと何かをすべきかどうか考えていました。彼らはアリソン校長とこの心配について話し合い、フェイ自身が選んだ活動が幼児教育カリキュラムの重要な一部であるとの結論に達しました。フェイは文字が書けるということを教員は知っていましたので、フェイに学校で書くようにとプレッシャーを与える理由はないと考えまし

た。彼らはフェイが自分自身で納得して書き始めるだろうと信じました。そうこうしているうちに、子どもたちに書きたくなるような理由を与えようとアリソン校長と話し合う中で、書くことの活動をより魅力あるものにするための状況を作り出そうということになりました。そして、校長先生から子どもたちが手紙をもらえばきっとわくわくするだろうと考え、返事を書きたくてたまらなくなることを期待しました。それに伴い、サラ先生はロールプレイをするための部屋に郵便ボックスを設置し、フェイが校長先生へのお返事の手紙を送るという活動を他の子どもたちと一緒に行うようにしました。フェイは他の子どもたちのように文字を書くことはできたけれども、自分の名前を入れた絵を描くことを選びました。アリソン校長は部屋にその絵をピンで留めて貼り、お返しに返事を書き、展示した絵を写真に撮って同封した手紙を、郵便ボックスを経由してクラスに送りました。

　その次の週から数週間にわたって、たくさんの手紙のやり取りがありました。フェイは他の子どもたちと一緒に、アリソン校長に名前入りの絵を送り続けました。そして、アリソン校長がフェイ個人宛てに猫の写真を同封し、何かペットを飼っているかどうかと尋ねる手紙を出したとき、初めてフェイは返事を書こうと心動かされたのです。

　　　だいすきなピーコックこうちょうせんせいへ
　　　わたしのうちは、ダイナとピップという２ひきのネコをかっています
　　　フェイよりあいをこめて

　これら２つの事例は大人たちの学びと子どもたちの学びとの間に生じる相乗効果を示しています。教師同士が創造的に協働することは学びの機会を広げ、かつ高めるための入念に計画された方策を生み出すことに繋がりました。同様に、子どもたちが新しい経験に関わることは、次のような点に対する新しい洞察をもたらしました。すなわち何が動機づけに影響を与えるか、何が書くことを可能にするか、また子どもたちの選択を尊重することがいかに重要か、そしてどのようにしてカリキュラム上の優先順位のバランスをと

第5章　学びを第一に：学校全体で学びの文化を創造する　137

るかといった点です。これらのテーマは、解決されるとか最終的に何らかの結論が出るというものではなく、むしろ継続的に思考され、取り組まれ続けるものでした。リーダーシップとしてやるべきことの一つに、教職員によって探究された話題や課題について、覚書き日誌をつけるということがありました。それにより、会話を上手く継続させることができるだけでなく、それをもとにアリソン校長はアイデアや実践を共有するために、似たような領域に注目して考えるよう教職員をまとめることができました。

　もう一つ積極的なリーダーシップが貢献したのは、革新的でわくわくするようなアイデアを支援するために、様々な資源を確実に利用できる状態にしておいたということです。例えば、野菜がどこから来るのかを子どもたちが分かっていないことを教職員が心配すると、お昼休みの世話係と学校理事がボランティアでランチタイムガーデニングクラブを作りました。そうすることで、子どもたちが自分自身で野菜を育て、新鮮な作物を売ることができました。ある教師がロールプレイの部屋を眼鏡相談室にしつらえようとしたとき、アリソン校長は地元の眼鏡屋さんを訪問して、素敵な眼鏡フレームと視力検査表を集めてきました。ジョー先生がクラスでケルトの日[1]を設けて、博物館を訪問する代わりに校庭にケルト小屋を建てることにしたとき、用務員さんの知識と専門性、そして熱意が小屋を建てるための助けとなりました。このように共同体の人的資源を活用することは、同僚の思考を特定の方針に沿うよう導きながら、チームがより魅力的で真の学習経験を子どもたちに確実に提供するのに役立ちました。子どもたちがこれらの経験にいかに積極的に応えているかを皆が目の当たりにした時、今後どのような学習経験を提供すればよいかについての示唆を得ることができました。アリソン校長は、単にその都度起きる出来事に対する支援にだけ貢献したのではありませんでした。今後の考え方や教え方に活かせるような一般化可能な洞察能力を教職員が身につけることができるようにしていました。

　慎重な判断によってというよりはむしろ必要性が生じたために、一人あるいは複数の教職員を積極的に巻き込むよう決断するという状況が時々ありま

---

[1]　イギリス先住民族であるケルトの文化について学ぶもの。

した。第4章では、初等学校の最後の2年間の授業における教師と子どもたちとのやり取りを観察してきたビビー（Bibby, 2011）が、学習者のために「支える環境」を作り出すことがいかに重要であるかを強調していました（p.113参照）。子どもたちの学びの文脈における「支え」と、アリソン校長が教員チームへの特に困難な状況での学びを支えるアプローチにおける「支え」は、類似したものとして比較することができます。例えば第4章では、アリソン校長が、対応が非常に難しい行動をとるマイルズという子どもに関して、どのようにして基礎ステージ担当チームを助けたか、またチームが「精神的に支えられている」ということが分かってどれほど心強くいられたか、ということが書かれていました（p.120参照）。チームとの取り組みにおける彼女の役割を思い起こすと、アリソン校長は彼らと共に何が起こっているかを振り返り、彼らがマイルズの行動の中に手がかりを見出すのを助け、マイルズの参加と学びを可能にする最も良い方法についての理解を共有するのを助けることに大半の時間を費やしていました。彼女は定期的に教室で時間を過ごし、会議にも訪れ、その日の出来事に関するコメントを聴くことによって、教員チームの関心事を自分がきちんと知っているということを確かめていました。チームが、出会った問題の困難さに押しつぶされそうな危険な状態にあるときは、彼女はそれを引き受けるためではなく、支援を強めるために介入を増やしました。

　困難な状況にある教職員に「支える環境」を提供することで、皆、自分の安全を守ってくれるアリソン校長の包容力を信じながら、努力し続けることができるのでした。アリソン校長は彼らを救おうとしたり、彼らに代わって仕事をしたりするのではなく、彼ら自身で解決を見出すまで事態が安定するよう保っておくのでした。我々が見ていると、協力し合うことはチームに原理をしっかりと保持する強さと、学びの共同体の中で、マイルズを「寛容に受け入れる」ために必要な段階を踏む強さを与えていました。アリソン校長は次のような比喩を使うのをためらっていましたが、自分の役割を親が子どもを支えるやり方になぞらえました。「世話をしてくれて、すべてが上手くいくようにしてくれている誰かがいるので、やらなければならないことが自

由にできるのだ」と子どもが感じるように支えたのです。「それに、おかしいと思うかもしれませんが、でも……それが重要なのです。なぜならば、子どもたちを教えるという仕事はとても労力を要する仕事だからです」。

思考の刺激

リーダーシップ活動は、同僚や子どもたちとの直接的で協働的な関わり合いと紙一重のものでした。リーダーシップ活動において学びについての会話を行うとき、そこでの意図は、必ずしもすぐに結果が出るような何かを期待するのではなく、ある特定の路線に沿って思考するよう刺激することにありました。アリソン校長は「それは、人々が取り込んで、それぞれの方法で成長できるようなものを与えるということです」と言いました。ソフィー先生がアリソン校長についてコメントした時、彼女の方略を高く評価していました。「アリソンは人に省察を促すのが非常に上手です……彼女は実際に何かを言うのではなく、いろいろと質問をするのです」。省察は徐々にいろいろな文脈で起こります。そうして、いったん自分自身について物事を考え抜く機会を得ると、その人にとって意味ある方法で新しい考えを利用できるようになります。

リーダーシップの方略が思考を刺激するという形をとった場合の記録を更に注意深く調べてみると、人々の思考を促すための重要な指示の仕方がどういうものか明らかになってきます。例えば、アリソン校長がサラ先生にリンゴの木の話をした時（第2章 p.51 参照）、単にある特定の貴重な直接的経験に注意を向けているのではありません。より一般的な言葉を使って、現実世界の学びについて考えること、屋外の環境でいつでも利用可能な数多くの刺激的な学びの機会について考えることを促しているのでした。懐疑的な読者は、アリソン校長の「もしも……だったら素敵だと思わない？」という提案は、本当に選択を与えているというよりはむしろ、断らない方が良いような誘いを表していると捉えるかもしれません。しかし、サラ先生がこの特別な機会に関するアイデアを取り上げなかったとしても、アリソン校長にとってはたいして問題にならなかったことでしょう。子どもたちのために何かを創

造するのはわくわくすることだという思いを同僚たちに強く喚起し、例えば木についての会話が起こったことそれ自体が価値のあることでした。アリソン校長は特定の方向へ穏やかに思考を導いていました。彼女は種をまいていたのです。アリソン校長はその種が、今でなくても、将来、根づくだろうと信じていました。

　第3章で語られている「光と闇」プロジェクトの文脈で（p.78 参照）、アリソン校長が「どうやったら子どもたちに暗闇を経験させることができるのかしら？」という問いを投げかけた時のことです。彼女はここでも同様に、真の経験を通して学びの機会を子どもたちに与えることの重要性について考えるよう同僚を促していました。教職員は、真の経験の必要性を認識し、それを特定のこのプロジェクトの中で経験し、子どもたちがどう反応したかを見ることで、彼ら自身の直接的な経験を通して、子どもたちが直接的な経験から学ぶことの重要性を深く認識する機会を得たのでした。アリソン校長は同僚たちがあるアイデアを取り上げなければならないとか、進め方に正しい方法や間違った方法があるなどと思うことによって、譲歩させられると感じるような状況は避けようと努めていました。彼女自身の言葉では「それは、どこかに種をまいたということを認識する」ということです。彼女は同僚にアイデアを取り上げるかどうか、またどのように取り上げるかを決定する自由と権限を与えるというやり方で、同僚の思考を刺激しました。

　質問することと提案することに加え、さらなるリーダーシップの方略は、興味深い学習材を提供することと、学びを活気づけるためにそれらを使用する創造力に溢れた方法を、教員が見つけ出すように導くことでした。第2章で我々は、ジョー先生の2年生のクラスで行われた、刺激的な調べ学習について書きました（p.49 参照）。それはアリソン校長がトランクセールで買ってきたヴィクトリア朝のいろいろな瓶を使ったものでした。どのように教員チームの他のメンバーが教室に招待され、子どもたちの興奮を共有し、彼らの成果を祝福したかを我々は見ました。非常に興味深い教育資源についてのもう一つの例は、3年生の教室の隣にある遊び場付近に据え付けられた木製のボートです。教員チームは、学期のトピックとして「世界探検」に関する

第5章　学びを第一に：学校全体で学びの文化を創造する　141

活動を計画しており、アリソン校長は屋外環境を教室の拡張として捉えるべきだと熱心に言っていました。設置することのできる本物のボートを買うというアイデアは、インターネットオークションサイトでボートが売りに出されているのに出くわして現実のものとなりました。トレーラーつきの木製カヌーが購入され、用務員さんが受け取り、夏休みの間に据え付けられました。子どもたちが9月に学校に戻って来た時、遊び場にやって来て最初に見たのはそのボートでした。この意図は、それが特別な指導目的のために使われることではなく、その存在が子どもたちと大人の両方の想像力を呼び起こすものとして役に立つだろうということでした。

　教員チームが自分たちで自由に考えることができると実感するためには、アリソン校長の質問や提案や発案は注意深く選択され、適切な時期を見計らって行われるように、常に慎重な判断のもとでなされなければなりませんでした。アリソン校長は、自分の質問や挑戦が豊かで魅力的なカリキュラム構築において創造力を養うものとなるためには、同僚たち自身が専門職の学びと実践の当事者であることを確かめながら、彼らの思考に沿って上手く進む必要があることを理解していました。また、ほとんど直観的に対処しながら、自分の主義と一致する方法で、どのように教職員を導くかを見出していました。我々が見たところ、彼女は同僚だけでなく自身の学びを支える方略も開発する必要があることを非常によく意識していました。自身の学び、つまり同僚と共有するプロセスを育むことによって専門家の立場に自分を置くことを避けていました。そして、同時に、すべての人が学ぶ条件を豊かにしようとしていました。

教職員の学びを育む仕組みと経験の創造
　さらなる方略は、皆が協同して考えを共有し、お互いから学べるようにするために、時間とリソースに優先順位をつけることでした。アリソン校長は、教職員が孤独を感じたり、一人だけでクラスの子どもたちと向き合ったりすることがないようにと決めました。その代わり、皆が一緒になってアイデアを出し合うこと、特定の子どもの学びについて考えること、すべての子

どもの学びのために皆で責任を取り合うことを奨励しました。また実践について質問したり、もめている難しい問題を共有したりするよう促しました。このような話し合いや会合の中で、皆、互いに助け合って省察することができました。アリソン校長が言うには、教員が苦闘していることを言葉に発しようとするまさにその過程が、彼らの理解を促進するということでした。

　アリソン校長が、同僚たちが互いの間で、また保護者や子どもたちとの間で、そして、それぞれから学べるような、豊かで開かれた文脈を提供する協同的な仕組み（サークル・グループ・ミーティング、教職員チーム、ラーニング・レビュー・ミーティング）をどのようにして作るようになったかについては、第2章に書きました。これら初期の取り組みに加え（それらは研究期間中に発展し、進化し続けたのですが）、主なリーダーシップの務めは、個々の学級で働いている教員全員のために、週ごとの授業準備のためのミーティングを組織して、そのための時間を確保することでした。計画と準備のための時間確保は、すべての公費維持運営学校における教師にとって法的な権利になりましたが（Department for Education and Skills 2002）、協働して思考し学ぶことができるように、そのような時間確保が特別に組織化されるのはまれでしたし、また補助教員が学校時間内に定期的に教師と会合したり計画を立てたりするための時間を確保できるのは、全く例外的でした。ロックザム校では、**すべての人**が子どもたちと取り組むことができ、定期的に評価と計画を共有することに高い優先順位をおいていました。補助教員は次の週のカリキュラム計画について、単に情報を与えられる存在ではありませんでした。真の意見交換を促進することが目的でした。そこでは、どのように学習を進めるかについての考えを共有するために、子どもたちについて各自が知っていることに価値を見出し、それを引き出していました。

　教員チームは可能なときはいつでも、半日は前の週の学習の振り返りと評価や次の週の計画のための準備を一緒に行う時間が確保されていました。もしも、教育実習生が授業に関わっていたら、自動的に彼らもミーティングに参加しました。またある教師は、授業計画チームの中に子どもたちを含めました。子どもたちを小グループにして順番に、その週の経験や次の週の提案

について思ったことを言ってもらっていました。アリソン校長はチームのメンバーすべてに同時に授業準備時間を確保すること、また教育資源の示唆を行い、教員チームがミーティングを開いている間も、きちんと子どもたちの学びの経験の質が維持されているようにすることは、後方支援として、大変な仕事だったと述懐しています。基礎ステージでは、子どもたちにはよく知っている人が常に側にいる必要性があるため、すべての人が同時にミーティングに出ることはできませんでした。それでもやはり、学校全体で見れば、授業計画の連携に対して教員チームからの支援がとても大きいので、すべての人がそのような機会を作っていました。大きな紙を持って来て一緒に座り、仕事が可能なタイムテーブルを作ったり、持ち上がった問題を解決したりしました。そこで、算数と美術の両方を専門とするある補助教師が、授業計画や準備、評価のためのすべての時間、代理で授業を行っていました。

協働学習の機会が専門領域チームの中にも組織されました。専門領域チームが担当領域と関連した発案を行った時、詳細については他のチームの教員と共有し、当該学年グループの活動を観察に来るよう招待しました。このような授業訪問ができるように空き時間が設けられ、観察の後には観察者と主催者教員チームとの話し合いが行われました。教職員は、協働することに対して強いリーダーシップによる支援があることを知っていたので、お互いが共に取り組むことで一緒に学ぶ機会を率先して作りました。第3章では、我々はサイモン先生とマーティン先生が劇の台本を書くために、クラスをどのようにして一緒にまとめていったかに注目しました（p.73 参照）。この活動は当然のことながら、実際に行う前に連携して考える必要がありました。そこで、ティームティーチングしながら観察したり、お互いから学んだりする多くの機会を生み出しました。また、この活動は力強い経験の共有を作り出し、書き方のより良い指導についてさらなる話し合いを行うための基礎になりました。

報告書作成への新しいアプローチ、すなわち、子どもたちと子どもたちからの教職員の学びに向けたさらなる豊かな協働的文脈は、第2章に書かれているように、ラーニング・レビュー・ミーティングから発展しました。これ

はサイモン先生によって発案されました。報告書作成の時期が近づくと、サイモン先生はロックザム校で現在使われている書式に違和感をもちました。それぞれの子どもたちがいかに上手くやったかをまとめてその年の終わりに総括的な報告書を書くことは、第3章でまとめたような、教職員が発展させてきた子どもたちの声を聴くことに基づく学びのパートナーシップ的アプローチを反映していないという結論になります。サイモン先生は、もしも子どもたち自身が、それぞれ異なったカリキュラム領域における学習を振り返り、報告書の様式にコメントを書くとしたらどうなるだろうと考えました。そうすることで、教師たちはそれぞれの子どもが学習について語り始めた糸口を手掛かりに、子どもたちが考えていることに対して返事を書くことができます。彼はこのアイデアをアリソン校長と共有し、話し合い、実現可能であることを合意すると、教職員ミーティングでそれを発表し、話し合い、どうやったらそのアイデアを実行できるだろうかと、教職員と共に考えることを主導しました。

　この話し合いを通して、教職員チームは皆でそのアプローチを練り上げました。学びを振り返ったり、電子メールで報告書に考えを記録したりするのを助けるために、上級生の子どもたちが下級生の子どもたちと一緒になるペア方式を築き上げる案が浮上しました。アリソン校長は、下級生のクラスの教師が、上級生のクラスの子どもたちのために台本シートを提供してはどうかと提案しました。それは、適切な質問の仕方を示すもので、子どもたちの話し合いを支援するためのものでした。親たちは、その報告書に別に添付されているまとめ用紙を通して、カリキュラム内容が知らされることになっており、子どもたちのそれぞれの領域の学習について自在に細かなところまで知ることができました。5〜6歳児の担任であるシェリル先生は、個々の子どもたちが学習についてどう考えたかは、彼女自身の振り返りのために、とても優れた出発点になると思っていたので、新しいアプローチを支持しました。彼女は学習についての子どもたちの考えの有用性を示す方法として、コメントを保存するために子どもたちが使うホルダーを買いました。

　第2章に記録された、もう一つのリーダーシップ方略は、価値あるカリ

キュラム経験を促進したり、リソース化したりすることでした。時間とお金という実質的なリソースは、芸術家や作家の訪問、博物館見学、劇場への小旅行に投資されました。さらなる例については、第3章に詳細が描かれています。リーダーシップという視点から、これら様々な取り組みは一円、一秒たりとも無駄になっていません。そのような新しい取り組みは、高い質の開かれた真の経験から子どもたちが学ぶ機会を創造するのと同様に、各教員チームを越えて多くの関心を生み出し、学習に関するたくさんの活気ある会話をもたらしました。様々な取り組みのための話し合いは、我々が書き留めてきたように、能力レベルや基準に関してではなく、子どもたちの学ぶ力に関して行われました。そうした取り組みは、熱心でやる気ある学習者を生み出すための経験というものについて重要な示唆を与えてくれました。しかし、そのような示唆は同僚にプレッシャーを与えることはなく、彼ら自身のやり方で自由に実践に生かす余地を残していました。教員チームはまた、子どもたちの反応に感激したり、驚いたりしながらも、それぞれが子どもたちの異なった点に注目する機会を得ていました。教員はこのような経験のすべてを通して、すべての子どもたちが学習者として学ぶ力があるということへの信頼を強めていきました。その信頼が増すにつれて、授業計画や指導の枠組みにとって当然と見なされていた「能力」というレッテル、つまり学校が「特別検証」の評価を受けていた間、ずっと使用することが期待されていたものが使用されなくなりました。

アイデアと実践におけるより広い共同体との連携

　管理職チームはまた、学校共同体とより広い共同体との間に、学校という単位を越えて、アイデアや実践を結びつけることを促進するにあたって、重要な役割を果たしていました。管理職チームを含め教職員全体が、絶えず新鮮な思考にさらされ、定期的にアイデアを交換し、より広い専門職グループとの会話の中で考えたことを言葉にする機会が得られるので、これらの連携は欠かせないものでした。教職員は、本や論文や文章という形で、アイデアとインスピレーションのための重要な資源を手に入れました。アリソン校長

は、文献というのはこれまで築き上げられてきたアイデアの蓄積であるので、それをもとに人々の考えが育まれることを望んでいました。例えば、2006年の秋の終わりに、アリソン校長は教員チーム全員にスタンフォード大学で2002年のジョン・デューイ講義として行われたエリオット・アイズナー（Eliot Eisner）教授による刺激的な講義録を「クリスマスプレゼントとして」贈りました。その題名は「教育は教育実践についての技から何を学ぶことができるか」でした。アイズナーは、現代の教育において支配的な、子どもの能力を科学工学的に認知可能であるとみなす文化に取って代わる、全く新しい学校教育文化の創造を呼びかけています。結びの章において、彼は学校教育の目的と成果について、この新しい考え方の鍵となる特徴を示しています。彼は教育的な文化は次のようなことを備えていると言っています。

> ……現在の状態よりも、これらからなる状態により大きく焦点を当てること、事実的なことよりも想像的なことにより価値を置くこと、測定よりも価値判断により多くの優先順位を与えること、学びの旅の質を、目的地に達する速さよりも教育的に意味があるものとみなすこと。私は教育がどのようになるか、学校が何のためにあるか、新しいビジョンについてお話ししています。
>
> (Eisner 2004, p. 10)

　アイズナーのビジョンとロックザム校が拓こうとしている可能性との間に似たものを見出すことは難しくありません。アリソン校長自身、この論文を選んだのは、個人的にこれによって鼓舞され、これが同僚たちにとっても魅惑的でやりがいを与えるものであり、「問いを引き起こすもの」と考えたからだと言っていました。

　ケンブリッジ大学を基盤とした**限界なき学びの創造**研究プロジェクトについて教職員や理事たちとの話し合いを行い、支援と関与を得ようとしていた直前に、アリソン校長は教育研究者であるボーラー（Boaler）によるある論文のコピーを配りました。それは能力によるグループ分けをした実践が社会

的階層の不平等を再生産しているという、挑戦的で抵抗しがたい証拠を提示している内容でした。ある卒業生の言葉でいうと「望みを砕かれ」、「ほとんど形式的に愚か者というレッテルを貼られている」ような「精神的牢獄」を創り出しているというものです。ボーラーは次のように論じています。

> 子どもたちは異なった速度で成長しています。そして、異なった興味、強さ、傾向を、成長の様々な段階で現します。学校教育の最も重要な目標の一つは、すべての子どもたちにとって刺激を与える環境を提供することです。それは、異なった領域で異なった時期に子どもたちが示す潜在能力に気づき、これを耕し成長させる準備のできている教師と共に、子どもたちの関心が最大限に高められ育まれるという環境です。もしも、子どもたちがごく初期の段階で低いグループに入れられ、他の人たちよりも低いレベルにしか達していないと言われ、あまり挑戦的ではない興味深くもない課題を与えられ、より質的にも経験的にも劣る教師に教えられ、自分の思考を刺激する仲間から切り離されるならば、子どもたちの成長を支援し、潜在能力を育てることは難しいのです。
>
> （Boaler 2005, p.135）

アリソン校長は、皆にロックザム校で実行された今回の研究の背後にある重要な考えや経緯、研究のいくつかを分かってもらう機会にしたかったと説明しました。彼女の、校長としてのさらなる２年間、能力のレッテルづけやグループ分けについては、その話題が会話の中で持ち上がったときに個々の同僚と考えを共有しましたが、教職員チーム全体として公式的に話し合いを開いたことはありませんでした。既に述べたようにほとんどの教職員は、能力基盤の実践から離れ始めましたが、それを促すようなリーダーシップ的な指示があったわけではありませんでした。アイズナーの論文に関しては、印刷物が配られ、それを都合の良い時に各自の方法で読んで理解するよう任されていました。その後で、それを読んだかどうかをチェックされたり、その内容について公式的な話し合いをして、合意形成を目指したりはしませんで

した。

　管理職チームは同僚がロックザム共同体の中だけでなく、他の人々からも自由に学んでいると感じることを期待し、またそれを望んでいることを明言していました。それは、直接的には、ネットワークやセミナー、コースワークへの参加を通して、あるいは間接的には、丁寧に選んだ書物や研究を通して、より広い共同体の考えに触れさせることによってなされました。公式的に認められた「最も良い実践」の条件を満たすという義務はありませんし、同様に、一体感に向けたプレッシャーや「ロックザムのやり方」を強いるような要求もありませんでした。目的は、学びに向けて最も豊かな可能性のある栄養分を皆が見つける手助けをすることであり、似たような専門的価値観を共有する他の専門職の人々と意見交換をしたり、鍵となる思想家や研究者の魅力的な考え方に触れたりすることを通して、現在の思考を越えていくよう皆を鼓舞することでした。

■安定した環境

　子どもたちの学びに焦点を当て続けながら、これらの様々な方略を通してリーダーシップの役割を遂行することにより、何がリーダーシップにおいて優先されるべきかについての明確なメッセージを我々は受け取りました。アリソン校長がどのように時間を使っているかを皆が直に経験したので、彼女が何に最も価値を置いているかについては疑いの余地はありませんでした。他に重要なリーダーシップ活動領域として、目に見えにくいものがありました。それは子どもたちの学びに教職員全体が集中する時間と場所とエネルギーを作り出すことでした。アリソン校長は教職員のために「安定した環境」を創り出す必要性について語りました。そこでは、彼らの安全は保障されていました。その安全な環境の中で、皆、ぶれることも、プレッシャーを感じることもなく、学校の中心となる目的に焦点を当てることができるのでした。

教職員チームにとって

　教職員にとって安定した環境には3つの特徴がありました。第一に、教職員は効率的なシステムが整っているということを分かっていたので、学校のスムーズな運営を信じることができました。同僚たちは何かやりたいことがあれば、何度も言わなくても配慮してもらえるということが分かっていました。第二に、同僚たちは不必要なプレッシャーや期待がかけられないよう保護されていました。なぜなら、管理職チームは外部からの要求は扱いやすい形に変えるものであり、前進するための新鮮な関心や刺激として用いることができると確信しており、義務づけのない要求をふるいにかけていたからです。教員チームが学びに集中できるように時間と空間が作られました。彼らは既に行っている取り組みを損なう実践をさせようとする圧力から守られていました。例えば、教職員用に提供された「話すことと聞くこと」に関する教材パックは、その使用書どおりには使用されませんでした。代わって、教職員グループ全体での重要な話し合いを導きました。そのことが第2章のロックザム放送局の開局のところで説明されていました（p.48参照）。「話すことと聞くこと」の力を育むために既に行っていることを考慮しながらも創造的に反応するよう促されていたのです。

　第三に、これが最も重要なのですが、安定した環境とは心理的に安全な空間を提供することでした。そこでは、教職員は尊重され、価値あるものとして扱われ、多様な考えと実践が歓迎されて、称賛されるということを知っていました。また、教職員は、必要なときにはいつでも支援が得られるということを分かっていました。この安心感は学校全体の指導助言者（メンター）制度によってもたらされていました。それは、管理者、清掃職員、食堂職員、教員助手、そして校長自身を含めた、すべての職員がしっかりと自信をもって向き合い、仕事において生じたどんな課題についても語り合うための誰かがいることを保障する制度です。第4章では、ソフィー先生が指導困難なクラスで奮闘していた時、彼女の指導助言者であるジョー先生が彼女に与えた支援がどれほど重要で結果的に成功に導いたかを見ました（p.94参照）。ソフィー先生がクラスと共に成し遂げてきたことへの自信を一転して失ったと

きに、ジョー先生は、彼女とクラスがすでに達成したことの方に目を向け続けるよう助言しました。メンター制度は、教職員チーム全体で、共感や相互理解、協働的責任感を強めたり、維持したりするのに役立ちました。教職員は全員、知っている誰かとペアになって、相手のものの見方に共感したり、相手の視点で事柄を理解したりすることに取り組みました。相互理解と共同体から評価されているという感覚はまた、共に成し遂げ、それを称え合うという営みを通して育まれました。ジョー先生のヴィクトリア朝時代のガラス瓶を用いたプロジェクトやマーティン先生のロビンフッドの日のような活動の成功と洞察は、共同体の中で共有され、称えられました。そして、それはチーム全体にとっての学びとなり、新たな自信や意欲、また相互理解の機会となりました。

　一貫性が安心感のもう一つの要素でした。教職員はアリソン校長のビジョンを導いている原理に気づいていたので、皆、彼女の行為がその原理と一致していることを信頼していました。その原理というのは、第2章で述べたように、学校全体での目に見える公的な構造の中に流れているだけでなく、無数の非公式な、一瞬一瞬の、普通の、日常的な活動ややり取りの中に浸透していました。例えば、学校共同体のすべてのメンバーが対等な価値をもっているということ——第1章で記述した「すべての人が大切にされる倫理」という原理——は、数多くのささやかながら重要な方法で伝えられていました。前校長のために作られていた（玄関すぐ前の）駐車スペースは、身体障害者の訪問者用の駐車場に変えられました。教職員と訪問者は子どもたちと一緒に昼食の列に並ぶように決められました。そのことは訪問した監査官をたいそう驚かせました。

　着任した初期の頃からアリソン校長は教職員を支援し、**なおかつ**、彼女の原理と一致する、行動上の課題に向けた共同体的アプローチを築き上げようと取り組んできました。教職員たちは（子どもたちや他の大人たちの）行動について何か気になることがあった場合、簡単にひどくやる気や自信や士気をなくしてしまうので、支援してもらえると確実に感じられるようにしておくことは重要でした。第4章では、どのように関係するすべての人の声に耳

を傾け、主観的な経験を理解しようとすることが重要かを示しました。アリソン校長の本来のやり方は、不満や非難を避け、その代わり、誰もがその状況から学ぶことができるような創造的な解決策を見出すことでした。しかしまた、安定性を維持することも大切なことでした。そこで、必要なときにはアリソン校長は一歩踏み込んで積極的な支援を行いました。彼女はまた、共同体の安全を確保し、積極的なアプローチを維持して教職員を支援するために、教員助手を追加する準備をしていました。

　非常にまれな場合でしたが、アリソン校長はけじめをつけなければならないと考える時もありました。そんなことはほとんど必要ありませんでしたが、誰もがそういうことが起こり得ると知っておくことは重要でした。もしも教職員のあるメンバーが共同体の根本的な価値や福祉に反することをし続けた場合、アリソン校長が踏み込んで決断的行動をとるということが知られていました。そのことが、安定した環境の範囲内において、人々に安心感を与えていたことの一つでした。

管理職チームにとって

　安定した環境というのはまた、この章の最初の部分に述べましたが、仕事を行うための時間と空間を管理職チームが確保するために、欠くことのできないものでした。効率的なシステムとしっかりとした事務処理を通して、学校のスムーズな運営を行うことは、時間を作り出すための一つの方法でした。アリソン校長は学校運営の仕事が一人ではできないことを分かっていました。彼女のリーダーシップは、彼女の周りのチームを完全に信頼して仕事を任せるという、彼女の包容力にかかっていました。「私は彼らの仕事を代わりにする必要がありません。チームを作り上げることで、誰もが他の誰かを助けるのです」と彼女は言いました。彼女のチームへの信頼は無駄な時間とエネルギーを費やすのを避けることができるということを意味していました。その無駄な時間とエネルギーとは校長がする必要のないと考えていることや、学びから逸れることです。能力と経験のある人々(財政的な問題の処理や学校管理の監督には高度な資格を有する事務官、敷地内の高い質の維持

管理には経験のある用務員）に日常不可欠な仕事をするよう任命した後は、アリソン校長は彼らの計画した責任を実行する能力を完全に信頼していました。

　信頼するチームと学校経営を分かち合うということは、アリソン校長が彼女の時間を、教えることと学ぶことに集中するために費やすということを意味していました。明らかに優先されるべき原理に従うことは、アリソン校長が、たいした学びの役に立たないと判断した管理運営上の活動に時間を使わせようとする圧力をはねのけるのに役立ちました。例えば、子どもたちの達成レベルに関するデータを集めたり、分析したりするコンピュータソフトを定期的に使うという現在行われている実践は、しばしば時間のかかる無駄なことと思っていました。

　　……間違ったところに強調点が置かれています。なぜなら、教師は自分たちが気にかけている子どもが誰なのか分かっているはずだからです。最も重要なのは、今、自分が何をしようとしているかです。子どもたちとどのように取り組もうとしているのか、どのように教職員にそれをさせるか、どのように子どもたちの学びの扉を開き、次の段階に進ませるか。私たちがどのように子どもたちの学びを向上させることができるかにエネルギーを注ぐ必要があります。子どもと取り組みながら、私たちが学校として、チームとして、集団として何をすることができるかが重要なのです。

　時間がかかって無意味な外部からの圧力を退けるという態度は、アリソン校長の信念と真っ向から対立するような外部の指示が来たときに問題となりました。各学校に一般的に「英才児」と思われる子どもたちの登録書を作成するようにという（国からの）要求は、そのような難題の一つでした。どのように彼女は応答すべきか。ただ机上の課題を片付けるために、意味のないと思われる言葉を書類に書き、そうすることで、子どもたちの潜在能力を損なうような考え方に共謀するのか。それとも民主主義社会において、道徳的

な配慮の方が欠陥ある政策に優先すべきであるという理由で抵抗し、それによる咎めを受けるのか。

　研究期間中アリソン校長は、そのような複雑な葛藤に何度も直面しました。それぞれの葛藤に対して、どう対応すべきかを見出す際の助けとして、似たような基本的価値観を共有している文献や研究、学校外のより広い共同体の教育者から、勇気や直観、支援を引き出したと彼女はコメントしています。彼女自身の学びのための時間と空間を創り出すことは、チーム全体の学びを支援することを可能にするための重要な必須条件でした。それは、新旧を問わず重要な教育思想に絶えず触れて取り組むために、彼女の同僚たちにとってと同じくらい、彼女にとっても重要でした。アリソン校長は、より人間的で力のある教育アプローチが可能であり、それを実践する努力を強めてくれる信念を維持し、育てるのに役立つような考え方を絶えず探し求めていました。彼女は、中央政府の政策文書の提言や指導書にある教育方法や新しい取り組みからヒントを得ようとはしませんでした。その代わり、彼女は聡明で知的刺激を与えてくれる著者によって書かれた本や論文を探し出し、専門家のネットワークに参加し、彼女の思索に刺激を与えてくれる会議やセミナーを注意深く選んで参加しました。そこで行われている対話に加わって情報を交換するために、高等教育機関で働いている教育者や研究者とのつながりをつとめて大切にしました。もちろん、その中には、ロックザム研究期間中のケンブリッジを中心とした、我々研究チームとの定期的な会話も含まれていました。これらのつながりを維持することは、それなりの時間の投資が必要ですが、この投資は十分に見返りがあるものでした。アリソン校長は、折に触れて同僚の考えを支援したり刺激したりするときに参考にできる様々な可能性や多様な思考方法についてのレパートリーを絶えず豊かにすることができました。彼女自身もまた、特に新しい難題に出会ったときに、このような様々な機会から自分の原理を保つための勇気や自信を引き出していました。

■優れた学習者としての専門職共同体を創る

　この章の冒頭で記述した幅広いリーダーシップ活動を振り返ると、教職員の学びを支援する方略の中に、アリソン校長がロックザム校にもたらした共同主体、信頼、すべての人の原理（第1章に記述）がどのようにして体現されたかを見ることができます。教職員が自らの権利で能動的に考える学習者として、アリソン校長の同僚としての気づきを振り返り、それをどのように促進したかを見ることができます。教職員は、学ぶ価値のあることが起こっているならば、自ら思考することができますし、またそうしなければなりません。アリソン校長が同僚をそのような自らの権利で能動的に考える学習者として認識しているということを、これらの原理がどのように反映し、どのように促進しているか、また我々は見ることができます。アリソン校長は、教職員のプロ意識に対する深い信頼と、すべきことを言われなくても学ぼうとする力への信頼に基づく支援とを巧みに提供していました。また、彼女は、協働作業と相互支援を奨励することによって、教職員が専門的知識を共有したり、お互いに学んだり、お互いの貢献を価値づけたりするための状況を創り出していました。アリソン校長は、その時に生じた状況や機会に対して、ほとんどの場合、直観的に対応していましたが、これらの原理を意識的に利用して、自分が展開しているアプローチをモニターし、振り返ることもありました。また、時には同僚との会話において明示的に原理を引いて、様々な案の中から行動を選択する際に役立ててもいました。

　しかしながら、リーダーシップの方略が目指している根本的な目的について、正式に述べられることはあまりありませんでした。その目的は、研究過程を通して次第に明白になっていきました。とはいえ、教職員チーム全体に啓発されている**資質**（dispositions）については、リーダーシップの方略の中に一貫した見解が埋め込まれていたことが、今、分かっています。これらの資質を啓発することによって、その狙いとするのは、特定の専門職の学びに専心し、集団のもつ力に支えられながら、有能な学習者による共同体を形成することでした。多様なリーダーシップ方略を継続的に使用することで、

表5.1　専門職の学びの力量を高める資質

専門職の学びの力量を高める7つの鍵となる資質		学びを妨げる心的状態
開かれた心 アイデア、可能性、驚きに対して	⇔ ×	ひとつの正しい方法があり、成果が予測可能であるという思い込み
問いの形成 絶えまぬ変化、謙虚さ	⇔ ×	確実性と既成の解決法への依存
創意工夫 難題に対する創造的な応答	⇔ ×	課されたモデルと教材への追従
粘り強さ 勇気、謙虚さ	⇔ ×	簡単な答えの解決、複雑さの拒否
情緒的安定性 リスクと抵抗	⇔ ×	失敗の恐れ、新しいことへの挑戦の恐れ
寛容さ 違いの歓迎	⇔ ×	欠損的思考、均一性への欲求
共感 相互支援	⇔ ×	恐れ、守り、非難

　ある安定的な環境において教職員が7つの重要な**資質**を築き上げ、強化するための状況を創り出しました。その一方でまた、学びを妨げるような心的状況を減らしました。これらの資質と心的状態については、表5.1にまとめられています。

　啓発されている最初の重要な資質は、**開かれた心**（openness）です。これは、新しい考えや可能性、また新しい機会や経験に対して開かれていることを意味しています。つまり、共同体の中に、すべての人の考えから進んで学び、それを受け入れること。子どもたちが、予め特定された成果ではなく、むしろ学びの経験への取り組みから、個別にあるいは共に、何を学ぶかに開かれていること。子どもたちの学ぶ力について、予め決めることなく、誰もが行ったり、学んだり、達成したりするかもしれないことに対して、ある種の限界を定めたりすることなく開かれた心をもつこと。驚きやそれまで

考えてもみなかった可能性に対して開かれていること、などです。開かれた心とは、それに気づきさえすればですが、完璧に向けて前進するという学習の概念を放棄し、ある一つの正しい方法や既成の解決方法があるという信念をもたないことを意味します。その代わり、学びはオープンエンドであり、永久に続くことを意味します。どれほど多くのことを知ろうとも、常に、さらに学ぶべきことがあるということです。

　２番目の資質は、**問いの形成**（questioning）です。問いの形成は、物事を行う、より良い方法に向けて休みなく探究することを意味します。それは現状を当然視することなく、絶えず「それはこのようでなければならないのか」、「より良い方法はないのか」、「何か他にできることはないか」と尋ね続けることを意味します。問いの形成は変化が可能であるという信念によって駆り立てられます。そして、問いの形成は、実践の新しい可能性に向けた新しい考えや洞察を生み出すことによって、変化を**可能にします**。問いの形成という資質は、自己満足の反対です。それは、謙遜の形をとります。また、教職員の本来あるべき姿でもあります。つまり、自分たちはすべての答えをもっているわけではなく、子どもたちのために最善を尽くすよう学び続けなければならないのだということを自覚している人々の姿です。問いの形成は彼らの力と主体の感覚を高めます。ロックザム校では我々が見てきたように、実践や子どもたちの学び、教師としての自分自身の学び、そして、これらの関連についての問いを形成するということは、誰かに導かれるとか、他の人々によって決定された課題に従うということではありません。それは、教員チームのメンバーが状況を主導し、学びの道筋や速度を決めるための一つの方法でした。チーム内で質問をするということは、経験のなさを示すものではなく、取り組む姿や専門的知識を示すものとして認識されていました。より力強く真髄に迫る洞察力のある問いであればあるほど、理解の拡大に向けて、より良い刺激を提供しました。お互いの問いを共有し、共に取り組むことは、質問するという行為が絶えず正当化されて強化されていくという文化を構築するのに役立ちました。

　問いの形成は、密接に**創意工夫**（inventiveness）と結びついています。

創意工夫は何か新しいことを想像して行おうとする熱意と能力に関連しています。もしも、ある問題の解決方法が現在もっているレパートリーの中に見つからないとすると、前に進む方法を提供してくれる考え方を思いつくためには、創意工夫が必要です。ロックザム校では、能力基盤の考え方・実践に取って代わる思考方法や新しい学習方法を創造するために創意工夫が必要とされました。やりたいこと、学びたいこと、そして、やる意味のあることについて、子どもたち自身の様々な考えをナショナルカリキュラムの学習プログラムに組み入れる方法を見つけることが必要でした。そしてまた、より魅力的で真正な学習の機会のあるカリキュラムを豊かにし、活性化する必要がありました。ロックザム校の教職員には完全な自由があり、本当に能動的な主導権が与えられていました。そこで、彼らは国が推奨している指導枠組みや、インターネットから入手可能な指導案や既成の教材を目的に見合うように修正して使うことができました。彼らは考えて行動し、子どもたちが興味あるような選択をすること、また危険を冒しても新しい考えを試してみることを奨励されていました。しかし、創意工夫は、学びを評価し、新しいアプローチを採用したり改善したりする際に役立つよう、問いの形成と密接に関連している必要があります。**粘り強さ**（persistence）も不可欠です。新しい重要な考え方とやる価値のあるイノベーションは、それが確立して定着するまでに、粘り強い思考と持続的な努力、進歩的な改革を必要とします。込み入ったことを嫌がったり、将来性のある新しい可能性を早まってあきらめたりしないことが重要です。最も重要なこととして、粘り強さというのは、教職員に関していうと、たとえ重要な鍵がまだ見つからないとしても、望ましい変化が常に可能であることを信じて努力し続け、あきらめないということです。問いを形成するとき、粘り強さは勇気や謙虚さといった個人の性質と密接な関連があります。粘り強さは、学ぶべき価値があるものには必ず葛藤が伴っているという認識を反映しています。しかしそれは、外部からの押しつけに**対して**闘っているときよりも、むしろ、他者と相互に支援し合っているとき、また、何か信じられるもののために闘っているときに、葛藤というものは意義があるという認識です。

情緒的安定性（emotional stability）は開かれた心、問いの形成、創意工夫、そして粘り強さが花開くための前提条件です。それは、受容の感覚、価値があるという各人の認識、集団に対して独自の貢献を成しているという感覚の基礎の上に成り立っています。情緒的安定性は、冒険を可能にする心の状態です。人は安全で守られていると感じるならば、自分自身の判断をより適切に信じることができます。また、信じていることをしっかりと保持して、十分に理解できない、また賛同できない考え方や実践を行うようにとの圧力に対抗することもできます。情緒的安定性は、いわゆる能力概念や、それらを具現する「良い実践」のモデルに抵抗する強さを生み出してくれます。それは、教職員全体の中に育むべき、教えること・学ぶことの意欲的なアプローチに必要とされる力としなやかさをもたらしてくれます。

　さらなる啓発すべき資質は、**寛容さ**（generosity）です。寛容さとは、すべての人の学習力に対する信頼を表わしています。寛容さは、全共同体の学習に対する重要な資源としての多様性を内包しています。誰もが集団の中で適切な場所をもっているので、もし必要があればすべての人がもっと十分に帰属し、受け入れられ、貢献することができるよう行動を起こすための集団的な責任があります。寛容さは他者との関わりを伴っています。それは、同僚であろうが子どもたちであろうが親たちであろうが、心を開き、受容し、身構えない関わりのことです。寛容さの精神で他者に応答することは、批判や不満の精神による行為と正反対です。寛容さとは、粘り強さの思いやりある人間的な側面です。それは人々の最も良いところを信じること、希望や楽観をもって他者に接近すること、物事は人の努力の結果として改善されると信じることを伴っています。寛容さは、より深く考えられた思考がすべての人の関心に最も適した方法で合意に至るよう、人間的なゆとりを与えることができます。

　最後に、**共感**（empathy）という資質は、教職員チームのお互いの中で、また他の職員、子どもたち、親たちと関係を作る中で、育まれていました。共感は本質的に、他者の話を聴くことであり、他者の目を通して世界を理解しようとすることです。共感は、問題が生じた時に子どもが分かっていない

のは何であるかを教員が理解し、子どもたちが考えていることにより寄り添った方法で対応するのを助けます。第4章で見てきたように、ロックザム校では共感というのは教職員が子どもたちと築き上げるために取り組んできた人間関係の鍵となる資質であり、洞察と理解の重要な資源であり、子どもたちをより十分に知る一つの方法です。共感は教職員チームの間で養われ、孤立や恐れを追い払います。相互支援と結びつけられたとき、すべての責任は集団の中で共有されます。ですから、誰も孤立や孤独を感じる必要がありませんし、もしも問題に直面したら助けを求めるのに誰も戸惑いや恥ずかしさを感じる必要がありません。

　リーダーシップの方略が取り組んできた資質を詳細に見た後では、我々はアリソン校長の自信の基盤をよりよく理解することができます。最初から、もし同僚たちが自分なりのペースとやり方で適切な支援を受け、実践を成長させる自由が与えられるならば、それはアリソン校長が創りたいと望んでいるような学校に成長していくことと一致することでしょう。全教員チームを通して、これらの資質が絶えず確認され、育まれ、強化されるならば、それは彼ら自身の権利のもとで、自律的学習者としての主体性を強化するだけでなく、専門家としての特別な学びにつながることでしょう。またそれは、教職員が自分自身のためだけに行う学びでなく、知的にも感情的にも意欲的な学びであり、ゆっくりと時間をかけて起こる、葛藤を含んでいる学びなのです。それは、深く個人的である一方で、また社会的であり協働的です。教職員が共に学ぶとき、集団の力は個人の学習力を高めます。個人が一人で達成し得るよりも、より多くのことが共に達成され得るのです。

　本書のこれまでの章で記述した展開を振り返ってみると、この資質が教師の思考や行っている実践における仕事の仕方に反映されていることが明らかになっています。マーティン先生のロビンフッドの日は、単に書くことについての話ではなく、もっと重要なことなのです（p.79参照）。それは、子どもたちの動機づけについての彼の懸念に対する、寛容さと創意工夫を伴った対応についての話なのです。シェリル先生のクラスでの取り組みについて、新しい方法を試みた経験は、情緒的安定性の重要性を示す話です（p.62参

照)。彼女の新しい考え方に対する開かれた心は、彼女のクラスの一人一人すべての子どもへの影響を調べ、問いを形成するという決定によって支えられていました。シェリル先生は、どのような問題があるかを自分で見て、自分自身の結論にたどり着く前に、ある特定の方向に動かそうとするような集団からの圧力には抵抗しました。ダレル先生の子どもとの関係における共感の使用は、生き生きとした個人的な気づきと価値を伝え合うだけでなく、そうでなければ注意を向けるようにならなかったかもしれない学びの限界を引き上げました (p.110 参照)。学びのための言葉の共有について、ジョー先生の5年生のクラスでは、他者の考え方に対して開放的であることは、理解を成長させたり、共に実践したりするために、教師と一緒にパートナーシップをもって取り組むよう子どもたちを引き入れることを示していました (p.96 参照)。7つすべての資質は、ソフィー先生が問題のあるクラスで上手くいったアプローチを築いた際の取り組みの中に示されていました (p.92 参照)。そのアプローチというのは、彼女がなりたかった教師像と一致するものでした。絶えず、自分の実践について、問いを形成するというサイモン先生の決心は、何ものも当然のこととして捉えることなく取り組む姿に反映されています。彼は物事をどうしたらより上手く行うことができるかだけでなく、**なぜ**今これを行っているのかについても問いを立てていました。子どもたちは選択肢を多く与えられすぎたのではないか、課題の選択の違いは本当に何か根本的なものを変えただろうか。開かれた心、問いの形成、粘り強さ、創意工夫は、取り組みレベルの選択の拡張や協働的な学習の奨励に向けた、すべての教師のアプローチにおいてはっきりと見えるものでした。教師たちは自分たちが得ようと求めているものを信じているので、それに向けて取り組み続け、それぞれ自分自身の方法で、様々な考え方や実践の共有を通して、お互いに支え合い続けていました。

　教職員がどの程度まで、その時すでにこのような方法で考えたり行動したりする傾向があったか、我々には分からないのですが、これらの例を見ると、アリソン校長が啓発したいと求めていた資質を行動の中にはっきりと見ることができます。リーダーシップの仕事が、作り出さなければ存在しな

かったであろう資質の創造に向けられていると言っているのではありません。むしろ、目的はこれら特定の資質を専門職共同体の中で強化することであり、他のことを減らしたり、最小限度にしたりすることでした。こうするにあたっての一つの重要なやり方は、この章の中の例が示しているように、同僚とのやり取りやアリソン校長自身の学びと関連して、彼女自身がこれらの資質を実践し、手本を示したことでした。彼女は他の人々の考え方に対して開放的であり、自分の考えを押しつけることをしませんでした。それによって同僚たちは開発すべき検討課題を自らのやり方で追い求めることができることを、彼女に対する感謝の気持ちを何度も口にする中で表していました。アリソン校長の同僚であるダレル先生は、彼女の落ち着きを強調し、評価していました。「アリソン校長は、私たちが何をしてもびくびくしません。異を唱えることをとても喜びます。もし、それが正しくて彼女が間違っていると思ったら、そのとき彼女は自分の考えを変えます」。マーティン先生は、ロックザム校では教師は制限なく何でもできますと浮き浮きしてコメントしました。しかし、アリソン校長自身が強調したように、実際には制限が**ありました**。多様性と特異性は、教員チームの中で積極的に奨励され歓迎されていましたが、同僚たちが楽しんで味わう自由は原理に基づいた自由でなければなりませんでした。教職員は何でもすることができましたが、それは彼らの間で互いに共有されていった学校全体の成長を導く原理の枠組みと一致する限りにおいてでした。

■すべての人が学校の学びの文化に関わる

　本章では、今まで、学校全体における学びの文化の発展に必要な条件を作り出すため、教職員チームと共に取り組む際に果たされるリーダーシップの役割を見てきました。それは、教育専門家としての学習者による力強い共同体を構築するということでした。その共同体では、教育専門家である学習者が、お互いに、また子どもたちや親たち、そして、学校共同体のメンバーすべてと関係を保ちながら、教育に取り組み、集団として特定の資質を実践し

ていました。つまりリーダーシップの役割は、この資質を教育専門家集団としてのアイデンティティと統合し、それに誇りをもち、理解して保持し、そして育むように集団の力を活かすということでした。「学びを第一に」とは、7つの資質を育む行動とリソース使用を最優先させ、また、その成長を妨げるような心の状態を最小限にするよう積極的に取り組むという意味です。

　しかし、先に述べたように、アリソン校長が学校の学びの文化の必要性について話すとき、それは単に教職員の学びについて話しているのではなく、学校共同体の**すべての人**の学びについて話しているのでした。前の章では、他の人々、つまり、子どもたちはもちろんのこと、保護者たち、関係職員、学校理事などが、学校全体の学びの文化における積極的な参加者となるように引き込む方法がいくつか示されました。第2章で検討した初期に行われた試みのいくつかは、教職員の学びにとって重要な土台となっているだけでなく、子どもたちの帰属意識や学校生活への参加意識を高め、そして子どもたちを学びの経験に関わらせる許容範囲を広げていくよう計画されていました。例えば、学校全体で行われているサークル・グループ・ミーティングは、一人一人すべての子どもに共同体の中で適切な居場所があり、誰もが話を聞いてもらえるということを子どもたちに示すものでした。このミーティングにおける6年生の子どもたちのリーダーシップは、上下関係と人間関係のバランスに対して、表面的ではない深い変化をもたらす土台となりました。それはまた、すべての子どもたちにリーダーシップの責任を行使する力について重要なメッセージを送っていました。ラーニング・レビュー・ミーティングは、子どもたちが学習についての話し合いにおける活発な参加者となり、会話の流れを形作り、そして次の段階の意思決定に貢献することを可能にしました。第3章で記述された実践の発展についての例は、いずれも、子どもたちが自分自身の学びの主導権を握り、発言権をもつ機会を増やすための教師の更なる努力を映し出しています。精神的な資質に関して、第4章のテーマに再び戻ると、伝統的な教師と子どもとの関係とは全く異なる、**子どもとのあり方**の形成に光を当てることになります。学校全体の学びの文化への子どもの参加は、教職員の学びを刺激してそれを高めていくような資質

が育つのに伴い、自然と増えていきました。

　親たちはだんだんと学校全体の学びの文化に引き込まれていきました。それは、ある部分は子どもたちのやる気に満ちた熱意を共有した結果として、またある部分はラーニング・レビュー・ミーティングのような重要な新しい仕組みを通してでした。これらのミーティングでは、親たちは学校での自分の子どもたちの進歩について、単に情報をもらう人としてではなく、共に教育に携わる人として迎え入れられました。子どもたちに対する親の深い知識と理解は、教師の知識や理解と共に、子どもたちがミーティングに持ち込んだ課題について話し合うための教育資源として使用されました。また、もしも親たちが積極的な貢献ができるようであれば、彼らが学校に来るのを心地よく感じるように、彼らの個人的な知識や技能を活かせる方法を見つけるための多くの努力がなされ、そのための様々な障壁が取り除かれました。研究期間中、我々が話をした親たちは、いかに学校で彼らが歓迎されたか、いかに教職員やアリソン校長に話しかけ易かったか、いかに彼らが抱えていた気がかりをいつも聴いてもらえたかについて感謝の念を表していました。また、第4章で見てきたように、親たちは学校が何を求めて進んでいるか、なぜ、教職員が子どもたちに能力によるレッテルを貼ったり、グループ分けをしようとはしないか、思ったことを明確に言葉にすることができました（p.104 参照）。彼らは、学校でのカリキュラム開発に向けた想像力に富んだアプローチを強力に支持していました。そして、子どもたちが互いを思いやり、チームとして共に取り組み、互いに助け合うようになることに力を入れている点を賞賛していました。親たちが学校の要となる特徴について話をするのを聞くと、彼らがロックザム校のアプローチを高く評価している理由は、子どもたちにとって標準学力や達成度、そして学業目標が最優先されているのではないからだということが明らかでした。親たちは、子どもたちが学びを渇望し、自分自身を幸せだと感じ、人々に囲まれた良き共同体の一員であるよう願っていました。彼らと子どもたちがどのように扱われていると感じているかは、より関わりたいという熱意、さらには関わらなければならないという道徳的な義務感にもつながっていました。ある親は、「彼らは自

分たちを大切な人間だと感じさせてくれて、子どもたちも大切にしてくれています。だから自分たちも学校に貢献しなければならないと思うのです」とコメントしています。

　この親のコメントはまさに問題の核心を適切に表していました。人々に「大切な存在だ」と感じさせることは、単に口先だけのことではありませんでした。人々は**本当に大切**です、極めて大切なのです。なぜなら、変化をもたらす集団の力は、すべての人の貢献によるからです。「共同主体は最も重要です」とアリソン校長は言いました。ビジョンに向けて学校を動かすリーダーとしての力を行使する彼女の能力は、学校共同体のすべてのメンバーが、個人であれ集団であれ、学校の発展に貢献するためにどの程度、**彼らの**力を行使するかによっていました。ですから、学びの学校文化があれほどまでに重要で、アリソン校長がその発展に向けて、自らのエネルギーをあれほどまでに徹底的に注ぎ込んだのでした。

■道徳的要請

　しかしながら、ジグソーパズルの最後のピースをまだ一つはめなければなりません。それは恐らく、もしも我々がロックザム校の発展がどのように創られ維持されているかという全体像を描こうとするならば、最も重要なものです。粘り強さを検討した際に強調したように、価値ある学びに必ず伴う葛藤は、人々が闘う価値があると信じているものに向けて行動した時に意義があります。この道徳的目的意識——つまり、人々がより良い世界の構築に向けて貢献できると信じていること——は、深いところに根ざした価値から来ています。それは、人々を駆り立てる情熱を生み出し、葛藤を単なる価値のあるものだけでなく活性剤にさえします。研究から学んだことを振り返って、アリソン校長は今、人々を支え続け駆り立てているものは、根本的に**情熱**であるということを、より十分に分かったと説明しています。情熱は、より良い未来のビジョンがそれを実現させる力の感覚と結びついたときに生じます。教員チームとの取り組みにおけるリーダーシップにおいて、アリソン

校長は単に特定の資質を育んでいただけではありません。みんなで何を**求めて**学んでいるか、何を創造するために共に努力しているか、それを共有する感覚を育てていました。それは、能力のレッテルや能力中心主義の実践による悪い影響がなく、すべての人の学びが花開く学校環境です。7つの資質を育むことによって、彼女は教員チームがこの共有された道徳的目的意識に貢献する力を次第に見出せるようにしていきました。

　ですからアリソン校長は、もし方略が彼ら自身の主体的な感覚を高めたり、努力を通して価値ある変化を想像してもたらす能力を高めたりするのに役立ったならば、どんな方略でも、それが情熱的な努力の感覚を強化するのに役に立ったかどうかによって最終的に検証しました。ロックザムチームのメンバーは次第に、子どもたちの学ぶ力について、より開かれた見方をするようになり、自分自身の主体性への自信が高まるにつれて、自分自身の権利のもとで自律的で自己維持力のある学習者になりました。子どもたちの学びをその場でよく見ていくことは、変化や改善に向けた開かれた検討課題を提供しました。学校全体の学びの文化は、チーム内で共有されるエネルギーや希望を耕しながら、集団の力を通して、情熱を育み維持するのに役立ちました。このエネルギーや情熱、希望は、学校においてもたらされる変化の中心部分で、非常に大きな変容力をもつ考えとして利用されました。この取り組みが続くにつれて（今でも続いているのですが）、ロックザム校の教職員を駆り立てている道徳的目的意識は、次第に、はるか遠くの到達できない夢ではなくなってきています。それはすぐに植えつけられ、日々の行動や出会いの中に根づいてきています。実際に、ハリエット・カッファロ（Harriet Cuffaro）が論じていますが、いかにジョン・デューイ（John Dewy）の教育哲学が不朽の意義をもっているか、また、自分がいかに実践の中で彼の原理を応用するようになったかについて詳細に報告した中で、次のように説明しています。仕事に一貫して取り組んでいる教職員は「教えることは我々が何者であるかについてのあり方を示すものであり、我々が信じて価値あるものを行為の中で実現する場なのだ」（Cuffaro 1995, p. 98）ということを理解するようになります。教師の仕事は道徳的目的意識が実現される場なのです。

第6章
集団的行動がもつ力

　これまでお話ししてきましたが、ここで我々は、安全で、思いやりに溢れ、すべての人が公平に受け取る権利がある学習環境、能力のレッテルや実践による限界の影響を受けない場をいかに築き上げるか、ロックザム共同体から学んだことを概観する段階に来ました。最初のところでは、初期の研究において、教室でのそれぞれの教師による意思決定を導くためにアリソン校長が見出した目的と原理が、まさに子どもの学びだけでなく、大人の学びにも同様に応用されていることを論じました。教室での教授モデルは、同じ目的と原理が教職員の学びを支援するためにもまた応用可能でなければ、十分に子どもたちにとって効果があるとは言えないでしょう。子どもの学ぶ力に対する信頼を共有すること、そして教師が専門職としてもっている力に気づくことが学校全体に浸透して広がるよう奨励された時、何が可能となるかを我々は知っています。教職員の学ぶ力を変容させることは、子どもたちの学ぶ力を変容させるための**最も重要な**条件です。この章では、リーダーシップの力と集団の力と個々の教師の情熱が、それぞれ専門職としての学びが発展するための条件形成にとってどのように貢献するかを考えます。我々はロックザム校における学校改革の際立った特徴を取り出し、それらが標準指針（standards agenda）によって提案されているアプローチとどのように対照的であるかを示します。個々の教師、学校の管理職、教師教育関係者、政策作成者のために、我々が見出したことの現実性と応用可能性を引き出します。それから、その先にあるものは何か、また、さらなる研究の余地について考えます。

■学ぶ力を変容する力

　第1章では、ロックザム校についての我々の研究がどのようにして最初のプロジェクトの発見を基に築かれ、そして『限界なき学び（Learning without Limits）』（Hart et al. 2004）という本にして出版されたかを簡単に説明しました。その本の研究では、能力のレッテルや能力中心主義による実践を拒否する原理と矛盾しないような実践を展開しようと、様々な文脈の中で取り組んでいる個々の教師が、それぞれの教室で行っていることのもつ力にもっぱら注目しました。しかしながら、彼らは孤立した状態でやれることの限界にしっかりと気づいていました。もしも教職員が共通のビジョンに向けて一緒に取り組むなら、また、そのような発展に向けた強いリーダーシップの支援があるなら、必然的に追究すべき発展への可能性はもっとたくさんありました。アリソンがロックザム校の校長に任命されたことは、より大きなこれらの可能性を開拓する心躍る機会を作ることとなりました。

　もちろん、アリソンがロックザム校に来たとき、校長のビジョンと彼女が導く目的や原理について、教職員はまだ知りませんでした。我々の研究はこの学校に計画的に焦点を当て、成長する過程を見てきました。我々は、アリソン校長がそれぞれの子どもの学びが花開く学校を作り上げるために、いろいろな考えをどのように同僚たちに伝え、どのように共に取り組むよう招き入れたかを見出したいと思っていました。アリソンが校長になった最初の頃、彼女は能力に焦点を当てた実践がもたらし得る害について自分の見解を共有してもらうために、能力についての考えに対して議論や証拠を用いて直接的に立ち向かったり、人々を説得しようと試みたりはしませんでした。その代わり第2章で見たように、彼女は一人一人の子どもがもっている力に対する信頼が同僚の中に育まれるのを助ける仕組みを作り上げ、また経験の機会を提供しました。それから第5章で示したように、毎日の教室実践で行う選択と意思決定を通して、子どもたちの学ぶ力の変容可能性に対する同僚たちの理解を築くために、体系的に取り組みました。今、我々が理解しているようなロックザム校における学校の成長のプロセスは、図6.1にまとめるこ

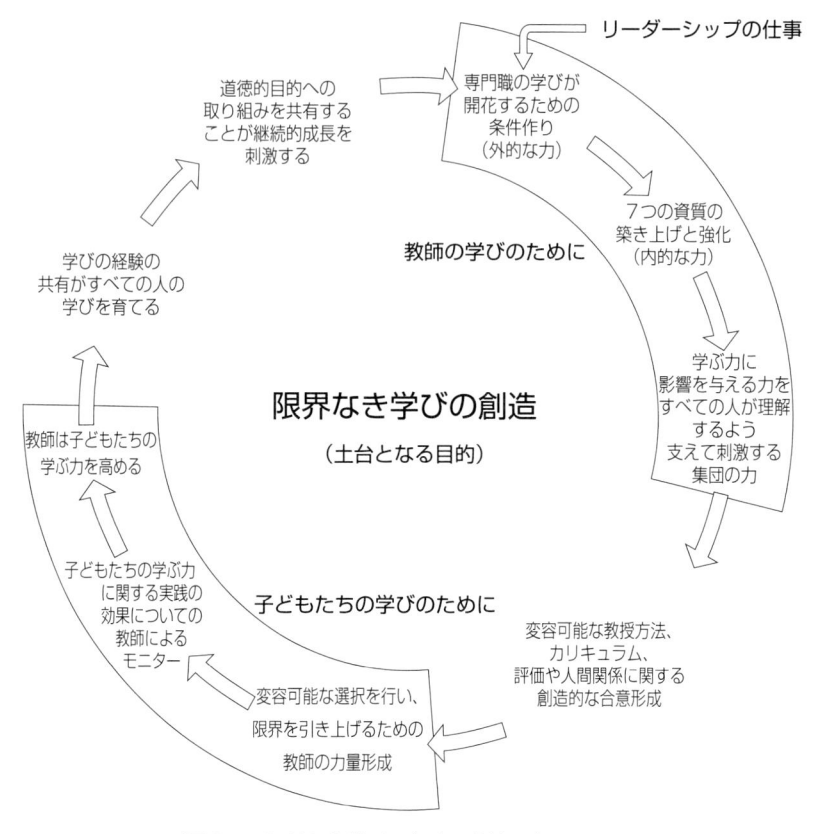

図6.1 限界なき学びの創造：学校の成長モデル

リーダーシップの仕事
- 専門職の学びが開花するための条件作り（外的な力）
- 7つの資質の築き上げと強化（内的な力）
- 学ぶ力に影響を与える力をすべての人が理解するよう支えて刺激する集団の力

教師の学びのために
- 道徳的目的への取り組みを共有することが継続的成長を刺激する
- 学びの経験の共有がすべての人の学びを育てる

限界なき学びの創造（土台となる目的）

子どもたちの学びのために
- 教師は子どもたちの学ぶ力を高める
- 子どもたちの学ぶ力に関する実践の効果についての教師によるモニター
- 変容可能な選択を行い、限界を引き上げるための教師の力量形成
- 変容可能な教授方法、カリキュラム、評価や人間関係に関する創造的な合意形成

とができます。

　第5章では、リーダーシップの役割に関する我々の研究を通して、新しい重要な知見を展開しました。その新しい知見とは、3つの鍵となる領域において、変容を可能にするための様々な選択を行う力を高めるために、何をなすべきかに関するものでした。その3つの領域では、リーダーシップの取り組みを通して、教職員集団の取り組みを通して、そして個々の教師の努力を通して、なすべきことが行われます。この章の最初では、これらの領域それぞれによって提案される様々な可能性と、それらが教師たちの力量形成にど

う貢献するかについて、我々が学んだことをまとめます。

リーダーシップの取り組み

　最初の**限界なき学び**の研究から、我々は子どもたちの学ぶ力を高める教師の力量は、外的な力と内的な心の状態との間の相互作用、この両方が子どもたちの学ぶ力に影響を与えるということに対する理解、そしてまた両方が教師自身の現在の選択や行動によってどの程度変化を受けやすいのかということに対する自覚（図6.2参照）、その２つにかかっていることを学びました。この力量をふるう中で、教師は学ぶ力に影響を与える要因についての理解を深め、絶えず学ぶ力を広げるために取り組みながら、継続的に自分の選択を振り返るのです。

　ロックザム校の我々の研究は、選択や行動を通して個々の教師の力量を高めるためにどれほど多くのことを学校の管理職がなし得るかを示しました。専門職としての学びが盛んになる条件を作り上げるために、毎週のように何を行い何を行うべきではないかを決定する際には、慎重な判断が必要とされます。今、この課題には、図6.2にあるように、外的・内的の２つの力と対応している２つの鍵となる次元があることが分かっています。一方では、チーム構成員の個々にとってのそれぞれの学びや、集団としての全員にとっての学びを支援し刺激する**外的な**条件を作り出す必要性があります。またもう一方では、もしも限界なき学びに専念している学校を築くような学習を行おうとするならば、教師が必要とする**内的な**資質を育む必要性があります。

　第５章では、我々は外的な条件、つまり、専門職の学びを支援して刺激する仕組みと方法、そして教職員が自由に学びに焦点を当てられるような安定した環境といった特徴を作り出す際に、リーダーシップが果たす役割について詳細に探索しました。我々は今や、この外的な条件が深く原理に基づいた行動であり、第１章で概略を示した**限界なき学び**の原理を反映していることが分かります。我々の分析は、これらの原理が教職員の学びにも応用されるというアリソン校長の信念が確かなものであったことを示しています。また、これらの原理が教職員の学びを支援するための実践にどのようにきちん

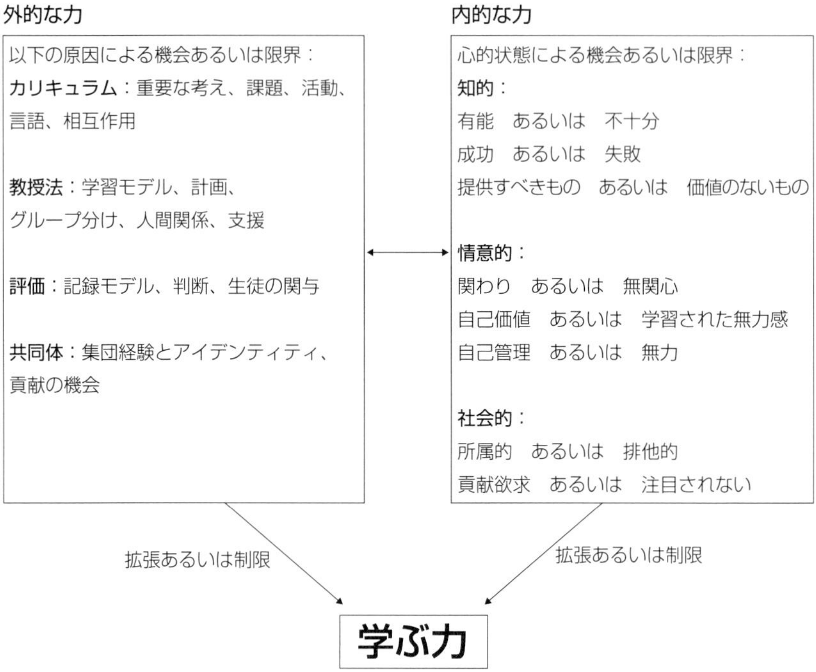

外的な力

以下の原因による機会あるいは限界：

カリキュラム：重要な考え、課題、活動、言語、相互作用

教授法：学習モデル、計画、グループ分け、人間関係、支援

評価：記録モデル、判断、生徒の関与

共同体：集団経験とアイデンティティ、貢献の機会

内的な力

心的状態による機会あるいは限界：

知的：
有能　あるいは　不十分
成功　あるいは　失敗
提供すべきもの　あるいは　価値のないもの

情意的：
関わり　あるいは　無関心
自己価値　あるいは　学習された無力感
自己管理　あるいは　無力

社会的：
所属的　あるいは　排他的
貢献欲求　あるいは　注目されない

拡張あるいは制限　　　拡張あるいは制限

学ぶ力

図6.2　学ぶ力に影響を与えている力
原典：Hart *et al.* (2004) より改訂

と反映され得るか、詳細な洞察を提供しています。表6.1は、第5章で詳細に調べ、図5.1の連続性をもつ図表にまとめられたリーダーシップ方略が、共同主体、すべての人、信頼といった重要な教授的原理といかに完全に一致しているかを示しています。

　力強い専門職の学びが育まれるために必要な内的条件を明らかにしたことは、今回の研究の新しいところです。専門職の学びの外的条件を作るのと同じ方略によって、教職員が自身の権利において自律的で自己維持的な学習者となるような特定の内的な資質（在り方、他者や経験との関わり方）が開発されます。第5章に記述した7つの資質は、ロックザム校で起こっていることについての研究を通して、特別に解明されたものではありますが、同様の心的資質についての説明は教育関係の本の著者、研究者、理論家による他の

表6.1 リーダーシップ方略を決定している原理

共同主体	すべての人	信頼
パートナーシップの思考	すべての教員が互いから学ぶ機会の最大化	語るのではなく聴くこと
提案すること		
共有した関わり	いろいろな取り組み方法の価値づけ	教職員に意思決定と判断の自由を与えること
アイデアの結実へ向けた助け合い		
アイデアと興味深い学習材の開発	思考を刺激するための違いの利用	学びのための豊かな文脈を作り出す仕組みの設定
問いの形成		
挑戦	相互支援を奨励する仕組み作り	オープン・エンドのカリキュラム経験の提供
抵抗の奨励（自己防衛的価値観に対して）		

文献においても見出すことができます。例えば、ステンハウス（Stenhouse 1975）は「学校改善」における教師の役割に関する議論の中で、課題に対する責任をしっかりと教師の手（と心）に委ねています。この役割の特徴の一つは「成長の基盤として、教師が自分自身の教育に対して意識的に**問いかけ**を行うこと」です。彼は「非常に望ましい」ものとして、「他の教師たちに自分の取り組みを観察するのを許し、それについて**心を開いて**正直に話し合う姿勢」（p. 144, ゴシック体は追加）をさらに付け加えています。後の研究でステンハウスは、研究者の望ましい資質に関して拡大して捉え、教師を指導の技を磨く「意識の高いアーティスト」と特徴づけています。これは、彼が明言している通り、役に立たない比喩ではありません。「もしも私の言葉が不十分であるなら、優れた芸術家のスケッチブックや演劇のリハーサル、

カルテットで演奏するジャズを見てごらんなさい。それが、私が論じている優れた指導とはどのようであるかというものです」（1985, p. 97)。彼は**創意工夫**という用語自体は使っていないかもしれませんが、彼の言葉は明らかに我々がその名で呼ぶ特質を強調し、また指導における創造性の必要性や、新しい実践を想像して実行する本質的な力を強調しています。

　他にスーザン・アイザック（Susan Isaacs）の研究にも著しい類似点が見られます。彼女は、教師教育者としての実践研究の基盤を子どもたちへの徹底的な観察に置きました。彼女の観察の素晴らしさ、つまり年を経ても色あせない観察の意義は、我々が**開かれた心**と呼んでいる能力を彼女が高度に発展させたところにあります。『幼い子どもたちの社会的発達（*Social Development in Young Children*）』の序章の中で、彼女は次のように書いています。

　　私は選択するつもりはありませんでした……単に自分を喜ばせてくれるような言動だけを、あるいは幼い子どもたちがこう感じたり、こう話したりするだろうと一般的に言われているような言動だけを……私はただ、自分の教育者としての目的や好みが何であれ、都合が良くない言動ほど、より面白いものとして記録したり研究したりするつもりでした。

　　　　　　　　　　　　　　　　　　　　　　　　（Isaacs 1933, p.19）

　同じ本の後半部分で、彼女はこのような立場をとった理由を「私自身、子どもたちが行ったり、感じたりする**すべてのこと**に思わず興味を魅かれてしまうのです」（p.113　ゴシック体はアイザック）と説明しています。

　情緒的安定性、それを我々は、受容、安全、安心の感覚という観点から述べてきましたが、その重要性は、1963 年に最初に出版された「守りの姿勢と知の欲求（Defences and the need to know）」というロジャー・ハリソン（Roger Harrison）による意欲的な論文において追究されています。彼は人間の普遍的な知の欲求について記述しています。それは「這うことができるようになるやいなや探求し始める」赤ん坊や、また同じように「大人として

世界を理解したり、熟知していったりする継続的な営み」の中に見られるものです。彼が明らかにした問題というのは「知の欲求は、安らぎ、安定、そして平穏な経験の敵である」ということです。定着した概念体系に安住する守りの姿勢や、我々の生活に安定と安全を与える守りの姿勢、そして他者との関係を心地よく、満足のいくように保つための守りの姿勢、これらのものと「能力と理解を高めることを切望する気持ち」との間には絶えざる葛藤があります。ハリソンの議論の中核は「守りの姿勢を壊すことは学びを提供するのではなく、むしろ、それは不安と不安定感を高める」ということです。では「学びを妨げる守りの姿勢を壊すことによっては学びを高めることができない」というパラドックスをどのように取り扱うことができるのでしょうか。

ハリソンの解決方法が生き生きと描かれています。

> 私たちができることは、人々がずっと守りの姿勢に留まる必要がない状況を作り出すことです。つまり、人々が安全に堀の外に飛び出すことができるようにすることです。それはいわば、郊外を散策している間に、誰も城に忍び込んで燃やしてしまうことはないという安心感を保証してやることです。
>
> （Harrison［1963］1995, p.290）

結びで、ハリソンはお互いから学ぶことが可能な大人の関係にとって必要な特質について記述しています。それは「相互支援の関係、尊敬と信頼」であり、第4章と第5章で我々が明確に裏づけたテーマです。

ロックザム校において明らかにされた内的な資質をもった人々は、現在の理解を越えて先に進み、限界を認識してそれを引き上げ、実践の新しい可能性を発展させることができるような様々な種類の思考や学習を行うよう適切に導かれていました。表6.2の「知的領域」に示されている**開かれた心**という資質は、子どもが何を達成するかを前もって判断することなく心を開くという意味です。**問いの形成**は、何が学びを助け、何が学びを妨げているか、

そして学習者の力をもっと十分に引き出すためにどのような別の方法がなされるかを探求するために必要です。**創意工夫**は、教師たちが能力基盤の教授法に取って代わる新しい実践を想像し構築することを可能にさせます。「情意的領域」における**粘り強さ**は、子どもたちにとって開かれた学習方法を常に探すよう扉を開放しておくのに必要とされます。**安定性**は、価値と原理をしっかりと維持しつつ、尚かつ新しいことへのチャレンジに対して開かれているために必要とされます。「社会的領域」においては、**寛容さ**は違いを欠陥として扱うのではなく、多様性を評価し、そこから学ぶために必要とされます。**共感**は型に当てはめて単純化することなく、あらゆる複雑さや独自性において人々を理解したり語ったりするために必要です。

表6.2 力強い自律した学習者に特徴的な資質の構築

知的領域	情意的領域	社会的領域
開かれた心	粘り強さ	寛容さ
問いの形成	安定性	共感
創意工夫		

外的条件と内的資質は共に働いて力強い専門職学習者を作り出します。だからリーダーシップの支援が最も強力になるのは、方略がこの2つの領域を考慮している時で、特に集団のエネルギーがすべての人の学びを支援し、刺激するために利用される時です。

集団の力

　教室において子どもたちの学ぶ力が、良かれ悪しかれ、クラスがどのように集団として機能しているかに深く影響されること、そこで教員チームのそれぞれのメンバーの学ぶ力が教職員集団の行動様式によって影響され、人々が互いの学びをいかに上手く維持し、刺激し合うために共に取り組んでいるかということが、ロックザム校でのリーダーシップによって分かりました。ですから、学びの文化の発展に向けた条件作りや、特に人々が仕事や学習に共に取り組む機会の提供が、これほどまでに強調されていたわけです。

　集団であることが良い影響をもたらすために重要な方法の一つとして、専門職のアイデンティティを共有する感覚を育むことがありました。集団としての誇りは、チーム内で、チーム**によって**高められていました。その誇りとは、ある種特別な教師であることにおける誇り、また強力な専門職学習者集団の一員であることにおける誇りです。ジョー先生は、学校の雰囲気について、かつて最低の評価を受けていた時とはずいぶんと変わり、教職員集団の間には胸躍るような感じがあると語ってくれました。ロックザム校は人々が対話や話し合いや内省を求める場所、希望の場所になりました。そこでは「誰も『それでもう十分』とは言いません」。チームは、それぞれの在り方や学び方を互いに理解し、評価し、称え合っていました。そうすることで、チームはアイデンティティの共有に役に立つ資質を育む際に重要な役割を果たしました。例えば、確実性よりもむしろ開かれた心や問いの形成の価値に対する理解を深めることで、同僚たちが成功からだけでなく互いの質問や葛藤から、新たな確信や新しい着想を引き出すことができました。その結果、自信と士気が高められ、「できる」という態度が広まりました。各個人は自分の選択に誇りをもち、自分で物事をやり遂げ、チームから認められることによって頑張ろうという気持ちになりました。チームがもっている維持力は、各個人が新しい可能性を探求する際にリスクをとる自信を与えていました。それは、各個人の努力を支え、役立つアイデアを生み出しました。チームのもつ維持力はまた、複雑な状況や問題に直面したときでも、何かをやろうとし続ける強さを与えました。このようにして、子どもたちの学ぶ力を高めよ

うとする際になすべき意思決定を行う一人一人の教師の力量は、チームの力によって強化されていました。

　インタビューによると、教職員メンバーは、このアイデンティティを共有している感覚が、たまたまその時にロックザム校で教えているという特別な個人であることによるのだろうと思っていました。教職員が変わった時でもまだそうなのだろうかと考えていました。最近明らかになったのは、教職員が多く変化したにもかかわらず、アイデンティティを同じように共有する感覚は、この研究が実施された数年後の現在でも維持されているという事実でした。2011年の教職員ミーティングでは、皆、第5章で概要を示した7つの資質についての短い要約を読み、ロックザム校で教えているという彼ら自身の経験と関連させて、それらがどのように意味があると思うかについてのコメントが求められました。その活動は心躍る議論を生みました。この議論を通して教職員は、ロックザム校の教師であるということはどういうことかについて、また、人々が互いに何に価値を置いているかについて、そして、人々が共に生き、仕事をし、学ぶ方法とは何かについて、7つの資質が何かしら本質的で普遍的であるものを捉えているという認識で一致しました。

　集団が個々の教師の学びを支えるためのもう一つの重要な方法は、子どもたちの学ぶ力を高めようという実践を発展させる際、努力のどこに焦点を当てるか、合意の形成を通して行う方法です。第3章で述べましたが、子どもたちがより自由に経験して学びを自己管理することができるようにという主たる目的に向けて、教員間に合意形成が行われていることが明らかになりました。これは図6.3に描かれているように、相互依存的に連動する様々な方略を通して達成されていました。総括的なリストというよりはむしろ、例を選りすぐったものですが、この図のすべての項目はデータから導き出しており、これまでの章で論じてきたものです。第3章では、教員の誰もが自由に自分で考え、自分のやり方を見つけることに価値をおき、実際にそれを経験しているという確かな証拠があるにもかかわらず、いったいどのようにしてこの確固たる合意形成に向けた擦り合わせがチーム全体の中で行なわれたのか、我々は頭を悩ませました。グループの中で養われている資質がどのよう

なものかを明らかにすることは、我々がどのようにして個人の学びを制限することなく意見の一致が可能となるかを十分に理解することに役立ちました。その資質というのは個人的・自律的であり、**かつ**、集団的・相互依存的である学びを促進しています。開かれた心というのは、例えば、問いの形成、安定性、創意工夫と結びついて、ダイナミックな融合体を生み出しま

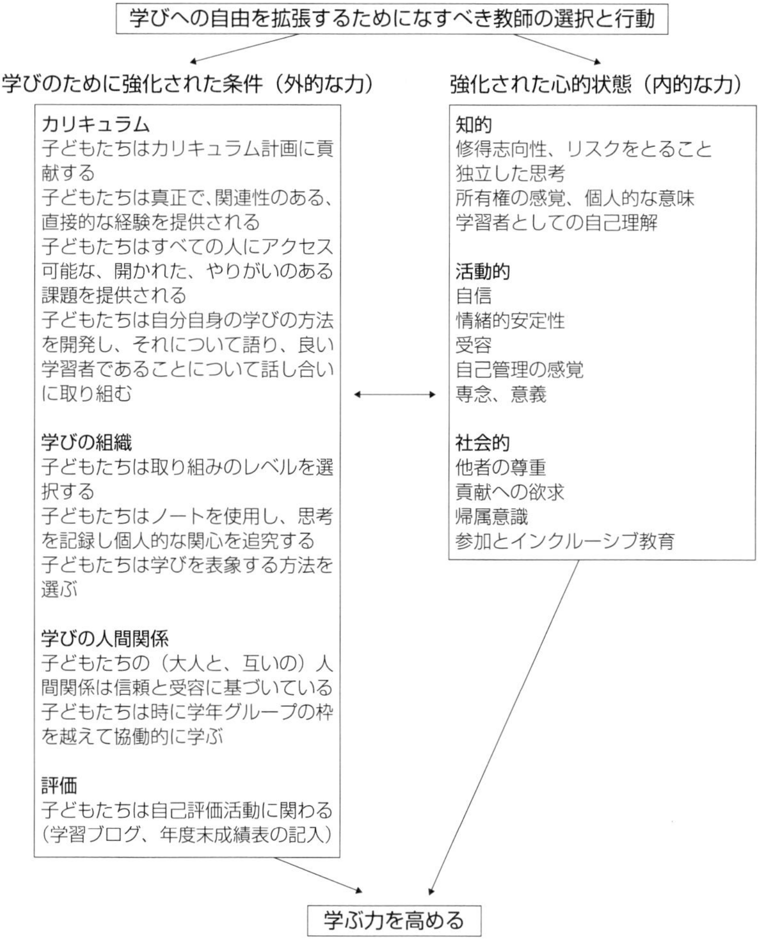

```
┌─────────────────────────────────────────┐
│ 学びへの自由を拡張するためになすべき教師の選択と行動 │
└─────────────────────────────────────────┘
```

学びのために強化された条件（外的な力）

カリキュラム
子どもたちはカリキュラム計画に貢献する
子どもたちは真正で、関連性のある、直接的な経験を提供される
子どもたちはすべての人にアクセス可能な、開かれた、やりがいのある課題を提供される
子どもたちは自分自身の学びの方法を開発し、それについて語り、良い学習者であることについて話し合いに取り組む

学びの組織
子どもたちは取り組みのレベルを選択する
子どもたちはノートを使用し、思考を記録し個人的な関心を追究する
子どもたちは学びを表象する方法を選ぶ

学びの人間関係
子どもたちの（大人と、互いの）人間関係は信頼と受容に基づいている
子どもたちは時に学年グループの枠を越えて協働的に学ぶ

評価
子どもたちは自己評価活動に関わる（学習ブログ、年度末成績表の記入）

強化された心的状態（内的な力）

知的
修得志向性、リスクをとること
独立した思考
所有権の感覚、個人的な意味
学習者としての自己理解

活動的
自信
情緒的安定性
受容
自己管理の感覚
専念、意義

社会的
他者の尊重
貢献への欲求
帰属意識
参加とインクルーシブ教育

学ぶ力を高める

図6.3　学ぶ力の変容：学びへの自由の拡張をめぐる創造的な合意形成

す。ロックザム校の人々は、単純に誰かのやり方に追従することはお互いにありませんし、より経験のあるメンバーから提供されたお手本に従うということもありませんでした。合意形成は創造的でした。共通のテーマをめぐる取り組みは、人々が考えや経験を共有することができ、互いの思考に貢献し、互いの実践から学ぶことができることを意味しました。しかし、その一方で、それは特定のクラスの子どもたちのために、あるいは特定のクラスの子どもたちと共に歩まれる、自分自身の学びの道筋を管理し方向づけることを意味しました。マーティン先生が言ったように、誰もが「同じ波長になる」ので、協働はグループ全体の発想を刺激して、とりわけ生産的なものになりました。その一方で、先生方が自分自身の個人的な実践を展開する自由は確保されていました。それぞれの個人の経験や問い、新しいアイデアや葛藤、そして優れた実践はグループ全体の資源となり、同時にそれらの資源は、さらなる思考や発展を刺激するために各個人で利用することが可能でした。創造的な合意形成は、誰もが貢献し、またそこから学ぶことができるようなその時々の探究を共有するための一貫した枠組みをグループに与えてくれました。

　我々は、教職員の合意形成に向けた取り組みを研究するにつれて、学校全体の職員が、各教師が一人だけで行動している時よりも、共通の原理に導かれて共通の目的に向かって共に取り組んでいるときに、限界なき学びの創造において何が可能であるかという疑問に対する極めて重要な答えを提供してくれたことに気がつきました。教職員の個人的学びと集団的学びの支援や維持と同様に、創造的な合意形成もまた単に目の前の学期だけでなく遠い将来における子どもたちの学ぶ力を高めるための、有意義で広く影響力のある示唆を与えてくれます。子どもたちは、学校全体のカリキュラムと様々な教授学とを首尾一貫して経験することができました。例えば、意思決定や自らの見解の表明、授業計画への貢献、協働的学習、学習者としての自己理解、学びの自己評価などです。この一貫性はあらゆる領域における進歩を可能にしました。また、学ぶ力に対する結果的な影響や、ある年齢グループから次の年齢グループへと移行する際の継続性、そして進級するにつれてのさらなる

成長を可能にしました。それはまた、子どもたちの生きる力、そして彼ら自身の学びにおいて、より能動的な主体となる力を強化しました。「ロックザム校で自分たちはどのように学んでいるか」を理解するということは、自ら学ぶ主導権を握る立場に子どもたちを置くということになりました。それはすなわち、何が学びを助けるかについての洞察を教師にもたらし、自身の学ぶ力と教師の学ぶ力を高めることに貢献する立場に子どもたちを置いたということでした。

情熱の力：限界なき学びへの取り組み

　我々がロックザム校の研究から学んだことを探るにあたり、子どもたちの学ぶ力を向上させるために、リーダーシップの支援や集団の支援がどのようにして個々の教師の力を高めることができるかという点に、これまでのところ焦点を当ててきました。しかし、教員チームの個々のメンバーの貢献を過小評価しないことや、各個人の主導権や勇気や機知もまた、どれほど多く学校全体の発展に寄与しているかを認識することも重要です。この研究期間の終わりには、人々がそれぞれ、学校が推進している方針の情熱あふれた提唱者になっていたことは明らかでした。この取り組みは子どもたちの学ぶ力を上げるための個々の教師の力を活性化したのです。

　それでは、人々が限界なき学びに取り組んで**いくようになる**ためには何が関わっているかについて、我々は彼らから何を学ぶことができるのでしょうか。我々の文化に深く浸透している固定した能力という考え方に、ロックザム校の人々がどのように抵抗しようとしたか、そして学ぶ力を変容させるための自らの力をどのようにして見出したかについて、我々は何を学んだでしょうか。最初の**限界なき学び**の研究では、我々はこれらのプロセスの詳細を探究することができませんでした。しかし、我々が研究した教室の９名の先生方の話から、ほとんどの場合、教師には能力のレッテルや制限された学びの悪い影響についての直接的で個人的な経験があることが分かりました。それは、教師自身、家族、友だちなどが潜在能力を決めつける判断をすることによって、子どもの将来の希望が損なわれるというような経験でした。そ

のことに衝撃を受け、教師生活の間ずっと、能力のレッテルが子どもたちに与える影響を調べることによって、それを変えようと奮闘努力した教師もいました。当たり前と思われていた能力分けが実は不当であるという感覚を教師たちは深く共有していました。

　最初の研究における教師たちのように、ロックザム校の教師もまた、直接的な経験を通して、能力を固定化して考えたり、能力のレッテルづけをしたりすることを拒否するようになりました。我々は学校全体の成長に関して、あらゆる面において、子どもたちの学ぶ力について考える「正しい」方法の押しつけはないということに気がつきました。アリソン校長は、何も考えない追従の文化や、さらに悪いこととして「もっともらしい公正さ」の風潮に与しないようにと心を配ってきました。その風潮とは、社会的批判を免れるために能力のレッテル使用は避けるものの、学習者としての子どもたちの力についての考え方に深い変化をもたらさないというものです。教職員は何度も嚙み砕いて考え、疑問を投げかける時間をもちました。実際、サイモン先生は能力の差別化に対する新しいアプローチが本当に能力のレッテルづけを変えているのかどうかという心配を口にしていました。

　信頼と共同主体の原理を維持する際に、人々が自分自身の時間と方法で考えることに専念できる場が与えられました。アリソン校長は、ロックザム校で提供された学習経験があれば、同僚たちは能力のレッテルづけは余計であり、すべての人の思考と学びに対して弊害があることが分かるようになると信じていました。前の方の章で我々は、子どもたちの力を浮き彫りにする新しい仕組みと経験、つまり、教職員や子どもたちにとっての新しい学びの機会について述べました。第5章では、子どもたちの学びに重点を置くことが、子どもたちのために最善をつくそうと深く専心することにどのようにつながるかを示しました。また、そのように重点を置くことが、授業の活動に応じて子どもたちが何を行っていて、何を言っているかということについて、より注意深く観察したり、またより多くのことを考えたりするように教師一人一人をいかに促すか示しました。そうすることで、単純なカテゴリー化に抵抗する枠組みのもと、教師たちは子どもたちの学びに対するより豊か

な理解を築き上げることができたのです。子どもたちについて語る会話は、学びについて豊かな言葉を作り上げるのに役立ち、そこではもはや能力のレッテルに関する言葉を用いる余地はなくなりました。恐らく、最も意義深いことは、能力についての概念に意義を唱え、余計なものとみなすための根拠を子どもたち自身が提供してくれたことでした。報告書を書いている過程で、研究チームと一緒に一日過ごした新しい教職員の一人が、次のように言いました。「子どもたちはまるで、自分たちが達成できることには限界がないかのように、何でもできると感じています」。より注意深く観察すればするほど、子どもたちが行っていることがより見えるようになりました。教室環境における子どもたちの学ぶ力に対して何が重要かについて学べば学ぶほど、子どもたちの学びを支援するために教師自身が成し得ることがより分かるようになりました。教職員は、新しいことを試み、どのように子どもたちが反応するかに気づき、次に何をすべきかを省察し、計画を調整し、子どもたちがより情熱をもった力強い学習者になっていくのを見るにつれ、そしてすべての子どもたちのために何ができるかについて理解を広げるにつれ、子どもたちの学びと教師の学びとの間の相乗効果が現れてきました。

「変容可能性」という言葉は教職員の誰にも使われてはいませんでしたし、「学ぶ力を変容させる」力への明確な言及はなされてはいませんでした。しかし、彼ら自身の理解や価値観に基づき、能力のレッテルに反対する理由を実感するにつれて、核心となるこれらの考えの理解が次第に人々の思考や実践の中に浸透していきました。このプロセスは時間をかけて自由に実行され、各個人の管理の下で行われていたので、その結果としての学びは深く個人的な意義をもっていました。ロックザム校の人々は能力のレッテルづけと能力基盤の実践について強い否定的な見解を示し、このような認識の変化が個人的な生活にどのように浸透していったかについて語りました。能力のレッテルによって押しつけられた限界から子どもたちの学びが解放されることでいきいきとした学校になるというビジョンの共有に、教職員は心から関わることができました。彼らは、共に取り組んでいることが、本当に努力する価値があることだと理解していました。ロックザム校の人々の情熱は、現

在取り組んでいるような学校を創造する際に十分な役割を果たすことができるよう、人々が学ぶために必要な不断の原動力、自己更新する目的意識をもたらしました。

■学校改善に向けた特徴的なアプローチ

　我々がロックザム校で実証した学校の成長のためのアプローチが、国の政策で支援されている改革のアプローチとどのように異なっているのかを考える方向に移りましょう。我々の研究は、原理に基づき、実践可能な代替アプローチへの説得力ある見解を提供しているでしょうか。もし、そうならば、その明確な特徴は何でしょうか。以下、ロックザム校のアプローチが、多くの方法において深く異なったものであることを示します。

変化への本質的な活力：努力する価値があるものへの信念の共有

　ロックザム校のアプローチのまず際立った特徴は、改善への活力が**内側**から次第に生じているところにあります。標準指針は、例えば、外部から課された目標、学校間の競争、実績一覧表、業績管理、業績による給与、定期的監査による学校評定などの形式をとった外部からの圧力によるものです。「標準であること」を維持しようとするならば、そして「最悪の」学校を最も良い水準まで引き上げようとするならば、これら様々な要因からの圧力が弱まる可能性はありません。それとは対照的に、ロックザム校において学校全体の成長の活力となっているのは、**努力する価値のあるものへの信念**です。第5章の結論の中で見てきたように、7つの資質を育むことは、より深い道徳的目的に繋がっていました。その目的とは、能力のレッテルで限界づけられることから解放され、すべての人の学びが開花する環境を創造することです。フラン（Fullan 2003）は、それが学校の成長における推進力として非常に重要であると強調し、「道徳的要請」という何か希求する価値あるものへの信念に言及しています。システム全体に変化をもたらすような管理職の役割に関する研究で、彼は、より良い学校の構築は教師の情熱、目的、

力量にかかっていると論じています。「あらゆるレベルで、そのプロセスを道案内したり支援したりするリーダーがいなくては、教師たちを（共に）取り組ませることはできない」（p.5）と述べています。

　ロックザム校では前章の結論で記したように、努力する価値のあるものに対する信念のおかげで、成長が自己維持されていました。教職員が我々に語った内容から、その信念が彼らに新しい希望と目的を与え、「最低ランク」にいたという経験を忘れさせることができたと分かりました。またそれは、新しいことに着手し、新しい挑戦を起こし、必要ならばさらに先に進むために必要とされる欲求、活力、情熱、主体性の感覚、創造性と楽観性を作り出しました。また（その大部分は）押しつけによる疲労ではなく、むしろ自らの努力によるわくわくした達成感を作り出しました。

「トレーニング」文化を越えて：特定の学びを育む

　ロックザム校の成長に向けたアプローチの2つ目の際立った特徴は、特定の専門職の学びが奨励され、その専門職の学びが7つの資質によって可能になっているという点です。ロックザム校のチームは、物事の「なぜ」を調べるように学んだり、あらゆる意思決定を道徳的要請において根拠づけする方法を学んだりしています。彼らは、技能や技術、また既成の授業計画ではなく、お金で買えない価値によって支えられている教授法を磨いています。その価値とは、ロックザム校にある、インクルーシブ教育[1]、社会正義、そして最も重要な原理である人間の教育可能性といった道徳的価値のことです。この同じ価値観がカリキュラム開発と評価実践を形成しています。チームは読書やセミナーや対話を通して、より良い知識が与えられるにつれて、より賢い意思決定を行えるようになります。しかし、彼らは「証拠に基づく実践」よりもさらに先に進んでいます。彼らは自分たちの原理に反する証拠も評価するのです。すべての意思決定は、全体的な目的、すわなち、平等で調和のとれた限界なき学びの学校というビジョンと矛盾なく一致しています。

---

1) 障害を特別な教育的ニーズととらえ、教育システムを学習者の多様性に対応する一元的なものとすることを目指す考え方。

これは、近年の専門職の開発活動において支配的である学びの「トレーニング」モデルとは正反対です。トレーニングモデルは「正しい」答え、「上手くいくもの」、そして「最善の実践」を好み、考えることや問いを投げかけること、そして創意工夫などとは一歩離れています。「最善の実践」についてのきちんと消化されていないアイデアが、教室で実行するようにと教職員に「配達され」ます。トレーニングは、しばしばパワーポイントのプレゼンテーションによって要約説明がなされた重要なメッセージつきの大量の教材セットを伴っています。指導の手引きは非常に広く行き渡るので、トレーニング指導者でさえ手引きに従ったりする場合があります。配達という形式で、公的な行政機関から学校に送られてくるたくさんの教材セット、指導書、現職研修用の一式は、「上手くいくもの」が研究によって既に信頼性をもって確立したことを暗示しているメッセージとなっています。それゆえ、教師たちの課題は本質的にそれに追従するようなものとなり、中央で推奨されたものとより密に連携した実践を行い、「最善の実践」が提供されるように、完成された標準に向けて進歩することを目指すことになります。教師たちは外部の研究結果と示唆を信頼することが期待されています。しかし、批判的に実践研究に取り組んだり、自分の教室の子どもたちにその考えと関連することや応用できることを自ら実行したり、非常に深いところで支えられた価値観や原理をどのように適合させるかを考えたりすることなどは期待されていないのです。

　外的に導かれた「最善の実践」モデルへの追従はまた、小学校の教師のためのカリキュラム領域をほとんど網羅している、インターネットから入手可能な詳細な授業計画を通して推進されます。それは、既に過剰に負担を強いられている教師たちにさらなる負担を与えずに指導力の向上を育成しようという誤ったアドバイスを試みる形式です。これらのプランを使用して効果的な数学の授業の準備をしようとしているある教師の、まじめですが虚しい努力に注目しながら、ビビー（Bibby 2011, p. 110）は次のように指摘しています。「棚上げされている負担とは、考える必要性のことです。実は棚上げされることができないのは、まさしく、この考える必要性なのです」。法的規

制がなくとも、公的な指導に従わない結果に対する恐れは、追従の文化に力を貸し、しばしば教師自身の最善の判断に反することにつながります。研修コースの熟練した教師たちが、何らかの実践——あるいは、与えられた教材の使用法の解釈——が「許される」かどうかと本当にまじめに質問するのは、珍しいことではありません。

　これまで見てきたように、ロックザム校では学びが開かれています。教職員は皆「考える必要性」に慣れ親しんでいます。ロックザム校の教師はこれまで見てきたように、研究や「最善の実践」の指導を考慮はしていますが、あくまでも活動的で自律的な思考を行う学習者としてそうしています。彼らは創造的な学習プロセスの一部として、他者のアイデアに関わっています。アイデアは既成のままで取り入れられるのではなく、どのように教室の条件が学ぶ力に強い影響を与えているか、また学びの機会を豊かにして高めるために何をすることができるかを理解するための糧となっています。リーダーシップの方略は、自律的な判断を尊重し、促進します。個人としても集団としても教職員が自分自身の学びを行うことができるように方向づけられています。ロックザム校には「正しい方法」、推奨される最善の実践、あるいはインターネットから入手可能な授業計画、考えることから遠ざかる誘惑や言い訳はありません。その代わり、ロックザム校には集団内や集団を越えて省察を育み広げていくための豊富な資源があります。ロックザム校の教師たちはそれらの資源を利用して、実践の様々な可能性を探り、拡張し、また、子どもたちの学びにしっかりと焦点化することによって促されながら、理解や実践を成長させるよう取り組んでいます。

力とリーダーシップ：パートナーシップと協働

　専門職の学びについて他とは異なったこのような見解は、教師自身の力と主体性の感覚にとって、また、学校リーダーと教師チームの間の関係性についての特徴的な本質にとって、重要な影響をもたらします。トレーニング配達モデルは、力の上意下達の階層構造が前提となります。中央機関から発せられたアイデアや命令は、しばしば地方当局を通して学校管理者に伝えら

れ、そこからリーダーシップの責任をもった教師によって学校の教職員グループに広められます。この上意下達的アプローチは、教師の役割を他の人々のアイデアを操作するだけの手工業者としての役割へと低めることになります。それは教師の専門性をおとしめ、また影響力を奪うことになります。ここで前提としているのは「上手くいくもの」が実際に上手くいくだろうということです。しかしもしも、そうでないならどうなるでしょうか。教師たちがどこからか持ち込んだアイデアを単に応用することが奨励されるならば、彼らが実践を見直して再構成したり、前に進める新しい方法を見つけたりするのに必要なアイデアを自分のものとして完全に管理したり所有したりすることはありません。もっと心配されることには、子どもたちが「品質第一の指導」にさらされた時に学ばないとしたら、それは理論的には問題が子どもの側にあると見なすことになります。そこには教師たちが自分自身の実践を検証して成長するという刺激も義務もありません。そのため、学習支援グループや個別指導の教材セットの紹介が近年、増えています（例えば、DfES 2003b）。我々が示したように、ロックザム校での成長に向けたアプローチは、教師たちが自分自身の学びを管理できるように保証されています。子どもたちの学びへの焦点化や7つの資質の開拓を通して、教師が自分自身の力に気づくことにより、難題に対応できるようになるのです。それは、何が起こっているかについての理解を深めようと追究することによって、また、限界を引き上げて学びの機会を増やすためのどのような余地が現在の実践の範囲内にあるのかを自ら実感することによってなされるのです。

　校長としてアリソン先生は、教師自身の主体性の感覚や物事をより良く変化させる力には、校長と教職員との間に、ある種それまでとは異なった関係を築く必要性があることを強く意識しています。だから、同僚たちと学びのプロセスを共有するために、上意下達の階層構造を解体し、横並びの位置に身を置こうと決心したのです。一般的に推奨される教育水準局で好まれるような全国校長資格（National Professional Qualification for Headteachers, NPQH）のトレーニングプログラムを通して促進されるリーダーシップの最善の実践モデルと、彼女自身のアプローチとは対照的です。そのプログラム

で校長に期待されているのは、自分自身の強いビジョンをもつことであり、また教職員ミーティング、教職員トレーニング、授業観察（フィードバックと評価）、業績管理（目標と共に）、そして、進歩のレベルを特定し、学校開発計画に向けた方略を考案するために、これらの測定方法をすべて使用したデータ分析を通して、そのビジョンを実行することです。アリソン校長はNPQHのトレーニングを受け、この信念に従おうと努力する必要があるのだということを受け入れることから始めました。しかし、彼女はすぐに、もしこれらすべてのことを行おうとすれば、彼女の時間を奪うだけでなく、教職員と築き上げることのできるある種の関係性に重大な影響を与えてしまうということに気づきました。「重要なのは**下から支えること**です——どのように互いに関わり合って、互いに学び合うことができるかということです」と彼女は言いました。我々が見てきたように、アリソン校長は自分が創りたい学校について、たとえ自分自身のビジョンを熱烈にもっていても、他の人々にそれを押しつけることに価値を見出してはいませんでした。彼女のアプローチは最初から人々とコミュニケーションをとることであり、本物の協働的パートナーシップの中で、一緒に取り組むようにと人々を招き入れるものでした。そこにおいては、アイデアや見解は双方向に流れます。共に取り組む中で、誰もが力と責任の両方をもちました。ロックザム校の成長は彼らが皆で取り組み、共に達成するものだったのです。

モニタリングと説明責任：内的規準、責任の共有

　ロックザム校のアプローチが際立って特徴的な4番目の領域は、モニタリングと説明責任のシステムに関してです。ロックザム校の説明責任は、主として**到達度**にあるのではありません。もちろん、ロックザム校もイングランドの他の公費運営の学校と同じように外的測定方法（予測と実際の到達度の比較、特定のカリキュラム領域における目標設定と実際の到達度との比較）による学校業績をモニタリングする義務を負っていますが、これらは評価やモニタリング目的のために内的に使用される測定方法ではありません。教師は自分自身の計画を書いたり、自分自身の教育資源を工夫したり、自分自身

の話題やプロジェクトを紹介したり、そして子どもたちがどのように応答しているかを厳しくモニタリングしたりしながら、説明責任を内的な教師自身の意図と結びつけています。指導チームは学ぶ力を高めることを目的として教室の実践を変えようと決心するときは、単に「良い結果を望む」のではありません。この変化が、子どもたちがより力強く関わり合い、熱心な学習者になるために役立つものであることを想定しています。それどころか彼らは、意思決定を注意深く一貫して追跡し、上手くいっているという徴候を探し、実践を洗練させたり向上させたりするために、次になすべきことを省察しています。第3章と第4章を振り返ると、教師たちが自分の意思決定を評価するために使用した根拠としての事実に言及している例を数多く見出します。例えば、子どもたちの興味の増加、教室活動への没頭、より多くの「活気」、自信と学びの自己管理の増加、より積極的な活動、そして共に取り組む力量の増加などです。教師たちが学びの自由を教室経験のより多くの領域へと広げるよう駆り立てられているのは、彼らがこれらの変化が起こるのを見て、子どもたちがより良い学習者になっていくのを自分の目で確認しているからです。

　最初の**限界なき学び**についての研究では、教師の目的に基づいた問いの使用の潜在力に注目しました。その目的とは、より広い説明責任の枠組みとしての変容可能性に向けた指導の目的です。図6.4に示した質問のリストにより、教師自身の反省と振り返りの過程にとって本質的なモニタリングと評価のための規準を提供することができました。ロックザム校ではいったん目的が共有されはじめると、モニタリングと説明責任のシステムは学校全体の学びの文化の中に埋め込まれるのでした。そのため、集団がもつ資源を使用し、それぞれの教師が個々に引き受ける反省、省察、学びを支援し、強めることが可能となりました。第2章では、教科ごとの個人単位のリーダーシップに取って代わる教員チームの仕事を記述しました。その時以来、花開き発展し続けているチームは、彼らのカリキュラム領域において子どもたちに提供される経験と機会の質に対する責任を共有しています。彼らはまた、それぞれの領域で子どもたちの学びの質をモニタリングする作業を行っていま

自信と感情的安全の構築	全ての子どもたちが学習活動への参加について感情的に安全で快適で肯定的に感じているか。
力量と学びの自己管理の強化	教室での経験がすべての子どもたちの力量と学びの自己管理の感覚を高めたり、回復させたりしているか。
楽しさと意義の増加	教室活動はすべての子どもたちに興味深く、楽しく、意義あるものとして経験されているか。
子どもたちの学習者としてのアイデンティティの強化	すべての子どもたちが学習において持続的な成功と成果、そして達成感を経験しているか。
将来への希望と自信の増加	すべての子どもたちが自分自身の将来の成長に向けて変化を作り出す力を認識しているか。彼らは何が可能かについての概念を絶えず拡張しているか。 将来に対して希望に満ちて、自信があるか。
子どもたちの受容の感覚と帰属意識の高揚	すべての子どもたちが教室共同体の平等なメンバーとして他の人に見守ってもらっていると感じているか。自分の貢献が教師と同様に仲間にも認められ、価値づけされていると感じているか。
学習共同体として取り組む子どもたちの力量形成	すべての子どもたちがチームとして、建設的に共に取組む必要がある技能を発達させたか。学習共同体として効果的に働く責任を受け入れているか。
授業の焦点となるよう意図されたあらゆる知識、理解、技能に対する、すべての子どもたちへの適切なアクセスの提供	すべての子どもたちが授業の内容と学習意図を理解して没頭したか。子どもたちはこれらの意図と関連した価値ある学習に没頭したか。
関連性の増加と意義の高揚	すべての子どもたちが、授業内容や課題が、生活や関心と関連していると思ったか。それは知的なつながりを創造したか。それは新しい地平を開き、新しい意味と関連性の認識につながったか。
思考、根拠づけ、説明の強化	すべての子どもたちが思考し、自分の考えについて語り、自分の学びと、何が学びの役に立ったかを振り返るための支援がなされたか。

図 6.4 モニタリングと説明責任の出発点としての問いの使用
原典：Hart *et al.*（2004）より改訂

す。教員チームによって行われる多くの活動に含まれているのは、子どもたちの取り組みの実例を共有したり話し合ったりすることです。それは「能力レベル」を合意するためではなく、あらゆる豊かな多様性のある子どもたちの学びの理解を深めるために行われています。また、その複雑さを大まかな数字的価値に単純化することのないやり方で成長を認識したり、記述したりするため、またどのようにそれが高められるかという、思考や見解を共有するために行われているのです。我々がまた注目した通り、アリソン校長は成績を管理する目的のためだけに観察を行う必要もなく、そうしたいとも思っていません。その代わり彼女は、教室の内外で同僚たちと大いに学びについて語り合うことを通して、教育上の質的保証を行なっています。

まとめとして、我々はロックザム校で展開している学校の成長のためのア

表6.3 ロックザム校における学校の成長のための4つの際立った特徴

特徴	標準課題 完全性アプローチ	代替的アプローチ 変容可能性アプローチ
向上のための起動力	外的 外的に課せられたプレッシャー	内的 情熱、信じるものへの奮闘
専門職の開発	トレーニング・モデル 「最善の実践」、インターネットから入手した授業計画、「上手くいくもの」の普及	専門職の学びを盛んにする条件作り、自律的な専門職学習者の資質の強化
力とリーダーシップ	上級者リーダーシップチームに課される上意下達的な取組み 教師の力量への価値づけ	パートナーシップ 主導的学習者としての校長の協働 教師の力、自律性、創造的で集団的な努力への価値づけ
モニタリングと説明責任	達成度に基づいた外的な規準 地方と国の規準、目標の比較 業績管理 観察と評定	教師の目的に基づいた内的な規準 専門職の学びを支える仕組みとプロセスの埋め込み 責任の共有、協働的学習

プローチの際立った特徴を4つ、見出しました（表の6.3参照のこと）。

これらの際立った特徴は、プラウデン報告書（Plowden Report, CACE 1967）以来のイギリス初等教育の最も包括的な研究である「ケンブリッジ初等教育調査（Cambridge Primary Review）」（Alexander 2010）の独自の調査結果と多くの類似点が見つかっています。この調査では、初等教育学校における発展を根本原理（「公平と共感、権利保証、積極的関与、権限委譲、専門的見識と高度化」（p. 4））の追究と結びつける必要性を強調しています。また、政府機関の教授法に反映されている教え方や専門職の学びに対する考え方について、同じように批評をしています。つまり、そのアプローチによって教えることは「応用の文脈を考慮することなしにウェブサイトから既成の『最善の実践』を盗用する秘訣」（p. 7）に成り下がっていると言っています。調査が論じているように、その代わり必要なのは「教師が、自分が行っているどんなことにも一貫した正当性を与えることができるような」、専門家気質というものについてのこれまでとは違った見方です。そこでは次の言葉を挙げています。「(1)証拠、(2)教授的原理、そして(3)教育の目的」（p. 308）。調査はまた、中央集権的管理や、影響力の強いテスト及びその説明責任の制度にさらされてきた管理職と教師に、再度権限を委譲する重要性に注目しています。

> 教授と学びの質に対して、まず内的な説明責任があり、それが外的な説明責任を形成するような文化を管理職たちが育てられるようにすることについて重点が置かれる必要がある。これは同僚の支援や異議申し立てに対する信頼の心や開かれた心をどう育てるかにかかっている。
>
> （Alexander 2010, p. 507）

ロックザム校は他の学校と同じように毎年毎年、到達度の向上が期待されてはいますが、学校がどのように外的に判断されるかについての意識がその発展を刺激したり、ゆがめたりすることはありません。教職員が互いに、または子どもたちと学びについて話し合うとき、通常、直接的にレベルの話題

に焦点を当てたり、レベルを引き上げるために何をすることができるかに焦点を当てたりすることはありません。ロックザム校の人々は、より良い到達とは学びの状態を高め、子どもたちがより良い学習者になれるように取り組んでいるすべてのことの副産物としてもたらされると信じています。彼らは、子どもたちの学びにどのような影響があるかは、自分たちの規準——育もうと求めている学びや学習者についての豊かで開かれたものの見方——によって目に見えるだけでなく、他者によって判断される規準、いわゆるナショナルカリキュラムのレベルを通して測定される達成度においても明らかになると信じています。

　今まで見てきたように、測定された子どもたちの達成度が急速に向上していることによって、彼らが信じていることは十分に報いられてきました。2006年、ロックザム校は学校状況に応じて調整された得点化によると、成績最上位校の一つでした。最も近年の監査では、ロックザム校はすべてのカテゴリーで「最優秀」と評価されています。このことは、学校が公的な道筋から逸れることは**可能であり**、そのことによってむしろ、教育水準局に歓迎され、高く評価されることが**可能である**ということを示しているのです。

■現実的関連性、応用可能性、そして示唆

　我々は今、限界なき学びを作り上げるために共に取り組んでいるロックザム校の教職員の経験から、何を学ぶことができるかという問いに目を向けます。確かに、似たような価値観を共有している人は大勢います。そして、その価値観に反して取り組むのではなく、それに調和して積極的に促進するような学校改善を展開したいと思っているのです。しかし、ある特定の時期のある一つの学校の研究から引き出されたことの中に、管理職、政策者、そして実践者にとって一般的に応用可能な教訓はあるのでしょうか。

　もちろん、第2章に記述されているような基盤の上に築き上げられた発展が形をなし、拡張するのにもっと時間がかかっていて、もしこの研究が数年後に実施されていたとしたら、ロックザム校に関する話の詳細の多くは違っ

たものになっていたでしょう。その章の結論のところで着目したように、**限界なき学び**という核心的な考えによって鼓舞された学校改善には終わりがありません。研究のデータ収集の段階から、ロックザム校の教職員は思考と実践を成長させ続けています。マーティン先生は、第3章で検討したロビンフッドの日

森の学校

を計画した時には、屋外での教育への関心がちょうど固まり始めているところでしたが、今や「森の学校」（Forest School）と呼ばれる野外教育の資格をもった指導者です。彼の論文「雨でも晴れでも：森の学校に向けた全校的取り組み（Come rain or shine：a whole school approach to Forest School）」（Vandewalle 2010）には、学校が最近、展開した屋外教育プログラムを指導した経験が活かされています。ジョー先生は現在6年生を教えていて、第3章で検討したように自己評価日誌を発展させ続けています。自己評価日誌は次第により広く使用され、学習日誌となり、その後オンラインのブログになりました。彼女はまた、2011年9月に指導学校（Teaching School）に指定されたロックザム校によって立ち上げられた新しい学校同盟[2]をわたり歩く指導者（メンター）になっています。ソフィー先生については、問題を抱えた自分のクラスにおける取り組みのアプローチが第4章で描かれていますが、今や学校の指導者制度によって効果的に支援を受けた経験を活かして、指導的な算数教師としての役割を果たす中で、同僚たちとの活動への彼女自身のアプローチを発展させています。シェリル先生は、能力グループ分けの使用をやめ、教室でより多くの選択肢を提供したとき、どのように子どもたちの学びに対する態度や関係が花開いたかに気づきましたが、今や、ロックザム校や同盟学校での包括的な実践や家族支援の責任を担っています。アリ

[2] 指導学校と提携して教育改善を図る学校間組織。

ソン校長は今や、ロックザム校の校長とケンブリッジ初等教育調査の国内ネットワークの指導者とを兼任しています。彼女は様々な雑誌に論文を発表し続けています。最近の論文「評価レベルを越えて（Beyond assessment levels）」（Peacock 2011）では、従来の方法に取って代わる評価実践が、近年、ロックザム校で展開していると述べています。

　教職員人事にも変化がありました。サイモン先生は近隣の町の校長になりました。彼はロックザム校での経験を活かして、似たような路線に沿って、新しい学校の教職員を導いています。ダレル先生は退職しましたが、学校と密接に連絡を取り合っています。新しい教師たちが学校に加わり、チーム全体の仕事を豊かにするための新鮮な知識や経験や見識をもたらしています。多くの変化が生じ、新しい展開が起こっている一方、我々が述べてきたような、現在進行形の特別な専門職に関する学びについて、根本的な原理や関与は変わらないままです。研究を通して顕在化した洞察は、他の文脈における人々にとっても持続可能な現実的関連性があり、応用可能であると我々は自信をもっています。特に、より良く、より強力で慈愛に満ちた学校改革の方法を切望する教職員にとって。また、子どもたちの学びを育むためにもてる力をどのようにすれば最善に発揮できるかと考えている個々の教師にとって。あるいはまた、標準指針の圧力によって自分たちの価値観がますます譲歩させられていると思っている管理職たちにとって。そして、ますます制約が強くなっている授業課程で、専門職の学びの強力なモデルを維持する努力をしている高等教育機関で働く教師教育者たちにとって。無邪気な楽観主義というわけではありませんが、ロックザム校での経験は政策作成者に対する客観的な教訓を提供し、学校改善に向けた別の方法が可能**であり**、なぜその方法がより良いのかということを示してくれることになるだろうという希望に我々は満ちています。ここでより良いと言っているのは、それが、自己維持力があり、絶えず自己革新を遂げているからです。そして、すべての人にとって学びの経験をより魅力があり価値があり生活の質を高めるものとすることによって、より高い到達に導いているからです。この後に続く紙面では、個々の教師のための示唆を始めとして、様々な集団の人々にどのような

教訓が活かされるのか考察します。

個々の教師への示唆

　我々は、子どもたちの学ぶ力を高めるためになされている個々の教師の実践という範囲を越えたところまで探究してきましたが、どのような文脈をもった職場であろうと、ロックザム校の研究から活かすことのできる個々の教師に向けたメッセージがあると信じています。最初のメッセージは、学校の成長に関心のあるすべての人にとって明確にしておきたい重要な問題です。ロックザム校の話は、能力別のグループ編成を止めたということについての話ではありませんし、混合した能力編成による指導についての話でもありません。それは、もっと深くもっと遥かに遠いところを目指した壮大な取り組みなのです。どのような形であれすべて固定した能力というものは子どもたちや教師、カリキュラムや評価に対する悪影響があるので、これを拒否するということです。また、能力のレッテルづけによる運命決定論を、大きな希望ややる気や力を与えてくれるような学習者観及び学習観に取って代えてくれる取り組みなのです。

　第3章や第4章で紹介した成長への取り組みは、ある教師グループが子どもたちの学ぶ力を変容させるために行っていたことの詳細な実践例です。これらは、子どもたちの本質的な教育可能性に対して、似たような取り組みに基づく実践を展開したいと思っている他の教師たちへの着想や道案内の資源となるでしょう。しかし、彼らの例は他の教師たちに何らかの秘訣や青写真を与えるものではありません。恐らく、他の教師がロックザム校の経験から活かせる最も重要なメッセージは、固定した能力という考え方から解放された実践を展開するための方法は一つではなく、また明らかに正しい方法もないということです。第3章で示したように、ロックザム校のすべての教師たちは、異なった取り組みをしていました。彼らはそれぞれ変容可能性の名のもとに、自分たちで思考し、自分たちで意思決定を行っていました。教授学の諸要素について人々の間に確固たる意見の一致があることが分かりましたが、このことは、これら教授学の諸要素や彼らが立ち上げた方略及び実践

が、他の文脈へと転移可能であるという意味ではありません。ロックザム校の教師たちの意見の一致というのは学ぶことの自由を拡大するというところにありました。それは、子どもたちが力強く、熱心な学習者になれるように、自分たちが何をすることができるかについての判断を共有するということです。ただしそれは、教師たちが理解した学ぶ力を高めるためのほんの一つのアプローチにすぎません。近道はありません。すべての教師は、教室の中で子どもたちの変容を促すような選択をするために、自分自身で考え、自分自身の理解に辿り着かなければなりません。教師たちが学ぶ力を変容させるために必要なのは、単なる結果論としての実践ではなく、思考そのものなのです。教師たちの目的、原理（共同主体、すべての人、信頼）、また、子どもたちの学ぶ力を教師が変容させることができるという確信、これらはすべて直接的に転移可能です。新しい文脈の中でこれらを応用した際に導かれる結果は、多くの要因、例えばそこでの文脈、そこにいる子どもたち、そこにいる教師の知識、理解と経験などによって異なります。それはまた、その特定の時点での教室の状況とその状況における学習者の心的状態との相互作用によっても異なってくるでしょう。ソフィー先生が発見したように、ある一つの子どもたちのグループに関して可能だと分かった方略であっても、次のクラスでは再考され、再検討される必要があるかもしれないのです。

　しかしながら、ただ一つの正しい方法はないというのが真実である一方で、ロックザム校の教職員の間には、何をすべきでは**ないか**について強い意見の一致があります。原理が教師たちの意思決定にどのように情報を与えてくれているかをより十分に理解するために、我々はロックザム校の人々が何を考えているか、何をしているかと同様に、何を考えていないか、何をしていないかに目を向ける必要があります。彼らは到達度の差は、子どもたちの限界のある潜在能力によって説明されるのではないと考えています。彼らは子どもたちを能力グループに分けることはありませんし、それぞれのグループが到達することについての予測を基に異なった指導をすることもありません。彼らは、特定の学習内容に対する子どものつまずきを能力が欠けている証拠として見るのではなく、その子どもにとっての、また教師自身にとって

の重要な学びの状態にある証拠として見ます。そこでは教師は、自分自身の実践を振り返り、学びの機会を増やす方法を探るために挑戦しているのです。

　ロックザム校の教師たちが子どもたちについて話すのに「特別な教育的ニーズ」という言葉をだんだん避けるようになったという発見は、この一連の実践と関連しています。ちょうど能力のレッテルづけがだんだん余計なものとなったように、**一部の**子どもについてクラスの他の子どもたちから切り離すことを考えたり、それについて相談したり、実際そうしたりすることについても同様でした。学校にはステートメント[3]を伴った子どもたちや、学習補助員が気を配っている子どもたちがいますが、それにもかかわらず、その子どもたちは教師たちや他の子どもたちとは違う目立った集団として認識されてはいませんし、選び出されてもいません。教室の中で何が起こっているかに気づき、質問し、学ぶ機会に対して子どもたちがどのように反応しているかを分析することによって、またより多くの自由な学習条件を作るために子どもたちが自分でできることを理解することによって、教職員は**すべての**子どもたちに対してそうしているように、そのような子どもたちが経験している難題に対応しています。問題を克服する方法を見つけることは共通の責任とみなされ、アイデアを出し合ったり、集団的記憶を活かしたりするので、教職員の誰も一人ぼっちで悪戦苦闘することはありませんでした。可能なかぎり、人々はすべての人の学びを高めることを意図した実践における開発を通して、個々人の難題に応えられる包括的な方法を探しています。

　限界なき学びの理想に取り組む個々の教師にとって、実践の出発点は図6.4にある一連の質問の形式をとり、いくつかの質問のレンズを通して教室経験を振り返ることです。例えば、すべての学習者が自分の力量や学びを自分で管理している感覚を高めるような教室経験になっているだろうかと問うことです。また、もしもそうでないならば、妨げとなっているのは何であろうかと問うことです。それから、共同主体、信頼、すべての人、の原理を用いて、教師たちは子どもたちの自信と学びの自己管理の感覚を高めるため

3）　特別な教育の必要のある生徒のニーズに合わせる対策を述べた法的文書のこと。

に、もっとできることが何かあるだろうかと考えるかもしれません。3つの原理と一致する実践を試みることを決定したら、教師たちは子どもたちがより有能感や自分で学びを管理していると感じていることを示す徴候を注意深く見守り、起こった出来事を振り返り、それに応じて教室での学びを調節するでしょう。これは、すべての優れた教師が行っている省察のようなものに見えますが、限界なき学びに取り組んでいる教師たちが他の教師たちと違っているのは、変化は**可能であり**、それは**すべての**子どもたちにとって可能であるという前提から出発している点です。力量と学びの自己管理は多かれ少なかれ、人々のもって生まれた能力に応じて固定してはいませんし、安定した状態にもありません。むしろ、すべての人が力量と学びを自分で管理している感覚を経験することができますし、またそうすべきです。もしそうでなければ、彼らの学びは妨げられてしまうでしょう。教師が力量と学びを自己管理している感覚を高める方法を見つけるために力と洞察力を用いるならば、すべての人の学ぶ力は高められます。

　資質についての枠組みはまた、これら教師のあり方や学び方を、専門職の仕事に現在取り組んでいる、あるいはこれから取り組もうとしている教師自身の特徴として理解する教師のために、有益な省察の道具を提供してくれるでしょう。ロックザム校の話を聞いた他の教師たちが、しっかりと学びに集中する能力に誇りをもち、教室で何が起こっているかを意識して問いを形成し、子どもたちが学ぶ機会に対していかに応答しているかを分析し、そして、学ぶ力を変容させるために行動を起こす力を使うようになることを期待しています。教師たちが困難な状況（例えば、学習が進まずに悩んでいる親や子ども）に直面したとき、原理と同様に資質（例えば、開かれた心、共感、創意工夫）も、教師の問題解決に向けて役に立つ、有益な指針となるでしょう。そして、教師たちは専門職の学びを育みながら、個人のアイデンティティの感覚を肯定していくのです。

　ロックザム校の経験から引き出されるさらなるメッセージは、個々の教師が自分自身の学びを促進する際に、他の人々の考えと触れ合うことを通して、また、何が学びを制限しているのか、学びの機会を豊かにするために何

ができるのかということについて新しい知見を与えてくれる文献や研究に注意深く取り組むことを通してこれを行うことが重要だということです。カリキュラムや教授法、評価についての一般的な文献同様に、専門教科の知識は新しい洞察の重要な資源となります。例えば、数学者のボーラー（Boaler）は、第3章と第5章でその研究に言及しましたが、子どもたちの数学を学ぶ能力が、学校で教えられている類の数学とどのような関連があるかについて、説得力のある説明を提供しています。ボーラーは「世の中の数学や数学者が使用している数学には全く及ばない、とても狭い主題が子どもたちに教えられている」ので、多くの子どもたちは数学に困難を抱えているのだと言っています。自身の研究を引きながら「問題解決、アイデアや表現の創造、難題の探究や探究方法、多くの異なったやり方の議論」(Boaler 2009, p.2) などを伴って「本当の数学」が教えられたとき、子どもたちは数学をより良くきちんと学ぶと論じています。学ぶ力の変容に取り組んでいる教師たちは、子どもたちの学ぶ力に影響を与え、新しい実践の可能性を求めて新しい道を切り拓くような外的力と内的力との間の相互作用について、理解を深めるために様々な資源を注意深く探すものなのです。

　つまるところ、ロックザム校の話において、集団の力を理解することは、個々の教師に学校の内外で一緒に働く同じような意見の人々を見つけるようにというメッセージを与えるのです。読者の方々にはどこにでも可能であれば助けを求め、複雑な問題を共有し、学校内や地元のネットワーク、高等教育機関との接点をもって集団の力を築き上げることにより、互いに支援しながら他の仲間とともに思考していただければと思います。

管理職への示唆

　多くの管理職と教職員は、ロックザム校のチームと同じ価値観に賛同していますが、当然のことながら、先に述べたような公的に支援されたモデルやそのモデルに関連する、優れた実践への期待に応じるような学校改革のアプローチに従うようにとのプレッシャーに抵抗するのは危険性を伴い、大変なことだと分かっています。それゆえ、ロックザム校の話は一つの希望です。

それは学校の成長に向けて、これまでとは異なる、原理に基づいた実現可能な別の方法が**ある**ということを示しています。この章の前の方では、この代替的アプローチの際立った特徴を詳細に見てきました。我々は、このことが管理職にとって、質と説明責任の保証が要求されるような重要な課題を、管理職の価値観の基盤に反することなく、それと調和して積極的にそれを促進する方法によって、いかに達成可能なのかを理解するのに役立つと期待しています。

　他の学校の管理職が関心をもって使用できるような**限界なき学び**の考えや原理によって促される学校開発におけるリーダーシップの役割について、ロックザム校の話は詳細な分析を提供してくれています。一つの大切なメッセージは、専門職の学びが盛んになるための条件作りに完全な最優先権を与える重要性についてのものです。これには安定的な環境を作り、すべての人がそのエネルギーを学びに集中できるようにすることが必要です。その上、我々がこの章の前の方で論じてきたように、この学びは育まれている学びであれば何でもよいのではなく、第5章で記述した資質によって省察されて可能となる専門職の学びなのです。我々は教授学上の原理（共同主体、すべての人、信頼）がまた、教員の学びを支援する方略を決定する際に、管理職たちの意思決定に応用されることを示しました。そして、それらが専門職の学習者の強力なチームを築き上げる課題に応用されるとき、彼らが至ったような方略を例を挙げて説明しました。これらの原理と資質、そして変容可能性のための条件を作る際のそれらの役割は（我々が現在、理解している限りでは、教員にとっても子どもたちにとっても）、他の学校に応用可能です。ロックザム校で、ある特定の文脈、ある特定の時点、そしてその時その場にいる人々によって生み出された方略は、時間と共に形を変えていくことでしょう（我々が研究を始めて以来、ロックザム校における成長の中で、これまで見てきたように）。そして、それらの方略は直接的には転移可能ではありません。ロックザム校の話は、具体的な例を提供してくれますが、管理職は自分自身の分析をする必要があり、自分自身の同僚と関連した特定の文脈における特定の知識や経験から、方略のレパートリーを生み出す必要があるでしょ

う。

　ロックザム校の話はまた他の管理職たちに、ロックザム校のような成長を育むために必要な人間関係を振り返る刺激を与えてくれます。こういった人間関係は、標準課題の改善モデルと結びついた実践、例えば、「不十分」、「普通」、「優秀」と教師にレッテルを貼って価値を下げるような実践によってどのような影響を受けるでしょうか。教師たちをそのような判断にさらすことは、単に心理学的に害があるだけではありません。レッテルづけは、ロックザム校の話が示しているように、この本で記述されている学校改善に対する代替的なアプローチの、まさに心臓部分にあたる共同主体の人間関係を深いところでひそかに傷つけてしまいます。ロックザム校では、子どもたちや教職員の能力的なレッテル貼りはこれまでにもありませんでしたし、今もありません。学ぶ欲求や必要性はすべての人に共有されていますし、それはまさに、専門的知識の指標であり、教員チーム内での専門職としての誇りだと理解されています。これは行動における「すべての人」の原理の良い例です。ロックザム校では、すべての人が学んでいます。「すべての人」とはもちろん、教職員、保護者、子どもたちと日々応対する中でその資質を具現する校長先生を含んでいます。彼らとの人間関係の中で、アリソン校長は学習パートナーの役割を担っています。彼女はまた、教員チームに豊かな支援を提供できるように自分自身の学びを育むことや自分自身の思考や成長を支援するための繋がりを築くことに深く取り組んでいます。

　さらに、集団の力を利用することについて管理職たちへのメッセージがあります。アリソン校長の力は、彼女のビジョンへ向けて学校を動かしますが、それは、昔も今もある条件付きです。アリソン校長の力は、彼女が集団のすべての人々に対して、自分たちは努力する価値があるものに向けて取り組んでいて、その貢献が当てにされているということを、どれほど感じさせることができるかにかかっているのです。つまり、学校共同体におけるすべての人が、ビジョンに向けた学校の成長を支えるためにどれほどの力を費やすかに左右されるのです。ロックザム校のチームは、学校の成長は人々に物事を押しつけるというのではなく、教師たちの思考に沿って上手くそれに合

わせて取り組みながら、いろいろな方法で行うことが可能であることを我々に示してくれています。彼らは**限界なき学び**のビジョンによって鼓舞された学校が、教育水準局に「最優秀」と認められることが可能であり、見事なテスト結果を収め、保護者と子どもたちの両方から温かく感謝され得ることを示してくれています。ある親が鋭く観察していました。「私はマイケルに限界があると感じて欲しくないのです。そんなふうに信じて欲しくないのです。もっと大きく考えて欲しいのです——どんなことも何でも可能だと——それが、彼がここで手に入れようとしていることだと思います」。

　最後に、そしておそらく最も重要なこととして、集団に加わり、アイデアを共有し、学校改革への原理をもったアプローチを展開するために取り組んでいる他の学校や他の教育者と経験や目的を共有する必要があります。ロックザム校での学校の成長に向けたアプローチが標準課題によって支えられたアプローチと異なっている方法を探究する中で、我々は、これが現在開発されている唯一の代替的アプローチであると提案しているのではありません。例えば、イギリスや世界中の多くの国々の多くの学校で『インクルーシブ教育のためのガイドブック（*Index for Inclusion*）』（Booth *et al.* 2000；Booth and Ainscrow 2002, 2011）によって提供された豊かな資源が、その成長の取り組みを支えるために使用され続けています。著者が論じていますが、『ガイドブック』を使用することは「補足的な手段ではなく、インクルーシブな価値観に応じた学校改善の一つの方法」（Booth and Ainscrow, 2011, p. 19）なのです。インクルーシブ教育とは「排他性を乗り越え、参加を促進する願いを生む特定の価値観への深い関与」（Booth and Ainscrow, 2011, p. 21）です。ブース（Booth, 2011）は以下のように論じています。

> 原理に基づいた人間教育の開発に取り組んでいる人々は、時には、認識されているよりもはるかに大きな集団を形成しているだろう。人々は、総合的な地域教育、民主主義教育、反/非差別教育、男女平等教育、健康的な学校作り、持続可能な開発のための教育、グローバル市民性教育、価値観と権利に基づく教育、批判的教授学、能力のレッテルづけの

ない学びと非暴力教育などの様々な名前のもとで、そのような人間教育の取り組みを行なっている。

(Booth 2011, p. 46)

　ブースが提案しているのは、連携がなされ得る価値観レベルでの共通基盤を作ることによって、これらすべてのアプローチを統合する「インクルーシブ教育」のような上位概念の必要性なのです。

教師教育提供者への示唆

　ロックザム校での我々の研究は、限界なき学びを創造することはある特定の強力な専門職の学びにかかっているということを示しました。利用可能な学習コースで**限界なき学び**の原理と価値に深く関与している教師教育者たちにとって、これはどういう意味があるでしょうか。この種の専門職の学びを支え、育み続ける際に果たすべき高等教育機関にとって重要であるパートナーシップの役割があります。（イングランドの）教師教育者たちは学生たちが扱わなければならないことや、どれほどの時間を特定のカリキュラム領域に費やさなければならないかという行政の規定によって、ますます制約を受けていると感じています。また、教師たちの専門職の学びを支援するための予算は、学校においても高等教育機関においてもひっ迫し続けています。それにもかかわらず、ロックザム校のチームが同じような予算の減額というプレッシャーを受けながら、原理にしたがって生きる道を見出したと言う事実から考えてみると、我々の研究が、教師教育者に利用可能な対策を振り返り、重要な価値観や原理を保持している、新しい着想を提供するものであると期待しています。また、自律的な専門職の学びを育むコースを開発しようとせずに、従来のトレーニングプログラムを与えようとする圧力に抵抗するための、新たな着想を提供できればよいと思っています。

　ここで提案した資質は、対策を再考したり、育成すべき資質がどのようなものかを自らの言葉で語ったり（もしこれらでないなら、他のものを）、そして学習コースカリキュラムや活動に関連して彼らが行った意思決定がどの

ように共同主体、すべての人、信頼の中心原理を反映しているかを考慮したりする際に、教師教育者たちを支援するであろう振り返りや省察に可能な枠組みを提供しています。我々の研究が、力強い教育者の資質を育むコースデザインを支援することを期待しています。そのようなコースでは、丁寧に選ばれた、重要な、これまでとは異なる新しい事例を用いて、教師たちが調べたり考えたりする機会を与えることでしょう。そしてその事例は、教職に関する継承すべき知見の集積に寄与した現代及び古典的な教育思想家や研究者たちから引かれることでしょう。そのようなコースはまた、教師たちがすべての子どもたちが変容するような選択を行うための知識や強さや勇気を築きながら、互いに導き合い、感化し合うことを促すでしょう。我々は、最初の**限界なき学び**の研究から立ち上がった核となる考えや原理が、既に初期の教師教育のコースに埋め込まれていることを知って、非常に励みになっています。アバディーン大学では、**限界なき学び**に関する選択コースで、研修教員がこれらの考えや原理を学校実習期間中の省察の枠組みとして使用しています（Florian and Linklater, 2010）。ハートフォードシャー大学では、初期教師教育プログラムの責任者たちが**限界なき学び**を引用しています。それは固定した能力という観点から学生たちが考えたり、子どもたちをレッテルづけしたりしてしまうことに注意を喚起する方法の一つとして、学校実習の文書の中で固定した能力に関する言葉の使用（能力が高い、普通、低い）を根絶することを目的としています。これら2つの活動に関するさらなる情報は、ウェブ上（http://www.learningwithoutlimits.co.uk/）で見ることができます。

政策作成者への示唆

　学校改善に向けた代替的アプローチが可能であるということ、また、それが一つの学校においてどのように実践されるかということ、この両方を明らかにする方向に、最初の研究の終了時より、今や何段階も近づいています。我々が明らかにしたことは、学校が成長し繁栄するために、より良く、より人間性豊かな方法があり、それは外的な脅威や絶え間ない監視、上意下達の

プレッシャーといった専門性を失わせる経験から解放されているということでした。この脅威や監視、プレッシャーは予想される問題に対する外部で作られた解決方法を実施するためのものであり、特定の学校、共同体、子どもたちの集団の特徴とは切り離されたものなのです。ロックザム校の例が明らかにしていますが、限界なき学びに取り組む学校というのは、往々にして当然のことですが、学び続け、成長し続け、向上し続けている学校なのです。政策作成者のすべきことは、そのような核心をなす考えや原理に取り組んでいる管理職の専門性を信頼することです。そのような管理職は、子どもたちの人生選択の機会を増やし、専門性と学習への情熱を高めるような教師の参加を引き出しながら、専門職の学びが盛んになる状況を作り出しています。また、教師の職業的な専門性を信頼し、教師が学ぶ力量を変容する力を使用し、思考を続け、試み、開かれた学びに向けて前進するために支援的状況が与えられるようにすることが必要です。

　この本が印刷されたときには、国の政策において新しい挑戦をもたらすような変化が起こっているかもしれないことに我々は気づいています。ナショナルカリキュラムの大規模なレビューが実施されているところで、学習の計画と報告を行うためにレベルを使用するという実践は捨て去られるかもしれないとの提案がなされています[4]。実際、このレビュー（DfE, 2011）にアドバイスするよう委託された専門家委員会によって、最近出版された報告書では、レベルによって硬直化した学びの階層化に取って代わる「進歩を判断する」(p. 44) 新しい方法について鍵となる面について詳述しています。そして、「この種のアプローチは実践可能であり、かつ教育的に正当である」(p. 49) という証拠として、**限界なき学び**が引用されています。しかし、この喜ばしい評価によって、我々の論評がもう十分であるというわけではありませんし、学校が責任を実行するために、より良い方法を求めようという我々の探究の必要性が少なくなったわけでもありません。専門家委員会のメンバーは明らかに、固定した能力 (p. 45) という考え方によって学びに課される限界について我々と不安を共有しています。そして、将来の政策は、すべて

---
4) 2014 年 12 月現在、実際に行われていない。

の子どもたちが「向上可能な能力」(p. 48) をもっているという前提を基礎に置いてなされることを推奨しています。我々の見解では、その挑戦は、レベルが廃止され、それがなくなることで作られた余地が能力のレッテルづけと能力に基づく実践の復活によって埋められてしまうことがなければ、確かなものとなるだろうと考えています。知能についての新しい見方は、固定した能力という考え方を拒否することに強い確証を与えてくれています（資料C参照）。それらは、子どもたちにレッテルを貼って分類するようにとのプレッシャーに教師が抵抗するのを助けるための重要な資源を提供します。しかしながら、それ自体では、政策がその上に展開されるような、学習能力についての十分な代替的見解を与えてくれません。必要なのは、**限界なき学び**で論じられた通り、与えられた状況の中で子どもたちの学ぶ力に影響を与える要因——子どもたちの心の中で何が起こっているかということと学校での学びにおいて彼らに利用可能な条件との間にある要因——の複雑な相互作用を反映している学習能力の概念です。学校が成長するためにはロックザム校がそうであったように、学校の経験が学習能力にどのように影響を与えているかを理解し、その理解をもって**すべて**の子どもたちがもっと関わり、力強く熱心な学習者になることができるような行動を起こすために、すべての人がエネルギーを集中できるよう構造化される必要があります。政策がそのような焦点化を支援しさえすれば、我々は学校の中で子どもたちの学ぶ力を高めるための膨大な機会を利用することができ、改善を自己維持させることができるでしょう。

■待ち受ける未来：ここからどこへ向かうのか

　ロックザム校の話は終わりに近づいていますが、やはりまださらに学ぶべきことはあります。我々は、他の人々が探究過程で相互支援を探し求め、また、我々がここで見定めた課題のいくつかをさらなる成熟した探索のために取り上げることを望んでいます。そのような領域の一つは、親を学校と本物のパートナーシップに巻き込むことであり、教職員の学びとカリキュラム開

発のための資源として家庭学習を利用することです。我々の今回の研究と最初の研究の両方とも、どのように学ぶ力が高められるかについて理解しようと、**学校内における**影響に焦点を当ててきました。我々は、学校を**越えたところ**での影響もまた、どのように分析がなされるか、より十分に理解する必要があります。それは教師の行動の範囲を越えているのは何かを認識するためではなく、子どもたちの学びを繁栄させている学校の中で、何がなされ得るかに対して力強い新しい洞察を提供するためです。ロックザム校の成長に関する説明の中で、我々は民族性、階級、性別、障害といった課題を明示的には述べませんでした。しかし、変容可能性の原理が学校改善に向けたアプローチを鼓舞したとき、変化をもたらす教師の力の中心にある相互作用的な影響力を分析すれば、これらの課題が公平に権限を分け与えるという方法で考慮されることになると我々は確信しています。この後に続く3つの例が示すように、この領域には研究と実践に向けた方法を形成する際に引用可能なこれまで継承されてきた影響力のある知見があります。

　ティザードとヒューズ（Tizard and Hughes 1984）による萌芽的な研究は、就学前学校（プレスクール）で使用される言葉に関して、労働者階級の女の子が家と学校で使用する言葉の間に顕著な違いがあることに注目しました。両親からの情報提供がなければ教師がこれらの違いを自分たちで見出す方法はありませんでした。そのため教師たちは、子どもたちの学校での言語使用が限られているという事実をもって、それがその子の実際の言語能力を表していると思い込んでいました。中産階級の子どもたちに関しては、家と学校でのそのような違いは見つかっていなかったので、ティザードとヒューズは、家と保育園でのやり取りの言語的なパターンの何らかの違いが、労働者階級の子どもたちによる十分な自己表現のための言語使用を妨げていると論じました。このような言語パターンの分析は重要な洞察の道を拓きました。それは、家庭での生き生きと続く会話の中で行なわれているように、子どもたちがもっと十分に言語的な資源を使用したり、発達させたりすることを可能にするために、学校状況における大人と子どもの間のやり取りを変えていく方向への洞察です。

もう一つこの問題と関連する考え方の重要な資源として挙げられるのは、グレゴリー（Gregory 1994, 1998, 2000；Gregory et al. 1996）の研究です。彼は1990年代以来、家と学校における文化的実践の違い——例えば、リテラシーの習得に関連する——が、子どもたちに学校で教えられていることへの信頼をどのように失わせ、不満を抱かせるようになるかを探究する研究を数多く行いました。ある注目すべき記事の中で、グレゴリー（1993）は熱心でやる気のある学習者として学校に入学した1年間で、幼い中国人の男の子にこのことがどのように起こったかを詳細に調べました。グレゴリーの研究は、なぜ学校を越えた影響を理解することがそれほど重要なのか、そしてそれが、教師が学びの限界が起こるのを理解するためにどのように役に立ち、また学びの限界を防ぎ乗り越える方法を見出す際に、より適切に努力することを可能とするのかということを示しています。

　さらにマドック（Maddock 2006）は、子どもたちの家庭での学びに関する研究の中で、教師によって到達度が低いと判断されていて学校の勉強に関して親からのきちんとした支援がない子どもたちの、家庭で起こっている学びの豊かさと多様性について書いています。彼女は家の中と外の世界で、どのように子どもたちが豊かな学習活動のプログラムに従事し、学校での行動に表れなかった知識や技能や豊かな資質を披瀝するかを示しています。研究ではなぜこうなるのか、家と学校との間を移行する際に何が起こっていたか、そして、それゆえ、そのような子どもたちが学校という文脈の中で学校外の活動と同じ活力や創造力や力量で学ぶことができるようになるためには何がなされることになるだろうかなどといったことについて、さらに調査する価値のある多くの重要な問いを立ち上げています。学校状況において明らかにされていない子どもたちの関心や力量について、教師が見出すことができるのは、親と子どもたちの証言を通してのみです。だから、親とのパートナーシップはどのような方略を取るにしても決定的に重要な要素なのです。

　学校を越えた影響が、学校内で学ぶ子どもたちの力量を高めるよう行動を起こす力を教師チームに、与える上でどのように役立つかについて、より詳細に探索する一つの方法は、かなり長期間にわたって個々の子どもたちの進

歩に関する事例研究を実行することでしょう。新しい思考や価値観に基づく評価（Hart 2000；Drummond, 2012）に関する先行研究や、アームストロング（Armstrong 2006）によって行われたような事例研究をもとに考えることは、個々の子どもたちに関する教師の思考と意思決定に影響を与える観察、解釈、分析や判断を行う過程において何が起こるかを明らかにするのに役立つでしょう。それによって、様々な文化的影響が学習活動に関する教師の理解や子どもたちの参加にどのように影響を与えているかを探索することができます。また、どのように教師の選択や行動が個々の子どもたちの学びに影響を与え、どのようにこの理解がさらなる問いや行動に至るかについて、よりきめの細かい理解を提供してくれます。また、そうした事例研究は、どのように個人についての思考が問いを刺激し、教室全体の学びに向けた状況を豊かにするために何がなされるべきかについて一般化可能な考えをひらめかせてくれます。

　さらなる研究のもう一つの重要な領域は、学ぶ力を高めることを理解するにあたって専門科目の知識がなす貢献です。この研究がすでになされている領域の一つが数学です。本書で我々は、イギリスとアメリカの研究を通してボーラーによって提供された数多くの重要な洞察に言及してきました。また、アン・ワトソン（Anne Watson）の萌芽的な研究もあります（Watson 2001, 2006, 2011；Watson and De Geest 2008；Watson et al. 2003）。彼女は何年間も、到達度の低い中等教育の生徒の到達度を上げる方法と、数学的思考の強化の方法を探究し続けています。彼女の研究は、それまで到達度の低かった生徒が、通常は最も有能な数学者のために用意されるような難しい数学の学習機会にさらされることによって、より良い数学の学習者となるのに役立ったという確信に基づいています。どのように学びの限界が生じるのか、すべての子どもたちが国語、各国語、科学、地理、技術などのより良い学習者になるための条件をどのように作り出すのか、教科特有の知見を一つ一つ解きほぐして明らかにするために、同様の研究、または現在ある研究の概観や実践が、すべてのカリキュラム領域において実行される必要があります。

他の著者や研究者たちは、より視野を広げていっています。例えば、ロックザム校における学校全体の学びの文化で説明されているテーマの多くは、フィールディングとモス（Fielding and Moss, 2011）によって書かれた『急進的教育とコモンスクール：もう一つの民主主義（*Radical Education and the Common School：A Democratic Alternative*）』という「可能性の執拗で粘り強い肯定」（p. 82）に向けた著者の情熱的な取り組みが全体に行きわたっている本の中に見られます。彼らは「根本的に再構成され、しかし実用的に可能なもう一つの学校教育」（p. 2）について論じています。この急進的な可能性は現実の学校生活の中で実現化されることができますし、また実現化されてきました。著者たちはビジョンを紹介しました。イタリアのレッジョ・エミリアのプレスクールについての様子と共に、ロンドンのイーストエンド、ステップニーという荒れた地域のセイント・ジョージ・イン・ザ・イースト地区にある中等モダン学校は、1945－55年にアレックス・ブルーム校長のもと、世界中の進歩的な教育者の間で非常によく知られるようになりました。フィールディングとモスは、真に急進的民主主義教育に必要と見なされる特徴を具現した、もっと最近の他の学校例を出し、たとえささやかな現在進行中の方法に過ぎないとしても「これら変容可能なもう一つの学校」があるとの結論を、説得力をもって論じています。

>　……物事をこれまでとは全く違った方法で行う根拠のある可能性……私たちが実際に急進的な代替案に出会ったとき、これまでとは異なった思考や行動へと私たちを結果として動かすのは、厳しい現実が多い中で、不公平や非人間性を否定することであり、また、人々の繁栄についてより達成感を与えるような寛大な見解を現実のものとする力です。
>
> 　　　　　　　　　　　　　　　　　（Fielding and Moss 2011, p. 163）

　我々の研究から中等教育学校で働いている教師や管理職に対する示唆を引き出すのはためらわれました。思春期と青年期の影響の違いのみならず、規模の大きさに違いがあり、また中等教育学校は組織が複雑であるため、ある

一つの形式におさまる初等教育学校の研究結果をそこに一般化して当てはめることは困難です。**限界なき学び**の原理によって進められた学校開発が、中等教育のレベルでも展開できるか、またどのようにできるかという問いが、さらなる今後の重要で開かれた研究課題となっています。集団的アイディンティ、目的感覚、そして学習能力を高めるために何をなすべきかについての共通理解を育むために、中等教育学校においてまず取りかかるべきところは教科という領域です。ワトソンは数学研究に関して先に引用した人ですが、最近、3つの学校において研究を実施しました。そして、すべての生徒がそれまでの到達度に関係なく、難しい問題にさらされるという数学の指導アプローチを再構築しました。その研究における教師の学びを支援する形式は、ロックザム校で提供されたものと非常に似ていました。教師が数学の指導実践を開発できるようにし、また、以前は到達レベルが低かった生徒がどこまでできるかについての認識を改めるためには、そのような支援形式が必要でした。

また、初任教師教育における課題を提起する際と専門職の開発を続けていく際に考慮すべきことがたくさんあります。教育実習期間中と実習後の両方において、**限界なき学び**の中心的考えと原理を用いたことによって、教育実習生の思考と実践がどのような影響を受けたかを調査する研究が、既にアバディーン大学で始まっています（Florian and Linklater 2010）。最初の研究に参加したもとのチームの9人の教師のうち一人は、今ビショップ・グロースト大学で働いています。彼女は準学士コースで学んでいる教員助手の経験についての研究（Taylor 2009）を行いました。その研究は、職場経験の役割、学習者自身の理論と動機、能力に関するチューターの信念とチューターの役割を含む、高等教育における学習の成功に繋がる要因を新しく理解することに繋がりました。ケンブリッジ大学の教育学部では、教師たちは**限界なき学び**の考えを基盤とする修士課程科目のコースに参加する機会があります。コースのテーマは、固定した能力観が教師、子どもたち、カリキュラムに与える影響を特定することを含んでいます。また、教えること学ぶこと、そして学校改善の概念化について、これまでとは違う新たな方法を探るこ

と、また、すべての学習者の学ぶ力を高めるための原理を伴った教授的アプローチを構築すること、教師と子どもたちが学びにおいて共同主体として取り組むこと、子どもたちによる助言と権限の共有などを含んでいます。これら様々なコースは、人々がどのように新しい考えに取り組むか、どのようにその考えを自分自身のものとするか、そしてどのようにそれを自分の実践において展開する際に具体化するかを探究するための豊かな機会を提供しています。実際に行われている研究と**限界なき学び**プロジェクトに関連するリソースをさらに知ることに関心がある読者の皆さんは、ウェブサイトをご参照下さい。(http://learningwithoutlimits.co.uk/)。

■最後に

> 今日の教育においては、予め決められた成果に関する到達度を比較するような大規模な量的研究をもっと少なくし、我々の想像力や語彙を高めてくれる機会や可能性に関する重大な事例研究をもっと増やす必要があります。
>
> (Fielding and Moss 2011, p.16)

フィールディングとモスは「今日の教育の主流」に対する急進的な代替案が差し迫って必要とされていると同時に、より重要なこととして、その代替案が実践可能であると論じる中で、この意欲的な提案を行なっています。我々は、この本がまさにそのような可能性を示す重大な事例研究であると言いたいのです。**限界なき学び**によって触発される学校改善へのアプローチを提唱する際、我々は、変化が即座になされ問題が一挙に解決されると主張しているのではありません。学校の成長は深いところに根があり、長く続けられるものです。それは思考、信念、存在のあり方における根本的な変化を必要としています。我々の研究はそれが可能であり機能することを示しています。我々は、ロックザム校の話を読むことは経験を豊かにすることになると思っています。また、読者の想像力が我々の説明によって刺激されることと

思います。学校の教職員が教えることと学ぶこと、カリキュラム、教授法、学校の立て直しについて変容する方法をどのように見出したのでしょうか。フィールディングとモスの奮い立たせるような言い回しによると、学校というのは「人間の潜在能力と民主主義的な生き方の実現を助ける場」(2011, p. 72) なのです。本書の核心部にある重要な考えを読者の皆さんがしっかりと利用できるようになり、見慣れた仕組みや人間関係がどのように新しい意味を与えられ得るかを理解するにつれて、皆さんのことばが豊かになることを期待しています。能力が固定していると信じ込むことは、未来が固定され教師の力には限界があると信じ込むことを意味します。これに対して、学ぶ力の変容可能性を信じることは、本書の冒頭で訴えた信念を内に取り込むことです。人間の成長は予測できるものではなく、子どもたちの未来は分かりません。そして、教育にはすべての人の人生を向上させる力があるのです。

参考文献

Alexander, R. J.（1984）*Primary Teaching*. Eastbourne：Holt, Reinhart and Winston.
Alexander, R. J.（2001）*Culture and Pedagogy：International Comparisons in Primary Education*. Oxford：Blackwell.
Alexander, R. J.（2008）*Essays on Pedagogy*：London：Routledge.
Alexander, R. J.（ed.）（2010）*Children, Their World, Their Education. Final Report and Recommendations of the Cambridge Primary Review*. London：Routledge.
Armstrong, M.（2006）*Children Writing Stories*. Maidenhead：Open University Press.
Balchin, T., Hymer, B. and Matthews, D. J.（2009）*The Routledge International Companion to Gifted Education*. London：Routledge.
Ball, S.（1981）*Beachside Comprehensive：A Case-study of Secondary Schooling*. Cambridge University Press.
Bath, C.（2009）*Learning to Belong. Exploring Young Children's Participation at the Start of school*. London：Routledge.
Bernstein, B.（1971）Education cannot compensate for society, in B. Cosin, R. Dale, G. Esland and D. Swift（eds）*School and society：A Sociological Reader*. London：Routledge and Kegan Paul.
Bibby, T.（2011）*Education – An Impossible Profession? Psychoanalytic Explorations of Learning and Classrooms*. London：Routledge.
Black,P. J. and Wiliam, D.（1998）*Inside the Black Box：Raising Standards through the Curriculum*. London：Kings College School of Education.
Bloom, B. S.（1976）*Human Characteristics and School Learning*. New York London：McGraw-Hill.

Boaler, J. (1997a) Setting social class and survival of the quickest, *British Educational Research Journal*, 23 (5) : 575-95.

Boaler, J. (1997b) When even the winners are losers : evaluating the experiences of 'top set' students, *Journal of Curriculaum Studies*, 29 (2) : 165-82.

Boaler, J. (2005) The 'psychologigal prisons' from which they never escaped : the role of ability grouping in reproducing social class inequalities, *FORUM for Promoting 3-19 Comprehensive Education*, 47(2&3): 135-43.

Boaler, J. (2009) *The Elephant in the Classroom. Helping Children Learn and Love Maths*. Lndon : Souvenir Press.

Boaler, J., William, D. and brown, M. (2000) Students' experiences of ability grouping : disaffection, polarization and the construction of failure, *British Educational Research Journal*, 26 (5) : 631-48.

Booth, T. (2011) Curricula for the common school : what shall we tell our children?, *FORUM for promoting 3-19 Comprehensive Education*, 53 (1) : 31-47.

Booth, T. and Ainscow, M. (2002) *Index for Inclusion. Developing Learning and Participation in Schools,* revised ed. Bristol : Centre for Studies on Inclusive Education.

Booth, T. and Ainscow, M. (2011) *Index for Inclusion. Developing Learning and Participation in Schools*. Bristol : Centre for Studies on Inclusive Education.

Booth, T., Ainscow, M., Black-Hawkins, K., Vaughan, M. and Shaw, L. (2000) *Index for Inclusion. Developing Learning and Participation in Schools*. Bristol : Centre for Studies on Inclusive Education in collaboration with Centre for Educational Research, Canterbury Christ Church University College.

Bourdieu, P.（1976）The school as a conservative force：scholastic and cultural inequalities, in R. Dale, G. Esland and M. MacDonald（eds）*Schooling and Capitalism.* London：Routledge and Kegan Paul.

Brice Heath, S.（1983）*Ways with Words：Language, Life and Work in Communities and Classrooms.* Cambridge：Cambridge University Press.

Bruner, J.（1996）*The Culture of Education.* Cambridge, MA：Harvard University Press.

CACE（Central Advisory Council for Education）（1967）*Children and Their Primary Schools（Plowden Report）*. London：HMSO.

Chitty, L.（2009）*Eugenics, Race, Intelligence and Education.* London：Continuum.

Clark, L.（2010）Privately-educated Michael Gove says 'rich, thick kids' do better than 'poor, clever children', *Mail Online.* Accessed 30 June 2011 from http://www.dailymail.co.uk/news/article-1298425/.

Claxton, G.（1990）*Teaching to Learn*. A Direction for Education. London：Cassell.

Coard, B.（1971）*How the West Indian Child Is Made Educationally Subnormal in the British School System：The Scandal of the Black Child in Schools in Britain.* London：New Carribean Workers Association.

Croll, P. and Moses, D.（1985）*One in Five：The Assessment and Incidence of Special Education Needs.* London：Routledge and Kegan Paul.

Cuffaro, H. K.（1995）*Experimenting with the World：John Dewey and the Early Childhood Classroom.* New York London：Teachers College Press.

De Bono, E.（2000）*Six Thinking Hats.* London：Penguin Books.（川本英明訳『会議が変わる６つの帽子』翔泳社，2003）

Dfe (Department for Education) (2011) *The Framework for the National Curriculum. A report by the Expert Panel for the National Curriculum review.* London: DfE.

DfES (Department for Education and Skills) (2002) *Time for Standards: Reforming the School Workforce.* London: DfES.

DfES (2003a) *Speaking, Listening, Learning: Working with Children in Key Stages 1 and 2. Teaching Objective and Classroom Activities.* Norwich: HMSO.

DfES (2003b) *Targetting Support: Choosing and Implementing Interventions for Children with Significant Literacy Difficulties. Management Guidance.* London: DfES.

DfES (2005) *Higher Standards, Better Schools for All.* Norwich: The Stationery Office.

Dixon, A. (1989) Deliver us from eagles, in G. Barrett (ed.) *Disaffection from school.* London: Routledge.

Douglas, J. W. B. (1964) *The Home and the School.* London: MacGibbon and Kee.

Drummond, M. j. (2003) *Assessing Children's Learning,* 2nd ed. London: David Fulton.

Drummond, M. j. (2012) *Assessing Children's Learning.* London: Routledge Classic Edition.

Dweck, C. S. (2000) *Self-Theories: Their Role in Motivation, Personality, and Development.* Philadelphia,PA: Taylor and Francis.

Dweck, C. S. (2008) *Mindset. The New Psychology of Success.* New York: Ballantyne Books.（今西康子訳『「やればできる！」の研究——能力を開花させるマインドセットの力』草思社，2008）

Dweck, C. S. and Leggett, E. (1988) A social-cognitive approach to motivation and personality, *Psychological Review,* 95: 256-73.

Eisner, E. W. (2004) What can education learn from the arts about the practice of education?, *International Journal of Education and the Arts*, 5 (4): 1-12.

Fielding, M. and Moss, P. (2011) *Radical Education and the Common School: A Democratic Alternative.* London: Routledge.

Florian, L. and Linklater, H. (2010) preparing teachers for inclusive education: using inclusive pedagogy to enhance teaching and learning for all, *Cambridge Journal of Education*, 40 (4): 369-86.

Ford, J. (1969) *Social Class and the Comprehensive School.* London: Routledge and Kegan Paul.

Fullan, M. (2003) *The Moral Imperative of School Leadership.* London. Sage Publications.

Gardner, H. (1983) *Frames of mind: The Theory of Multiple Intelligences.* New York: Basic Books.

General Teaching Council website (2008) Carl Rogers and classroom climate. Accessed 2 July 2011 from www.gtce.org.uk/tla/rft/rogers1008.

Gillborn, D. and Youdell, D. (2000) *Rationing Education: Policy, Practice, Reform and Equity.* Buckingham: Open University Press.

Goldstein, H. and Noss, R. (1990) Against the stream, *FORUM for promoting 3-19 Comprehensive Education*, 33 (1): 4-6.

Good, T. and Brophy, J. (1991) *Looking in Classrooms*, 5th ed. New York: HarperCollins.

Gregory, E. (1993) Sweet and sour: learning to read in a British and Chinese school, *English in Education*, 27: 53-9.

Gregory, E. (1994) Cultural assumptions and early years pedagogy: the effect of the home culture on minority children's interpretation of reading in school, *Language, Culture and Curriculum*, 7: 111-24.

Gregory, E. (1998) Sibilings as mediators of literacy in linguistic minority communities, *Language and Education*, 12: 33-54.

Gregory, E. (2000) Recognising differences : reinterpreting family involvement in early literacy, in T. Cox (ed.) *Combating Educational Disadvantage : Meeting the Needs of Vulnerable Children.* London : Falmer.

Gregory, E., Mace, J., Rashid, N. and Williams, A. (1996) *Family Literacy History and Children's Learning Strategies at Home and at School. Final Report of ESRC Project* (No. R000221186).

Hacker, R. G., Rowe, M. J. and Evans, R. D. (1991) The influences of ability groupings for secondary science lessons upon classroom processes. Part 1 : Homogeneous groupings (Science Education Notes), *School Science Review*, 73 (262) : 125-9.

Hargreaves, D. (1967) *Social Relations in a Secondary School.* London : Routledge and Kegan Paul.

Hargreaves, D. (1972) *Interpersonal Relations and Education.* London : Routledge and Kegan Paul.

Hargreaves, D. (1980) Social class, the curriculum and the low achiever, in E. C. Raybould, B. Roberts and K. Wedell (eds) *Helping the Low Achiever in the Secondary School.* Birmingham : University of Birmingham.

Hargreaves, D. (1982) *The Challenges for the Comprehensive School : Culture, Curriculum and Community.* London : Routledge and Kegan Paul.

Harrison, R. ([1963] 1995) Defences and need to know, in *The Collected Papers of Roger Harrison.* London. McGraw-Hill Book Company.

Hart, S. (1996) *Beyond Special needs : Enhancing Children's Learning through Innovative Thinking.* London : Paul Chapman Publishing.

Hart, S. (2000) *Thinking through Teaching : A Framework for Enhancing Participation and Learning.* London : David Fulton.

Hart, S., Dixon, A., Drummond, M. J. and McIntyre, D. (2004) *Learning without Limits.* Maidenhead : Open University Press.

Holt, J. (1990) *How Children Fail,* revised ed. Harmondsworth：Penguin Books.（吉田章宏訳『子ども達はどうつまずくか』評論社，1981）

Howe, M. J. A. (1997) *The IQ in Question.* London：Sage Publications.

Hull, R. (1985) *The Language Gap. How Classroom Dialogue Fails.* London.：Methuen.

Hymer, B. (2006) Gigted and talented? Time for a re-think?, *Teaching Thinking and Creativity,* 20：28-31.

Hymer, B. (2009) *Gifted and Talented Pocketbook.* Hampshire：Teachers' pocketbooks.

Issacs, S. (1933) *Social Development in Young Children.* London：London：Routledge and Kegan Paul.

Jackson, B. (1964) *Streaming：An Education System in Miniature.* London：Routledge and Kegan Paul.

Jackson, P. (1968) *Life in Classroom.* New York：Holt, Rinehart and Winston.

Keddie, N. (1971) Classroom knowledge, in M. F. D. Young (ed.) *Knowledge and Control：New Directions for the Sociology of Education.* London：Collier Macmillan.

Kelly, G. A. (1995) *The Psychology of Personal Constructs.* New York：Norton.

Kettle's Yard (2006) *Lines of Enquiry：Thinking through Drawing,* 15 July-17 September. Accessed 4 June 2011 from http://www.kettlesyard.co.uk/exhibitions/ archive/linesofenq.html.

Kincheloe, J., Steinberg, S. R. and Villaverde, L. E. (eds) (1999) *Rethinking Intelligence：Confronting Psychological Assumptions about Teaching and Learning.* London：Routlege.

Kutnick, P., Blatchford, P. and Baines, E. (2002) Pupil grouping in primary school classrooms：sites for learning and social pedagogy? *British Educational Research Journal,* 28：189-208.

Kutnick, P., Sebba, J., Blatchford, P.,Galton, M. and Thorp, J. (2005) *The Effects of Pupil Grouping. Research Report* (No. RR688). London : DfES.

Lacey, C. (1970) *Hightown Grammar : The School as a Social System*. Manchester : Manchester University Press.

Lucas, B. and Claxton, G. (2010) *New kinds of smart : How the Science of Learnable Intelligence Is Changing Education*. Maidenhead : Open University Press.

Maddock, M. (2006) Children's personal learning agendas at home, *Cambridge Journal of Education*, 36 (2) : 153-69.

Moss, P. (2001) Listen in : the importance of consulting with children, *Nursery World*, 5th July : 16-17.

Nash, R. (1973) *Classrooms Observed. The Teacher's Perception and the Pupil's Performance*. London : Routledge and Kegan Paul.

Oakes, J. (1982) The reproduction of inequity : the content of secondary school tracking, *The Urban Review*, 14 (2) : 107-20.

Oakes, J. (1985) *Keeping Track : How Schools Structure Inequality*. New Haven, CT : Yale University Press.

Peacock, A. (2006) Escaping from the bottom set : finding a voice for school improvement, *Improving School*, 9 (3 November) : 251-9.

Peacock, A. (2011) Beyond assessment levels : reaching for new heights in primary education, *Education Review*, 23 (2) : 14-22.

Pearl, A. (1997) Democratic education as an alternative to deficit thinking, in R. Valencia (ed.) *The Evolution of Deficit Thinking : Educational Thought and Practice*. London : Falmer.

Perkins. (1999) *Outsmarting IQ : The Emerging Science of Learnable Intelligence*. New York : The Free Press.

Rist, R. (1971) Student social class and teacher expectations : the self-fulfilling prophecy in ghetto education, *Harvard Educational Review*, 40 : 411-51.

Rogers, C. (1969) *Freedom to Learn*. Columbus, OH : Merrill. (友田不二男編伊東博・他訳『創造への教育（上）』岩崎学術出版社, 1972, 友田不二男編手塚郁恵訳『創造への教育（下）』岩崎学術出版社, 1972)

Rogers, C. (1983) *Freedom to Learn for the 80s*. Columbus, OH : Merrill. (友田不二男監訳『自由の教室―新・創造への教育1』岩崎学術出版社, 1984, 伊東博監訳『人間中心の教師―新・創造への教育2』岩崎学術出版社, 1984, 友田不二男監訳『教育への挑戦―新・創造への教育3』岩崎学術出版社, 1985)

Rogers, C. and Freiberg, H. J. (1994) *Freedom to Learn*, 3rd ed. New York : Macmillan College Publishing. (畠瀬稔・村田進訳『学習する自由・第3版』コスモライブラリー, 2006)

Rosenthal, R. and Jacobson, L. (1968) *Pygmalion in the Classroom : Teacher Expectation and Pupils' Intellectual Development*. New York : Holt, Rinehart and Winston.

Salmon, P. (1995) *Psychology in the Classroom : Reconstructing Teachers and Learners*. London : Cassell.

Schon, D. A. (1988) Coaching reflective teaching, in P. P. Grimmett and G. L. Erickson (eds) *Reflection in Teacher Education*. New York : Teachers' College Press.

Simon, B. (1978) Intelligence testing and the comprehensive school, in B. Simon (ed.) *Intelligence, Psychology and Education*. London : Lawrence and Wishart. (成田克矢訳『知能と心理と教育』〔海外名著選44〕明治図書, 1974)

Smith, J. K. (2007) How does the development of a shared meta-language impact on children's self-assessment of their own learning? Unpublished MEd thesis. University of Hertfordshire, Hatfield.

Stenhouse, L. (1975) *An Introduction to Curriculum Research and Development*. London : Heinemann.

Stenhouse, L. (1985) *Research as a Basis for Teaching*. London : Heinemann.

Suknandan, L. and Lee, B. (1998) *Streaming, Setting and Grouping by Ability. A Review of the Literature*. Slough : NFER.

Taylor, C. (2009) Learning through a foundation degree. Unpublished PhD thesis. University of Nottingham.

Taylor, N. (1993) Ability grouping and its effect on pupil behaviour : a case study of a Midlands comprehensive school, *Education Today*, 43 (2) : 14-17.

Tizard, B., Blatchford, P., Burke, J., Farquhar, C. and Plewis, I. (1988) *Young Children at School in the Inner City*. Hove : Lawrence Erlbaum Associates.

Tizard, B. and Hughes, M. (1984) *Young Children Learning*. London : Fontana.

Valencia, R. R. (ed.) (1997) *The Evolution of Deficit Thinking : Educational Thought and Practice*. London : Falmer.

Vandewalle, M. (2010) Come rain or shine : a whole-school approach to forest School, *FORUM for Promoting 3-19 Comprehensive Education*, 52 (1) : 43-47.

Watson, A. (2001) Low attainers exhibiting higher order mathematical thinking, *Support for Learning*, 16 (4) : 179-83.

Watson, A. (2006) *Raising Achievemant in Secondary Mathematics*. Maidenhead : Open University Press.

Watson, A. (2011) Mathematics and comprehensive ideals, *FORUM for Promoting 3-19 Comprehensive Education*, 53 (1) : 145-51.

Watson, A. and De Geest, E. (2008) *Changes in Mathematics Teaching Project*. Accessed 31 May 2011 from www.cmp.co.uk.

Watson, A., De Geest, E. and Prestage, S. (2003) *Deep Progress in Mathematics. The Improving Attainment in Mathematics Project*. Oxford : Department for Educational Studies, University of Oxford.

West, T. (1991) *In the Mind's Eye : Visual Thinkers, Gifted People with Learning Difficulties, Computer Images, and the Ironies of Creativity*. New York : Prometheus Books.

White, J. (2005) Howard Gardner : The Myth of Multiple Intelligences. *Viewpoint* 16. London : Institute of Education.

White, J. (2006) *Intelligence, Destiny and Education : The Ideological Roots of Intelligence Testing*. London : Routledge.

資料 A
固定的な能力観はどのように学習を制限しているのか。調査から得られた示唆。

詳細については、Hart *et al.*（2004）を参照。

■教師への影響
・能力にレッテルを貼ることは、子どもに対する教師の態度を方向づけし、ある子どもたちの学びを制限してしまいます。教師は、「頭が良い」「普通」「できない」とみなされる子どもたちに対し、それぞれ教え方を変え、違った扱いをします。（例：Jackson 1964；Rosenthal and Jacobson 1968；Keddie 1971；Croll and Moses 1985；Good and Brophy 1991；Hacker, Rowe and Evans 1991；Suknendan and Lee 1998）。
・固定的な能力観は、自らの専門性や専門的判断によって、学習や発達を促そうとする教師自身の力量に対する考え方を弱めるのです。したがって、それは、困難に打ち勝つための創造性と革新性を損ねるのです（例：Kelly 1955；Bloom 1976；Simon 1978；Dixon 1989；Drummond 2003；Hart 1996, 2000）。
・固定的な能力観により、教師は、子どもの（学習の）出来ぐあいが違うのは、自然で避けられないことであると考えるようになり、個人やグループにとっての学習を可能にしたり制限したりする学校やクラスの教育活動へ注意を向けることから逃避するようになります（例：Jackson 1964；Bernstein 1971；Rist 1971；Coard 1971；Bourdieu 1976；Tizard and Hughes 1984）。

■子どもへの影響
・子どもは、教師からどのように見られているのかを知り、その見方に応じて対応します。彼らは、その期待に応えようとしたり、煩わされがち

なのです（例：Rosenthal and Jacobson 1968；Nash 1973；Tizard et al. 1988；Good and Brophy 1991）。
- 固定的な能力観は、子どもの威厳や自己の信念、自身の学習への希望と期待を貶めるのです。それは、子どもたちが、有能で、創造的人間であるという感覚をそぐものであり、学習には有害となる自己防衛策をとることにつながるのです（例：Hargreaves 1967,1982；Jackson1968；Lacey 1970；Ball 1981；Holt 1990；Pearl 1997；Dweck 2000）。
- 固定的な能力観や能力別の実践は、ある集団の子どもたちに大変不利になる傾向があります。選抜やグループ分けやカリキュラムの分化の過程での、社会階級や人種的不平等についての研究が繰り返し行われてきました（例：Douglas 1964；Jackson 1964；CACE 1967；Ford 1969；Brice Heath 1983；Taylor 1993；Gillborn and Youdell 2000）。

■カリキュラムへの影響

- 固定的な能力観は、カリキュラム、学習、到達度に関しての狭小な考え方を助長し、正当化させます（例：Hargreaves 1980；Alexander 1984,2001；Goldstein and Noss 1990）。
- 到達度の分化と固定的能力観についての説明を受け入れることは、現行のカリキュラムにある限界と先入観を継続させることになります（例：Gardner 1983；West 1991）。
- 能力にレッテルを貼ることや能力別のグループ化は、個々の子どもたちの学習の機会の幅を狭めてしまいます（例：Jackson 1964；Nash 1973；Oakes 1982,1985；Hacker 他 1991；Boaler 1997a, 1997b；Suknandan and Lee 1998；Boaler 他 2000）
- 能力にレッテルを貼ることや能力別のグループ分けは、学校や教師が日々の授業実践を通して得られる知識以上に、子どもに関する心理測定的知識を重視するようになるのです（例：Kelly 1955；Hull 1985；Hart 他 2004）。

資料B
研究の方法

■主な参加者

校長	・校長は自身の実践を調査するとともに、大学側の研究者にとっては、もっとも重要な情報源でもあった。彼女はインタビューを受け、2年間日誌をつけ、30日以上の調査会議に参加した。
個々の教師	・調査へは、自発的に参加した。 ・6名の教員がインタビューと個別の調査を受けた。
子ども	・それぞれのクラスから3名の協力する子どもが観察を受けた。公平に子どもを選ぶ方法については、子どもたちが決めた。6年生の子どもたちは、調査者と質問を考えて、それに基づいて可能な子どもにインタビューをして、その反応の結果で参加する子どもたちを決めた。
親	・調査に協力する親は、小集団のインタビューに参加した。 ・ラーニング・レビュー・ミーティングの逐語録が集められた。

■研究の問い

集団行動の力	子どもたちの共同体全体のために教員スタッフ集団が学習の限界を把握し解除する際に、教員のできることとして学習能力を向上させることの可能性はどの程度あるだろうか。
個々の教員の成長	限界なき学びの行動様式に基づいた活動をするときに、教師は何を体験し、どのような反応をするのか。 ・教師が選ぶ教授学は学校の行動様式にどのように関係するのか。 ・教師は、どのようなストレスや問題を経験するのか、そしてそれにどのように対処するのか。 ・どのようなサポートを必要とし／あるいはサポートを得ているか（学校の中か／外か。子どもからか／親からか）。 ・研究調査の期間中に、教師の考え方や実践で大事な転機となったことや重要な出来事はあっただろうか。 ・教師の選択や、遭遇した問題や問題の解決が、最初の限界なき学びの教授学のモデルをどのように確信させ、修正させ、拡張させただろうか。

学校のリーダーシップ	限界なき学びに貢献する学校をつくりたい学校のリーダーは、どのような課題に直面するだろうか。 ・自分たちが独自に目指す方向性と国による政策との対立や葛藤をどのように上手に処理しているのか。 ・親や理事会など他の機関と、目的や価値についてどのように話し合い、どのようにサポートを得ているだろうか。 ・クラス担任には、どのようなサポートが必要だろうか。これまでの研究から導き出された教授学のモデルは、今回の目的にも提供できるだろうか。 ・自分自身やその他一人一人の学習能力を高めるために、子ども自身は、能動的な主体者として、全校を舞台にどのように取り組むことができるだろうか。
親や地域の共同体の役割	学習能力を高めるために、教師や学校がサポートしたり、影響を限定したりするときに、親は、どういう点で貢献し、どういう点ではそうならないか。 ・学校が何を意味し、どのように機能するかについて、親はどのように理解していくのだろうか。 ・親や地域社会ができる前向きの貢献について、学校はどのように積極的に推進できるだろうか。 ・校長や執行部のメンバーは、「限界なき学び」の中心となる考えを、親や理事者（等）の集まりにどのようにうまく伝えることができるだろうか。

■フェーズ1

校長との非構造化インタビュー	・彼女が2003年に着任して以来の、学校の発展の経緯の基本をつくる。 ・学校で作り上げられようとする価値や行動様式に関しての将来のビジョンを抽出する。 ・学校で起こった重要な出来事や問題を把握する。 ・学校の中や周辺で起こっていることを観察したり、文章化する際の枠組みを与えてくれる校長の計画や問い ・教師やその他のスタッフや親をサポートするために校長が与えられる機会やニーズや取り組みに対する校長の見方を記録する。
教員との非構造化インタビュー	・見出された教授学習に対する考え方が発展する上で、重要となった影響や体験 ・調査期間の開始時における教師の考え方や授業実践の基本 ・徹底的に議論した問題やジレンマ、可能性、制約に関して検討し、記録したもの ・特定したそれぞれの教師にとって重要な構成概念、関心領域、持ち上がっている疑問 ・校長の向上心や主導するものをどのように体験し、応答したか。 ・発達を助長し、または制約する要因 ・学校全体や授業の実際の実践や向上心や行動に関連した記録 ・授業において起こっていることを調査するための分析の枠組みが得られるような、教師が何を実践し何を達成しようとしているかということについての教師自身の説明を集めたもの

校長日誌	・校長自身やスタッフたちの、日々の行動や意思決定、関心領域、学校をめぐる重要な出来事などの記録
子どもたち	・学校における学習体験についての子どもの見解や、子どもたちが選択できたものについて集めたもの
ロックザム校における全校ミーティング	・大学の研究者が教師の個別調査の論拠を説明し、教師は現在の考え方や実践で、もっと深く掘り下げたい部分について討議した。

■フェーズ2

研究の焦点	・個々の教師の実践についてさらに深く探求した。 ・教師がクラスで取り入れようとした実践に関する教師の個別調査で、フェーズ1において教師が明らかにした、さし迫った問題に焦点を当てた。 ・教師の体験や、でき上がった考え方や実践について探究した。 ・授業の調査から教師が学んだことを記録した。 ・授業における子どもの体験を記録した。 ・当初の発想を確認し、研究の問いを発展させ、データの収集を決める研究方法の計画をサポートした。
参与観察と教師への半構造化面接	・授業観察をし、その直後にオープンエンドのリフレクション面接を行った。 ・個々の教師と観察フィールドノーツを共有し、その後、半構造化面接を行った。 ・教師によるデータ収集の一部として、子どもたちへの個人面接／またはグループ面接をした。 ・新たな知見をそれぞれの教師と共有、体験や証拠の省察、浮かび上がった新たな問い、教師の個別調査の第2サイクルの計画の吟味 ・調査の次のサイクルの研究方法の計画をサポートした。 ・授業観察の第2サイクルとその直後の非構造化のリフレクション面接。観察フィールドノーツを個々の教師と共有した後、半構造化面接を行った。
校長へのインタビューと日誌	・教師の個別調査をサポートし、発展させ、推進する上での役割を確立した。 ・ビジョン、価値、行動様式に関する検討を継続した。 ・その後に学校で行われた主な行事や起こった問題を把握した。 ・校長の目指すものや、取り組み、機会に対する見方、教師たちへのサポートを記録した。 ・彼女自身やスタッフに関する、日々の行動や意思決定、主な関心事、学校内外の重要な出来事を日誌に記録し続けた。
子どもへのインタビュー	・学校における学びの体験や、与えられている選択についての、子どもたちの見解
焦点を当てた子どもの親へのグループ面接	・学校の活動で親たちに見えている部分についてどう見ているか。 ・自分の子どもの現在と将来の学習能力について、どのように信じているか。

■フェーズ３

| 正式な分析と報告書の執筆 | ・全データの綿密な分析
・緊急事態の際の個々の教師とのインタビュー
・調査期間中の個々の教師の考え方や実践に関する記録が作成され、それが個々の教師と共有され、承認された。
・共通のテーマや別々のテーマによって全体を検討した。
・調査会議の間中、校長との対話を続けた。
・報告書を執筆する段階で、データに関する我々の解釈を読み、コメントが出来るように、草稿を学校のスタッフと共有した。 |

資料 C
IQ と「知能」に関する概念の再考

■いくつかの推奨文献

Balchin, Hymer and Matthews, (2009) *The Routledge International Companion to Gifted Education*. London：Routledge

　同書の共編者の一人である Barry Hymer は、長年「英才児教育」にコンサルタントとして関わっており、「英才児教育」をめぐるイギリスの政策に関連して「能力」と「天才」ということについての前提に疑問を投げかけていました。彼の代替案であるインクルーシブな概念（特別な扱いをする子を特定化するよりも、すべての子どもへの取り組みの質を高めること）は、同書の多くの著者が繰り返し論じています。

Bloom (1976) *Human Characteristics and School Learning*. New York：McGraw-Hill.

　Bloom は、良い条件のもとであるならば、ほとんどの子どもたちの学校における到達度は、従来は少数の子どもたちしか達成できないと考えられていたレベルに達すると論じています。子どもの到達度の幅広さの要因は、変わる可能性があるものとして理解されています。その要因とは、課題に必要とされるスキル、課題に取り組む動機づけ、個々の子どもの学習が上手くいくかに注意を払うことを含めた教えることの質です。彼の「完全習得学習」という教授学のモデルは、到達度のちらばりを減らし、すべての子どもが効果的に学習できる機会を最大限に利用できる条件を教師が作り上げるために何ができるかに焦点を当てているのです。

Bruner (1996) *The Culture of Education. Cambridge*, MA：Harvard University Press

　同書で Bruner は、自身の初期の研究が、「頭の中」に何が起こっているかという「単一の内的な過程 solo, intra-psychic processes」に過度に関心を向け過ぎていたことを反省しています。そして彼は、次のような新しい主張を展開しました。「文化は心を形づけます。それは我々が我々の世界を作り上げる道具を与えてくれるのです」。彼は、学校は「子どもが自分の力をどう思っているかについて学校が関与していることを絶えず再点検」しなければならないと論じています。

Chitty (2009) *Eugenics, Race, Intelligence and Education*. London：Continuum

　この素晴らしい学術研究は、「人間の知能における遺伝決定論がいかに、人類の資質を維持し向上させるための一連の思考から生み出され、イギリスの教育制度に深く影響を与え続けてきたか」について論じています。最後の章「未来への展望」で、Chitty は、すべての子どもの基本的な教育可能性についての信念に基づいた教育制度を創り上げる可能性を検討するために「限界なき学び」プロジェクトに示された議論や証拠を広範囲に引用しています。

Claxton (1990) *Teaching to Learn：A Direction for Education*. London：Cassell

　Claxton は、「能力の構成概念の有効性について、さらにはその存在についても疑問を投げかけるような」学習理論を作ろうとしています。彼は、学習者というのは学習の方略のレパートリーを全部もっているものであり、それは、学校には合っているが使えないものであったり、使えるけれども学校に合っていなかったり、使えるもので学校にも合っていたりすると述べています。それらのレパートリーは、学習できるものであり、発達させることが可能です。「もし、人の学習力が発達できないものであったら、それは『能

力が欠如している』からではなく、適切な体験がないからであり、あるいはまた、それらの子どもたちが学習者としてのスキルの現在の限界を探り、広げることができる感情的・状況的条件がないからです」。(pp.35-6)

Dweck（2000）*Self-Theories : Their Role in Motivation, Personality and Development*. Philadelphia, PA：Taylor and Francis

　Dweckの研究は、子どもたちの能力に対する見方が、自分たちの態度や学習に、いかに影響を与えるかを探求したものです。彼女は、能力の「実在」理論と、能力の「漸進」理論をはっきりと区別して考察しました。実在論的見方をする人は、学習が上手くいくとかいかないとかは、学習者の内部の固定化された謎めいた実在によるもので、それについては、どうすることもできないと考えます。その一方で、能力の漸進論的見方をする人は、子どもの能力は成長し発達することができると考えています。彼らは、困難や失敗に直面すると、自分の戦略を振り返り、次回に成功するためにどうすればよいかを見出そうとするのです。Dweckはまた、教育者たちが、学習者に能力の漸進論的見方を育てるために、何ができて（例えばフィードバックのスタイルを通して）、能力の実在理論から漸進理論にものの見方が転換した時に学習結果にどう影響するかについて考察しました。

Gardner（1983）*Frames of Mind : The Theory of Multiple Intelligences*. New York：Basic Books

　Gardnerは、知能に関する伝統的な見方は、我々が知的行動であると理解しているものを網羅するには狭すぎたものとなっていると論じました。彼は、IQテストが焦点を当てている論理的・数的知能と言語的知能に加えて、以下の種類の知能を明らかにしました。すなわち、音楽的知能、空間的知能、身体・運動的知能、対人的知能、個人内知能です。このリストに含まれる「知能」は文化的な文脈の中で重要となっている問題解決スキルと問題創造スキルを示しているのです。

Howe（1997） *The IQ in Question*. London：Sage Publications

　Howe は、「人間の知能に関して受け入れられている知見は、納得できない前提や間違った理由づけや不適切な証拠の上に成り立っている」と論じています。彼は、成功や幸福が現実であるように、知能はまさに現実的なものであるといいます。それは結果であり原因ではないのです。このとてもとっつきやすく、読みやすい本において、Howe は自身の議論の基礎を詳しく説明しています。また「知能」に関する認知された違いについての複雑な説明をしています。IQ の人種的な理由に基づく違いという主張や、知能が変化する可能性には限界があるとみられていることや、知能は身体計測が可能なのと同様に測定可能であるという前提や、個人の業績の高さを予測するために IQ スコアを使うことに対して、異議を申し立てています。

Hymer（2006）　*Gifted and Talented?　Time for a rethink? Teaching Thinking and Creativity*, Issue 20　以下も参照。
http://www.teachingexpertise.com/articles/gifted-talented-timerethink-119.

　Hymer は、「英才児教育」に関する最近の教育政策に対する彼の疑念について、とくに「極めて問題がある」とみている概念について論じています。彼は、Carol Dweck（p.234 参照）の研究を引用しつつ、「21 世紀になり明らかにされたのは、我々は子どもの知能は変えることができるだけでなく、彼らの知能に対する信念を変えることもできることです」と論じています。不運にも、知能に関する固定化された実在理論というものが現在の国の教育政策に蔓延している、といいます。能力のような曖昧な概念の使用を完全に避けることが、実践可能な「もっとも急進的な選択肢」であると（『限界なき学び』を引用しつつ）論じています。その一方で、教育者は、我々が意味する知能や達成度を抜本的に再概念化し、英才に関しての規範的でなく、また決定論的でない概念を作ることを進めなければならないと述べています。

Hymer（2009） *Gifted and Talented Pocketbook*. Alresford, Hampshire： Teachers' Pocketbooks.

　同書において Hymer は、「すべての子どもが伸びることができ、挑戦できて、関わることができるような英才教育」のためのインクルーシブなアプローチについて論じています。同書は、読みやすく、とっつきやすい方法で理論を提示しており、その考え方を反映した実際的な方法についても詳細に説明しています。

Kincheloe, Steinberg and Villaverde（eds）（1999） *Rethinking Intelligence：Confronting Psyological Assumptions about Teaching and Learning*. London：Routledge.

　知能に関する伝統的な見方（固定化された生得的なもので、少数の特権的なものだけが優れた知能をもっていると考える）に対して議論を投げかけ、代替案を打ち立て、その実践化を検討した論文を集めたものです。「我々がこの見方に挑戦すると、学習の資質をもっているのは誰かという見方に劇的な変化が起こるでしょう。そのような挑戦は、教育者に学校を民主的な機関とするための取り組みの巨大な第一歩を踏み出させることになります」。(p.8) 教師は、研究に精通していなければならず、子どもたちがおかれている社会的な文脈を理解していなければならないのです。「彼らは、学習者のもつ背景が学校文化とどのように調和し、また争っているかを理解しているような、子どもに関する研究者にならなければならないのです。そうして教師は、自分自身を理解し、自分が教えているものの文脈との関係を理解するようになるのです」。(p.12)

Lucas and Claxton（2010） *New kinds of Smart：How the Science of Learnable Intelligence is Changing Education*. Maidenhead：Open University Press

　Lucas と Claxton は、知能の理解に関する科学的進歩が、未だに教育制度に反映されていないと論じています。知能に関する多くの神話が（それが固

定的なものというものを含めて）教育政策や教育実践に影響を与え続けています。同書では、知能の本質に関する最近の研究や議論をレビューし、こうした新しい考え方が、これまで探究されてこなかった教育の可能性をいかに拓くかを検討しています。

Perkins（1999）　*Outsmarting IQ：The Emerging Science of Learnable Intelligence*. NewYork：The Free Press

　Perkins は、知能のいくつかの次元、すなわち神経的、経験的、省察的次元について明らかにしました。彼は、経験的、省察的知能はともに学習によって向上すると言います――「経験的知能は深い経験によって、省察的知能は、戦略や態度やメタ認知を育成することで向上するのです」と論じています。「分散型知能 distributed」という彼の概念は、学習の能力は、個人的次元とともに集団的次元があるという「限界なき学び」の考え方とつながるものです。Perkins は、「パーソン・ソロ person-solo」（「裸の脳のダンス」）と「パーソン・プラス person-plus」すなわち受容的で身体的社会的文化的文脈の中で起こる知的行動を対比して考えています。「内側に視線を向けることは多様な精神のトレーニングを多様な方法ですることのみを考えます。分散された知能を外側に向けるとは、身体的、社会的、シンボル的状況に関心を向けさせるのです」。（p.323）

Simon（1978）　'Intelligence testing and the comprehensive school' in B. Simon（ed）*Intelligence, Psychology and Education*. London：Lawrence and Wishart

　Simon は、知能テストに関して、その論理的、統計的、哲学的問題を明らかにすることで、詳細に批判を加えました。知能と知能の測定方法に関する合意された理解がない中、心理測定学者は、子どもたちのある特定の「精神」活動についての結果の差異を測定することに集中したのです。このことで、子ども同士の違いに注目することが教育一般において大切であるという前提を古くからの遺産としてしまっていたのです。Simon は、「子どもの未来全

体を 7 歳の時に決めたり、多くの若い市民に失敗感や不適切感を植えつけたりするような実践を我慢して静観するのは困難です。その失敗感は常に強化されるもので、それを克服するのは極めて難しいのです」といっています。

Valencia（ed.）(1997) *The Evolution of Deficit Thinking : Educational Thought and Practice*. London：Falmer

　特に Arthur Pearl による「Democratic education as an alternative thinking.」の章。

　「欠損的思考」とは、子どもや家族の内的な欠損は、子ども（特に低所得、人種的・民族的少数派を背景にもつもの）が学校で失敗する要因となると考えることです。そこで考えられている「欠損」とは、動機づけに欠けたり家族のサポートがないことに加え知能が十分でないということを指します。この論文集では、欠損的思考における遺伝的、文化的、家族的変数について検討し、批判を加え、何故子どもが失敗するかということについてのこれまでとは違う説明を提供しています。「限界なき学び」の研究チームとしては、欠損的思考法の代替案としての民主的教育という理論を展開した Arthur Pearl の章に特に関心をもっています。Pearl は、「不平等の奨励」が、いかに社会的不平等の持続と特権と富の階層を永続させているか、またその重大な不平等が教室で作られて維持されているか、を説明しています。その代替案として、すべての人間に普遍的な欲求を認識し、すべての子どもにとってのその欲求が満たされるように教室を再構築することとしています。

White（2005）　Howard Gardner：The Myth of Multiple Intelligences. *Veiwpoint* (16)。London：Institute of Education

　White は、Gardner の多重知能理論（p.234 参照）について、特に第 4 章「知能とは何か」において詳細に批判を加えています。彼は、7 つの知能（後に 9 つに増えた）の選定とその正統性について、またそのプロジェクト全体を支えている発達主義者的理論について、多くの誤りを指摘しています。そして、この理論は「あてにならないもの」であり、（いくらかの肯定的な影響

はカリキュラムや教育方法や子どもへの期待にあるけれども）子どもを分岐させる教育政策や、知能の多様性に関連して能力には違いがあり生得的な上限があると考える決定論者を勇気づける可能性があると結論しています。

White（2006） *Intelligence, Destiny and Education : The Ideological Roots of Intelligence Testing.* London : Routledge

　同書は、知能についての伝統的な見方の起源と教科中心の学校カリキュラムとのつながりについて考察を加えています。IQ についての生得的な差異や伝統的な教科主義のカリキュラムについては確固たる根拠はないとして、White は 16 世紀のプロテスタントによる宗教改革と特にピューリタンや 17 世紀の非国教会派のコミュニティや、その後の大西洋の両岸につながった、より急進的なプロテスタント主義についてさかのぼって検討を加えました。White は、「我々は、この伝統的な見方の起源を自覚する必要があります。そうすれば、必要な場合には、それから自由になることができるのです」と述べました。そして、一部の選ばれた少数の子どもだけでなく、すべての子どもが個人的に開花をするような自己実現という概念に基づいた学校カリキュラムについて論じることで締めくくっています。

日本語版付録

訳者解説

不易流行

　我々がロックザム校を初めて訪れたのは、2007年11月6日（火）である。J.K. ローリング『ハリー・ポッター』の主人公がホグワーツ魔法学校に旅立つ駅として知られるロンドンのキングスクロス駅から列車で20分、その名もポッターズ・バーいう駅で下車して歩くこと20分。ロンドン郊外のごく一般的な住宅地の奥に、目指すロックザム校はあった。訪問依頼をした際の好意的な対応から推して、よほど恵まれた施設環境を誇る学校に違いないと、やや緊張して訪れた我々の目に留まった校舎は、イギリスの公立・公営学校ならどこでも見かけそうな、白いペンキ塗りのこぢんまりとした平屋の建物だった。

キングスクロス駅

　校長室で初顔合わせをする。訪問の主旨を説明し、可能であればビデオや写真に撮らせてほしいと申し出る。アリソン校長は、「まったく問題ありません」と快諾して下さった。そのとき、我々は二つ返事のOKにほっとしたものだが、今思えばそのことばにこそ、ロックザム校が自らを変えるために打ち込んできたこれまでの日々と、それに裏打ちされた謙虚な自信とが込められていたのである。

　アリソン校長に案内されて施設見学をする。床は全面、紺のカーペット敷きである。最初に紹介されたのは「虹の部屋」（第4章参照）、子どもがストレスを自分で調整するために設けられた部屋である。続いてそれぞれの学年の教室に案内される。すべての教室は他の教室とドアで繋がっており、あたかも障子と襖で仕切られた日本の民家のような作りである。完全に方形をなした部屋は小さな体育館と1年生の教室ぐらいで、大半はL字に曲がって

いたり壁の一部が突き出たりしている。日本のような形式の一斉授業にはどう見ても向かない。

　校舎の規模に比べ、校庭はきわめて広い。全天候型のバスケットボールコートに隣接して、ラグビー場がすっぽりおさまる広さの芝のグランドがある。校庭を取り巻くコナラやクヌギの林もロックザム校の敷地で、マーティン先生が中心となって取り組んでいる「森の学校」用に、丸太のベンチと落ち葉のカーペットを提供していた。校庭の一角には、サラ先生担当の子どもたちがお菓子を作ったリンゴの木、サークル・グループ・ミーティングで子どもたちがデザインした遊び場もある。学年の縄張りを決めていないので、遊具の使用をめぐってしばしばトラブルが起こるという。子どもたちはそれを自分たちで解決するように促される、そこに成長の契機があると言いながら、アリソン校長は「限界なき学び」の原理に触れた。いたずらっ子のように瞳を輝かせながら。ロックザム校は、学校生活全体で市民性教育に取り組んでいるのだと直観する。

　その後、副校長のサイモン先生が担任する6年生の教室でPSHEの授業を参観し、異学年混合によるサークル・グループ・ミーティングを参観する。1年生から6年生までの子どもたちが輪になって座り、来たる「子どもの日（児童が先生を動かせる日）」に何をしたいか話し合っていた。「先生はお昼休みに私たちと一緒に遊ぶ」という提案が微笑ましい。次の時間はジョー先生の3年生の教室に案内され、リテラシーの授業を見る。子どもたちが描いた海賊の絵をもとに、「6つの考える帽子（第3章参照）」を用いて「事実」を観察し、海賊の「良い面、悪い面」を想像して書く学びである。

　アリソン校長と我々は、授業中であろうとお構いなく教室に入り、他の教室へ移動した。これでは担任の先生に失礼ではないかと最初はとまどったものの、迎え入れる教室の誰も不愉快ではないらしい。不規則な人の出入りなど当たり前であるかのごとく学びは展開しており、「授業中につき出入り無用」といった心理的な垣根は見当たらない。そのためであろうか、学びの内容はもとより形態も様式も学級ごとに異なっているのに、穏やかに調和した賑やかさが学校全体を包んでいる。我々は、陶然としてその中にあった。

ところで、訪問のたびに我々を驚かせたのは、前の訪問で見聞し感動さえしたことが、次に来てみると惜しげもなく変更され、常に新しい何かが始まっていることであった。例えば写真や標語が掲示されていた壁は、ある年から地域のアーティストと子どもたちとが協働で創作したアート作品の展示スペースになっていた。またある年は、何もなかった校庭の片隅に、会議や集会のできるログ・キャビンが建てられていた。本書で副校長として紹介されているサイモン先生は、2008年に他の小学校の校長に引き抜かれ、副校長はロジャー・ビリング先生（本書には未登場）になっていた。ICT教育に通じたロジャー先生は、ホームページを作り変え、学級ブログを立ち上げて家庭との連携を強めるツールへと進化させていた。子どもたちの提案に基づいて読書、スポーツ、図工、学級活動などに頑張った子を表彰し、子どもたちがデザインしたヒーロー・バッジを贈呈する制度もロジャー先生の演出によるものである。こうした新しい変化は、民主的な話し合いとロックザム校に関わる人々の協働作業によって進められる。その合い言葉は校内の壁面にこう掲げられていた。

　ともに学び、はばたこう "Working together, aiming high."。

　新しく変えることにロックザム校のメンバーがどれほど情熱を燃やしているか、そのすごさを我々が思い知ったのは、2010年12月に訪問した折のことである。この日の昼休み、ロジャー先生は我々を校庭に誘い、「これを見て下さい」と言って巨大な物体を指さした。そこに我々が見たものは、モスグリーンを基調に様々なキャラクタで塗装された、タイヤのない二階建てバスである。名付けてストーリー・バスという。休み時間に読書を楽しむ施設にするために壊れたバスを譲り受け、子どもたちから募集したデザインで外部を塗装し、内部を改装して読書空間にしたものである。折しも、バスの中は昼休みの読書を楽しむ子どもたちが集い、年長の子らがパートナーシップを組む年少の子のために絵本を読み聞かせていた。

　ロジャー先生も、2013年9月、ロックザム校を去った。サイモン先生と同様、他の小学校の校長としてヘッド・ハンティングされたのである。限界なき学びの原理を胸躍る学びとして実現する才にあふれたロジャー先生の離

ストーリー・バス

任は、我々に少なからぬショックを与えた。アリソン校長も、さすがにこれほど優秀な相棒を失うことを残念がっていたが、秋学期の終わりを待たずにロジャー先生に転出を勧めたのは、他ならぬアリソン校長だったのである。そこには、限界なき学びの原理を核に据え、常に変わり続けてもその根本原理は変わらないという精神、我が国のいわゆる「不易流行（時代や状況に応じて不断の変化を続けながらその根本精神を維持すること）」の精神がある。ここにロックザム校の誇りがあるに違いない。

さらに、2013年10月、我々はストーリー・バスを目撃したときと同じ驚きを経験している。校庭の一角に、巨大な鉄器時代の住居が精密に復元されていたのである。子どもであれば15人はゆうに入れそうな円筒形の復元住居は、博物館を見学に行った学年の子どもたちが思いついたものだという。漆喰は馬糞を混ぜて塗り固められ、釘を一本も使わない工法は当時のままである。教職員、子どもたち、そして保護者総出で3か月をかけて建築した復元住居は、ほんのしばらくの間だが、ロックザム校の看板役を担うことだろう。

復元住居

子どもの成長に寄り添う

　本書では、トイレ籠城事件を起こしたデレクをはじめ、たくさんの固有名詞をもった子どもたちとのかかわりが紹介されている。かれらとまったく同じではないが、2桁に渡る訪問を通して、訳者である我々にも何人かの「気になる子」が生まれている。

　ダレン（仮名）もその一人である。初めてその存在が気になったとき、彼は2年生の教室にいた。他の子どもよりもやや背の低いダレンは、一人では何もできないといった様子で、いつもおどおどしていた。彼の小さな手は、担任の袖をつかんで離さなかった。ダレンが3年生の12月、ロックザム校の子どもミュージカル公演が開催された。3年生は集団で歌う役として何度か登壇し、ダレンもその中にいた。引っ込み思案で臆病だった彼も、少しは人前に出る勇気が育ってきたらしい。他の子どもと一緒になって、練習の成果を披露していた。会場には子どもたちの親や兄弟が観客として集まり、コメディ・タッチのミュージカルに笑いが絶えなかった。

　賑やかに劇が進行していく中で、ふとダレンの表情に我々の目が留まる。ダレンも他の子どもたちと同じように観客席を向いて唄っているのだが、彼は明らかに不安そうに、観客席のあちこちを見回しているのである。その様子は、彼が誰かを捜していることを我々に悟らせるに十分なものだった。ダレンは、自分の出演する劇を見に来てくれるはずの親を捜していたのである。しかし、ミュージカルの間中、彼が不安げに会場を見渡す作業をやめることはなかった。彼の小さな胸にこみ上げていたであろうさみしさを思いながら、我々はこの冬のロックザム校を後にした。

　翌年の3月、読書教育に関する調査で、早春のロックザム校を訪れた。ダレンは3年生になって7か月目を迎え、一回り大きくなっていた。午前の業間休みに教員室でロックザム校の先生方と談笑していると、2人の子どもが入ってきた。一人は女の子で、もう一人はダレンである。2人は本を5冊読んでそれぞれにレビュー（紹介記事）を書いたので、"Reading hero"つまり「読書ヒーロー」として表彰されるのだという。そして、缶バッジで作られたヒーロー・バッジを先生に付けてもらうために、教員室にやって来たので

ある。バッジの付いた胸を突き出し、満面の笑顔で小首をかしげたダレンの誇らしげな表情を、我々は忘れることができない。これが、1年前、担任の陰に隠れておどおどしていた子どもと同一人物であるとは、にわかには信じがたい思いであった。

それから1年半後の2013年10月、我々はロックザム校の体育館で朝の集会に参加していた。そこで我々は、読書の楽しさについて全校生の前で語るダレンを見た。眼鏡をかけた彼は、いまやロックザム校随一の読書家であり、外部訪問者の案内役を任されていた。我々は、彼に案内されて校庭に行き、新しく造られたミュージック・ガーデンと復元住居を見せてもらったのである。

ダレン（仮名）

ダレンより2年上級生のハリーもまた、我々の「気になる子」だった。アリソン校長によれば、彼は感情が高ぶると自制的な行動ができない傾向をもった子どもである。ハリーを受け入れることを決心したアリソン校長と教員チームは、彼が心穏やかに生活し、この学校でならやっていけるという安心を獲得するためにはどういうきっかけ作りが必要かを見出すために、彼の行動を注意深く観察している。観察の結果、彼らは、ハリーは手先が器用で実は本を読むのが好きなことを発見した。そして、彼の手先の器用さを生かすのにうってつけの資源があることに、アリソン校長は気がついたのである。

それは、我々が訪問のたびに日本の土産として贈った、色とりどりの折り紙だった。

2011年冬の訪問時、ハリーは5年生になっていた。担任のニッキー先生は、その日の午後に上演されるミュージカルを題材にして、子どもたちに自信をもつとはどういうことであり、どうすればよいかを考えさせる一日にしたいと考えていた。我々は朝のPSHEの授業から5年生の教室に場所を定め、どのような学びが展開するのか観察した。ニッキー先生は、子どもたち

のためにきわめて多彩な活動を準備していた。彼女は、級友を励ますメッセージカード作りを導入にして、午後のミュージカル公演で自信をもって演じるためにはどうすればよいかという問いを立て、サークル・ミーティング、イメージマップ作り、ビデオ視聴などの活動を展開していった。ハリーもその中に参加して、高いトーンの声で「僕は劇の時に上手くセリフが言えるか心配です」と訴え、それを克服するアイデアとして「やればできるんだと自分に言い聞かせる」というメッセージをもらっている。

その日の昼休み、我々は校長室でハリーと面会する。置物台には、我々が贈った折り紙で作った兜や箱、ペンギンが飾ってある。ハリーが作ったものであることをアリソン校長が説明すると、ハリーは自分の製作物を一つ一つ手に取って紹介してくれた。けれども彼は視線を我々に向けることなく、細い指で自分の作品を取り上げながら、「これは日本のカブト。これは箱。これはペンギン」。と、ごく短いフレーズで説明していた。

午後のミュージカル公演が始まる。ハリーは「仕立屋」の役で登場した。主役に派手な衣装をまとわせ、「背中にスーパースターの刺繍が入った上物です。ご希望でしたらどんな文字でも背中に入れて差し上げますよ」と、やや長めのセリフを述べる役である。彼はこれを臆することなく演じ、劇もスムーズに進行した。側聞した家庭環境から推して、ダレンと同様、ハリーの親もおそらくミュージカル会場には来ていない。けれども彼には、親の代わりに自分の演技を見てくれる観客がいた。しかもその観客は、はるばる海を越えてやって来たのである。このことを察したとき、我々は、アリソン校長が彼に折り紙を与える提案をしたもう一つの意図に気づいたのである。すなわち、彼にとっての折り紙とは、単に手先の器用さを生かしてロックザム校での生活に安心を得る道具として機能しただけではなく、社会的な人間関係を構築し拡張するための媒体でもあったのである。

それから3か月後の2012年、我々は早春のロックザム校を訪問し、ハリーに再度面会して15分間ほど語り合った。このとき我々は、3か月という期間がかくも劇的な変容を可能にするという事実に、少なからず驚かされることになった。彼の胸には「読書ヒーロー」と「子ども司書」のバッジが飾ら

れており、好きな本の話に花を咲かせてくれた。しかもこのときの彼は、我々を正視して思慮深そうに語り、話題が途切れたら「何かほかに質問はありますか」と、こちらの発言を促してくれさえしたのである。

さらにそれから半年後の2012年10月、6年生になったハリーの教室を訪問して彼の消息を確かめた。このとき、ハリーは6年生の学級委員になっていた。そして、グループで役割分担を工夫しながら詩の朗読をするという学びのリーダーを務めていたのである。

ここにあげた2人の「気になる子」をはじめとして、我々が観察してきた子どもたちの成長過程を振り返ると、限界なき学びの真価が見出されるためには、長い期間にわたって子どもたちを支え続ける懐の深さ、スケールの大きさ、そして情熱が必要であることを痛感させられる。子どもの能力を決定論的にとらえて学習指導を構想する立場では、いつまでにどのレベルに到達しているかが目標として設定され、それから逆算するようにしてカリキュラムが構築される。これに対して、限界なき学びの原理を根底に据えたロックザム校のカリキュラムは、子どもの数だけある。しかもそれは、あらかじめ準備されたたくさんのメニューに子どもを当てはめるのではなく、教師自身が一人の学習者となって、子どもの成長に寄り添いながら生み出されていくのである。

「限界なき学び」の研究方法論とロックザム校

本書の研究チームが用いた方法論は、第6章で言及しているように、個別的で具体的な事例をおびただしく積み重ねる中で観察された教育事実をもとに、先行研究の知見を援用しつつ、得られた知見の転移可能性を示そうとするものである。情報収集の手法は資料にあるようにきわめて多彩で、参加観察型のエスノグラフィー（平山, 1997）が方法論的には最も近いと思われる。ただし、本研究チームの方法論には、これまでのフィールド研究が採用してきたものとは決定的な相違点がある。それは、研究チームの一員であるアリソン校長が、フィールドとなるロックザム校の管理責任者であるという構造に他ならない。自己言及的なこの構造は、一歩誤ると研究チームの原理や仮

説に都合のいい証言や事実を恣意的に物語らせようと誘惑するだろう。また、読者によっては、ロックザム校における奇跡的な学校改善を、かかる誘惑によって描かれた創作ではないかと邪推する者もいるだろう。これらの困難に対し、本書の研究チームはどう対処したのであろうか。

　この問いに対する答えを一言で言うと、本研究はマクロの視座からの協働学習的なアクションリサーチ（細川，2013）として対処したのである。ここに言うマクロの視座とは、「限界なき学び」の原理を、子どものみならず教員チームや管理職にも適用され得る原理であるとして得た視座である。

　2001年に特別検証と評価されたロックザム校は、「限界なき学び」の原理によって生まれ変わっていく。研究チームは、その再生の過程を第三者的に傍観してはいない。すべての教職員、子どもたち、親や評議会等のメンバーにかかわり、かれらに問いを投げかけることを通して、研究チームは学校改善への取り組みを促進していたのである。もとより、研究チームは教職員に研修などと称して「限界なき学び」の原理を講じたりはしていない。そのため、ロックザム校の教員チームは、この原理が導き出した重要な用語（変容可能性、共同主体など）を使用言語にはしていない。けれども、かれらはアリソン校長の信念や人柄、また、彼女がかかわる研究チームとのコミュニケーション、そして何よりも自分たち自身の省察と自信の回復を通して、学校全体を劇的に変容させていったのである。このようなかかわりは、まさにマクロの視座から行われたアクションリサーチと言ってよい。

　ただし、本書の研究チームの方法論は、いわゆるアクションリサーチ（秋田・佐藤・恒吉，2005）とも一線を画す。それは、実践事例に対する立ち位置である。実践を省察して計画を改善し、改善したプランを次の実践に適用してその成果を見るというアクションリサーチの手法を、本書の研究チームは選択していない。かれらは実践を観察してその経過を記述するという姿勢を貫いており、「限界なき学び」の原理がいかにして学校づくりを実現し得たのかを追跡し分析する作業に徹している。唯一、アリソン校長だけは研究チームと共有する原理を胸に秘めているため、自らの実践について演繹的にかかわっていることが推察される。しかしながら、本書を読み通した読者

は、この研究がもつマクロの視座は、ロックザム校の成長が、校長一人の思惑で自在に操作できるレベルにはないことを了解していることだろう。この学校の劇的変化をアリソン校長の手柄話と皮肉を込めて読むには、彼女はあまりにも予測不可能な相互作用の世界に生きているし、本書のどこにも刺激－反応図式で解題されるような実践事実は見当たらないのである。

　この視座が担保された上で本書に示された数々の事例は、しかしながら注意深く読めば読むほど、驚くべききめの細かさをもっていることに気づく。その中でも特に訳者に印象的だった一例を挙げよう。
　4章で、我々は教師とのいさかいに激高してトイレに立てこもったデレクという子どもの事例を見た。この事例における教員チームの対応は、デレク自身に教師役を務めさせてみるというものであった。そしてその試みが実行された当日、アリソン校長も参加してデレクにこう尋ねている。「課題が全部終わったので、後、何をしたらいいですか？」と。この質問に、深い配慮があることは一読して了解できるであろう。課題が終わって好きなことをしようとしていたデレクが、来週のパン作りのレシピを書き写すよう強い口調で指示したN先生に激高したのと似た場面を再現して見せたのである。我々がこの部分を翻訳していて驚いたのは、かかる事例で行われた教師（教師役）から子ども（子ども役）へのはたらきかけを、その意図や効果に応じて3つの表現で使い分けていることであった。
　3つの表現とは、instruct、suggestそしてaskである。
　N先生からデレクへのはたらきかけは、instructで表されている。我々はinstructを「指示」と訳した。このはたらきかけにおいては、相手には選択権が与えられない。基本的には指示されたことはやらねばならないという意味が込められている。
　これに対し、アリソン校長らがデレクに先生役になって授業をやってみないかとはたらきかける場面では、suggestが用いられている。我々はこれを「示唆」と訳した。このはたらきかけでは、強く推奨されるものの、選択権は示唆された相手にあるという認識を伴う。デレクが「先生役などやりたく

ない」と言えば、それを認めるという姿勢である。もちろん、アリソン校長らは、彼がこの企画に飛びつくだろうと確信しているからこそ示唆している。

さて、3つ目の ask は、通常「依頼」と訳される。我々はこれを「提案」としたが、ask の一般的な意味が「問いかける」ことを意味するように、ask で示された内容を行うかどうかの選択権は、完全に相手にある。この表現は、課題が終わったというアリソン校長に、デレクがもう少し詩を作ってみてはどうかとはたらきかけた場面で使われている。そしてこの ask こそ、デレクがかつて激高した場面において、真にあるべきはたらきかけの在り方を発見した語彙なのである。

本文では、デレク事件の後で彼とアリソン校長との会話記録が掲載されている。そこでデレクが強調していたのは、子どもの自由に対する権利主張ではない。彼は、自由であるとは何をしてもよいのではないことに気づいている。そして、学びの選択権を当事者に帰することの大切さを訴えている。

第4章だけでも17件に及ぶ事例群は、このように、一言も抜き差しならない文章によって記述されている。そこで示された実践的知見の具体例は、第5章以降で概念化され、7つの資質や、教員チームと子どもたちの学びの連環といったモデルへと昇華している。もとより、それらのモデルは完全無欠なものではなく、限界なき学びの原理へのさらなる追究を通して改修、洗練されなければならない。わけても、GCSE 試験により否応なくレベル分けされる中等学校において、この原理は学校全体という視座でいかに展開されることになるのかという問題がある。また、限界なき学びの原理はイギリスのみならず国際標準としての原理たり得るのかといった問題もある。これらは研究チームも今後の課題としているところである。

我々は今後、ロックザム校を巣立っていまや中等学校や高等教育機関に在籍する生徒、あるいは社会人となった卒業生への追跡調査を企画している。そして、彼らからこのような述懐が得られることを期待しているのである。

「確かに、ロックザム校で経験した学びには限界がありません。それは今でもです」。

ケンブリッジ大学研究チームと訳者

【参考文献】
秋田喜代美・佐藤学・恒吉僚子（2005）『教育研究のメソドロジー』東京大学出版会
平山満義（1997）『質的研究法による授業研究』北大路書房
細川太輔（2013）『国語科教師の学び合いによる実践的力量形成の研究』ひつじ書房

イギリスの学校制度を理解するための用語解説

イギリス：イングランド、ウェールズ、スコットランド、北アイルランドの４つの地域からなり、それぞれが独自の教育制度をもつ。本書では、おもにイギリス全人口の約84％を占めるイングランドを指す。

教育省：イングランドの中央教育行政機関。労働党政権時代の2001年には教育技能省と称し、その後2007年には子供学校家庭省になったが、2010年に保守党が政権を取り、教育省とした。

教育水準局（OFSTED）：イングランドの独立の行政機関であり、教育水準の向上を目指して監査活動などを行う。

学校監査：公立・公営学校は、およそ５年に一度、監査を受ける。「生徒の学習成果」「教授・指導の質」「生徒の態度・行動及び安全」「リーダーシップと管理運営」の４領域について、「最優秀」「良い」「要改善」「不十分」の４段階の評定で判定される。

学校理事会：イギリスでは、公立（営）学校でも、親代表、地方当局代表、教職員代表、地域代表、校長などにより構成される学校理事会があり、教育課程の編成、教職員の人事、予算の運用などを決定している。

勅任視学官：教育水準局に所属して、学校監査を行う。通常、追加監査人とチームを組む。

地方当局：イングランドの地方行政機関であるカウンシル（参事会）が担うサービスのうち教育や福祉など子どもに関する包括的なサービスの機能を指す場合に使う名称。

公立・公営学校：イギリスでは、地方当局が設置した公立学校、宗教団体など有志団体立が設立した有志団体立学校などの公営学校、また経費を直接、教育省が負担するアカデミー（新設の場合はフリースクール）がある。アカデミーはナショナル・カリキュラムに従わなくてよい。その他に公的補助を受けない私立学校である独立学校がある。

ナショナル・カリキュラム：イングランドの公立・公営学校の5～16歳の教育課程の全国基準。1988年教育改革法により創設された。2学年から4学年をまとまりとした4つのキーステージに分けている。各教科では、学習プログラムと到達目標が示されている。各教科の時間配当は規定されていない。

ナショナル・カリキュラムのレベル：ナショナル・カリキュラム各科目の到達目標を、学年と直接連動しない8つのレベルにわけて示した。平均して2学年で1レベル進むことが想定された。2014年からの新しいナショナル・カリキュラムでは、レベルが廃止された。

教員助手：教室内で教員の授業活動等を補助する。非常勤が多い。

教職員の任用：教職員の採用や解雇は各学校が決める権限を持っている。公立学校の場合、任命者は地方当局であるが、公営学校やアカデミーは学校が雇用者である。

【参考文献】
文部科学省『諸外国の教育行財政―7か国と日本の比較―』ジアース教育新社、2013年

イングランドの学校系統図

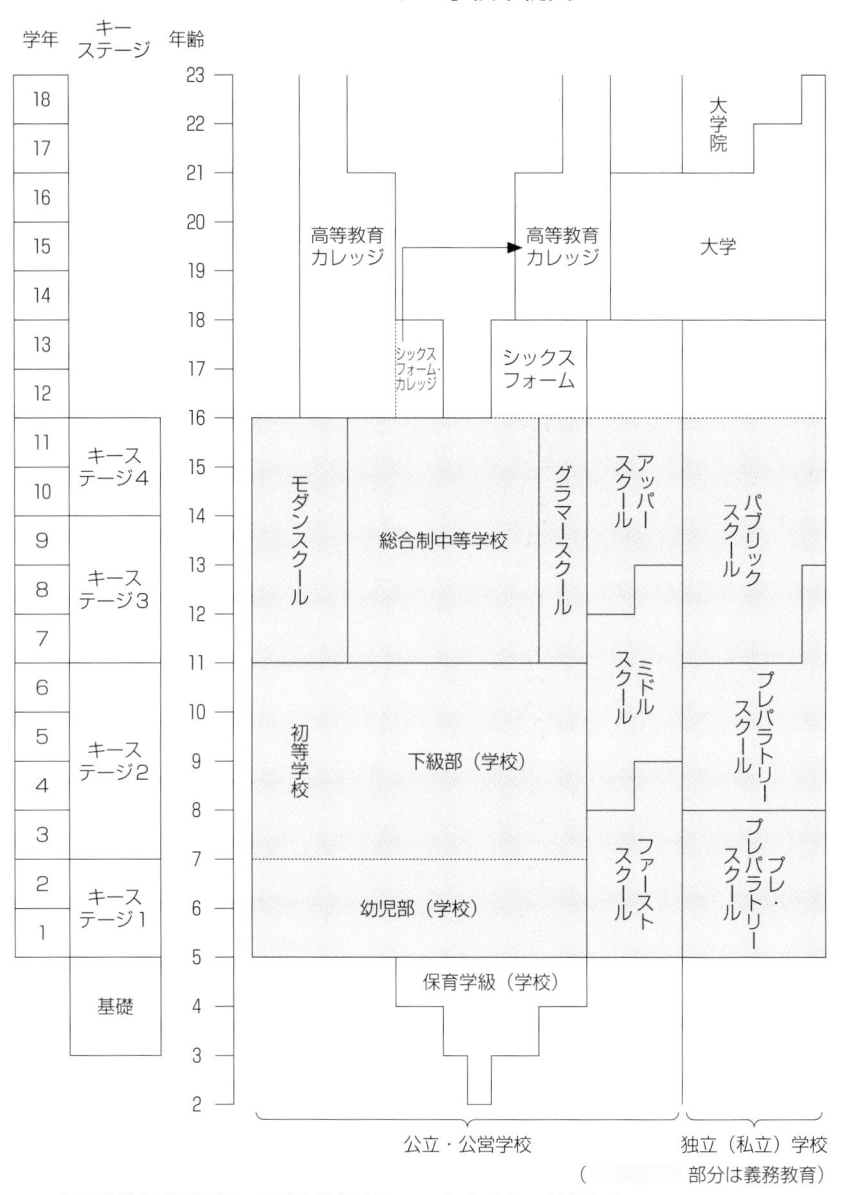

学年	キーステージ	年齢
18		23
17		22
16		21
15		20
14		19
13		18
12		17
11	キーステージ4	16
10		15
9	キーステージ3	14
8		13
7		12
6	キーステージ2	11
5		10
4		9
3		8
2	キーステージ1	7
1		6
基礎		5
		4
		3
		2

- 大学院
- 高等教育カレッジ
- 大学
- シックスフォーム・カレッジ
- シックスフォーム
- モダンスクール
- 総合制中等学校
- グラマースクール
- アッパースクール
- パブリックスクール
- ミドルスクール
- 初等学校　下級部（学校）
- プレパラトリースクール
- ファーストスクール
- プレ・プレパラトリースクール
- 幼児部（学校）
- 保育学級（学校）

公立・公営学校　　独立（私立）学校
（　　　部分は義務教育）

* 文部科学省『諸外国の初等中等教育』2002年をもとに訳者作成

イングランドのナショナル・カリキュラムの構成（2014年9月以降）

	初等学校		中等学校	
	キーステージ１	キーステージ２	キーステージ３	キーステージ４
年齢	5-7	7-11	11-14	14-16
学年	1-2	3-6	7-9	10-11
ナショナル・カリキュラム					
英語	✓	✓	✓	✓
算数／数学	✓	✓	✓	✓
科学	✓	✓	✓	✓
美術とデザイン	✓	✓	✓	
シティズンシップ			✓	✓
コンピュータ	✓	✓	✓	✓
デザインと技術	✓	✓	✓	
外国語／近代外国語		✓	✓	
地理	✓	✓	✓	
歴史	✓	✓	✓	
音楽	✓	✓	✓	
体育	✓	✓	✓	✓
ナショナル・カリキュラム以外の必修				
宗教教育	✓	✓	✓	✓
性教育			✓	✓

＊すべての学校はPSHE（personal, social, health and economic education：人格社会性健康経済教育）を設置しなければならない。
＊＊すべての公営学校は、日常の集団礼拝をおこなわなければならない。

訳者あとがき

　本書を出版するにあたり、我々は10回を越えるロックザム校訪問を通して、アリソン校長を初めとする同校の教職員の方々、そして子どもたちと触れ合い、この身でロックザム校が創造し続ける学びの文化を経験したつもりである。訪問のたびに歓待してくださるロックザム校の方々に、ささやかな恩返しとして本書を捧げ、御礼にかえたい。

　本書の原著者でありケンブリッジ大学教育学部のスタッフであるマンディ・スワン先生、スーザン・ハート先生、メリー・ジェーン・ドラモンド先生とは、2013年と2014年に同大学でお会いし、本書の翻訳にかかる打合せをさせていただいた。ケンブリッジ大学の先生方は、本書の理論的基盤である『限界なき学び』がまず先に翻訳出版されることを期待しておられた。いずれ機会があればそれに取り組みたいが、我々は何よりもロックザム校を日本の教育界に紹介したい思いで本書の刊行に臨んだことを説明した。この点についてケンブリッジの先生方と議論できたことは、本書を刊行する際のまたとない付加価値である。なぜなら、かかる議論を通して、我々とケンブリッジ大学教育学部の先生方とが、教育学研究の基本的な問題意識や理念において、きわめてよく似ていることを互いに理解できたからである。ロックザム校、ケンブリッジ大学教育学部、そして日本の教育界とを結ぶ学びの原理として、文字通り「限界なき学びの創造」を今後も追究していきたい。

　最後に、本書の刊行にあたっては大修館書店の木村信之さん、伊藤進司さんには本当にお世話になった。お二人の深い理解とお力添えなくして、本書の刊行はなしえなかったのである。特に木村さんは、我々と共に本書の全訳に取り組んでいただき、終始穏やかにかつ的確に我々の作業をサポートしてくださった。この場を借りて心より御礼申し上げます。

（文責：藤森裕治）

2015年5月

新井浅浩　藤森裕治　藤森千尋

索　引

【ア】

アイザック, S　172
アイズナー, E　146
アバディーン大学　204, 211
アレクサンダー, R　20, 191, 資料A
安定した環境
　管理職チームにとって　151-153
　教職員にとって　148-151
ウィリアム, D　83
英才児　17, 152, 資料C

【カ】

学習（教員にとっての）
　開かれた（オープンエンドな）
　　184-185
　共同体　155, 161
学習（子どもにとっての）
　ノート　83
　パートナー　69-75
　共同体　76, 97
　子ども中心の　86-87, 109-110
価値観
　インクルーシブな　202
　教師教育における　203
　教師のもつ　88
　限界なき学びの　23
　校長のもつ　38
　道徳的目的の　164-165
　評価における　209
　ロックザム校で共有する　182-183, 203
カリキュラム
　直接体験　76, 78, 79
　開かれた（オープンエンドな）　75-82
管理
　子どもによる学習の管理　66-68, 86, 87, 102, 162, 197-198
聴くこと
　親の声を聴く　122-123, 158, 163
　教職員の声を聴く　29-30, 132, 138, 149-150, 158-159
　子どもに聴く　39-44, 64-69, 92-93, 105, 106-108, 158
教員助手
　〜と一緒に計画　44
　研究　211
　安全　149
　学習サポート　47
　サポートグループ　67
共感
　子どもを知る　111-113, 128, 158-159, 174
教授学
　共通理解　56, 87-88, 178
　限界なき学びのモデル　21, 24, 29, 167
　能力別の教授学とは別のものとして　20-25, 57-58, 71-72, 104-105, 126-128, 157
共同主体
　親たちとともに　163
　学校理事とともに　40, 44, 53
　教師教育における　204
　教授学的原理として　30, 87, 196, 197, 200
　主要な仕組みへの導入　39-55
　定義　23, 30, 53
　他への転移可能性　196, 212

リーダーシップの原理として　30, 53, 154, 164, 169-170, 180
グレゴリー, E　208
研究の方法　32-33, 資料B
ケンブリッジ初等教育調査　191
ケンブリッジ大学教育学部　211

【サ】

サーモン, P　118, 128
自己評価日誌　83
資質　154-159
指導助言者（メンター）　47, 149
受容　100-101, 124-125, 158
情緒的安定性　158, 172-173
ショーン, D　111
信頼
　親たち　42-44, 163-164
　学校理事　40, 44, 53
　教授学的原理として　30, 53, 87, 101-102
　主要な仕組みへの導入　39-55
　他への転移可能性　196
　定義　23, 30
　リーダーシップの原理として　30, 37, 47, 53, 152, 154, 169-170, 180
　リーダーに対する　150
ステンハウス, L　171
すべての人
　親たち　98, 164
　学校理事　40, 44, 53
　教師教育における　204
　教授学的原理として　30, 31, 53, 87, 128, 196, 197, 198
　主要な仕組みへの導入　39-55
　他への転移可能性　196, 200
　定義　23, 30
　リーダーシップの原理として　30, 130, 154, 169-170, 200

【タ】

ティザード, B　207, 資料A
テーラー, C　211
特別な教育的ニーズ　38, 197
ドゥエック, C　96, 127
ドラモンド, M　209, 資料A

【ナ】

能力
　混合した能力編制　195
　能力別グループ編成　57
能力によるレッテルづけ
　レッテルづけの影響　20, 58, 71-72
　レッテルづけの廃止　103, 128, 146-147, 180-181

【ハ】

ハーグリーブス, D　125
バース, C　64
ハート, S　209, 資料A
ハートフォードシャー大学　204
ハリソン, R　172-173
ピーコック, A（アリソン）
　ケンブリッジ初等教育調査　194
　校長として採用　25-28, 36-38
　出版物　34, 194
　それまでの経歴　28-29
ビショップ・グロースト大学　211
ビビー, T　113, 184
ヒューズ, M　207, 資料A
評価
　形成的評価　83, 86, 97
　自己評価　82-86
開かれた心　155, 173
フィールディング, M　210, 212-213
ブラック, P　83
フラン, M　182

変容可能性
　〜と学校改善　190-191, 207
　〜と関係性　126-129
　定義　22, 87
ボーラー, J　71-72, 146-147, 199

【マ】

マドック, M　208
学びへの自由
　子どもにとって　62-63, 68, 87-88, 92, 94, 98, 176-177
モス, P　64, 210, 212-213

【ラ】

レベル
　別の方法で子どもを理解する　42-43, 63, 128
　別の方法でモニターし説明責任を果たす　42-43, 187-191
　レベルに基づいた実践　19-20, 52, 146-147
　レベルにより子どもを理解することへの批判　19-20, 52, 132, 146-147, 191-192
　レベルによるモニター　16, 42-43, 152, 187, 191-192
ロジャーズ, C　100, 124-125
ロックザム校
　調査期間終了後　192-194
　調査期間までの経緯　26-28
　説明　まえがき, 26

【ワ】

ワトソン, A　209, 211

【著者紹介】

マンディ・スワン（Mandy Swann）

ケンブリッジ大学教育学部講師。ケンブリッジ大学セントエドモンド・カレッジ・フェロー。元初等学校教諭。哲学博士（ケンブリッジ大学）。

アリソン・ピーコック（Dame Alison Peacock, DBE）

ロックザム校統括校長。教育実践の功績により大英帝国勲章第2位（デイム）受勲。文学名誉博士（ブライトン大学）。

スーザン・ハート（Susan Hart）

元ケンブリッジ大学教育学部講師。本書の前身である『Learning without Limits』の筆頭著者。

メリー・ジェーン・ドラモンド（Mary Jane Drummond）

元ケンブリッジ大学教育学部講師。元初等学校校長。教育学名誉博士（アングリア・ラスキン大学）。

【訳者紹介】

新井浅浩（あらい　あさひろ）

1960年東京都生まれ。横浜国立大学教育学部卒。米国カリフォルニア大学サンタバーバラ校教育学大学院修士課程修了。城西大学経営学部教授。同大学院経営学研究科教授。専門は、比較教育学、人格・情意教育論。著書に、『ヨーロッパの学校における市民的社会性教育の発展―フランス・ドイツ・イギリス―』（共編著、東信堂、2007）など。

藤森裕治（ふじもり　ゆうじ）

1960年長野県生まれ。筑波大学第二学群卒。上越教育大学大学院修士課程修了。博士（教育学・筑波大学）。都立高校教諭を経て信州大学学術研究院教授。専門は、授業研究、国語科教育、日本民俗学。著書に『国語科授業研究の深層』（東洋館出版社、2009）、『授業づくりの知恵60』（明治図書出版、2015）など。

藤森千尋（ふじもり　ちひろ）

1960年北海道生まれ。筑波大学第二学群卒。東京大学大学院教育学研究科博士課程修了。博士（教育学）。都立高校教諭を経て、埼玉医科大学医学部講師。専門は、英語教育（第二言語習得研究）、教育心理学（学習者研究）。著書に『英語授業における話しことばの学習過程』（風間書房、2014）など。

イギリス 教育の未来を拓く小学校
「限界なき学びの創造」プロジェクト
© A. ARAI, Y. FUJIMORI, C. FUJIMORI, 2015　　NDC374／264p／21cm

初版第1刷──2015年7月10日

著者────	マンディ・スワン／アリソン・ピーコック／スーザン・ハート／メリー・ジェーン・ドラモンド
訳者────	新井浅浩／藤森裕治／藤森千尋
発行者───	鈴木一行
発行所───	株式会社　大修館書店

〒113-8541　東京都文京区湯島2-1-1
電話 03-3868-2651（販売部）　03-3868-2291（編集部）
振替 00190-7-40504
［出版情報］http://www.taishukan.co.jp

装丁者───	鈴木衛
印刷所───	広研印刷
製本所───	牧製本

ISBN978-4-469-21349-2　Printed in Japan

Ⓡ本書のコピー、スキャン、デジタル化等の無断複製は著作権法上での例外を除き禁じられています。本書を代行業者等の第三者に依頼してスキャンやデジタル化することは、たとえ個人や家庭内での利用であっても著作権法上認められておりません。

深層文化　異文化理解の真の課題とは何か
ジョセフ・ショールズ 著／鳥飼玖美子 監訳、長沼美香子 訳　A5判・256頁　本体2,100円

［新版］日本人と英米人　身ぶり・行動パターンの比較
ジェイムズ・カーカップ、中野道雄 著　四六判・224頁　本体1,800円

ビアトリクス・ポターを訪ねるイギリス湖水地方の旅
ピーターラビットの故郷をめぐって
北野佐久子 著　A5判・218頁　本体2,300円

ゴーストを訪ねるロンドンの旅
平井杏子 著　A5判・224頁　本体2,300円

アガサ・クリスティを訪ねる旅　鉄道とバスで回る英国ミステリの舞台
平井杏子 著　A5判・226頁　本体2,400円

大修館書店　　　　　　　　　　　　　　　　　　定価＝本体＋税